사례로 읽는 **목민심서**
다산 **정약용**
리더십

사례로 읽는 **목민심서**
다산 **정약용**
리더십

초판 발행 | 2006년 4월 25일
2판 7쇄 발행 | 2022년 10월 5일

원저 | 정약용
편저 | 김정진
디자인 | 미디어픽스
펴낸곳 | 도서출판 자유로
등록번호 | 제303-2005-2호
주소 | 서울특별시 성동구 성수1가 685-201
Tel | 02) 3409-2217
Fax | 02) 3409-2218

ISBN | 978-89-93298-15-4 03320
copyright ⓒ 2005 jayuro co., Ltd

사례로 읽는 **목민심서**
다산 **정약용**
리더십

■ 일러두기

- 이 책은 정약용 선생의 '목민심서'의 전체적인 구성을 그대로 따랐습니다. '목민심서'는 12편으로 구성되어 있으며, 각 편은 다시 6조로 분류되어 전체 72조로 이루어져 있습니다.

  - 관리의 기본 자세 : 제1편 부임(赴任), 제2편 율기(律己), 제3편 봉공(奉公), 제4편 애민(愛民)
  - 관리의 책무 : 제5편 이전(吏典), 제6편 호전(戶典), 제7편 예전(禮典), 제8편 병전(兵典), 제9편 형전(刑典), 제10편 공전(工典)
  - 관직의 마무리 : 제11편 진황(賑荒), 제12편 해관(解官)

- 목차는 이해의 편의를 위하여 현대적으로 해석하여 제시하였으며, 원문의 한자 제목과 의미는 본문 목차 밑에 덧붙여 표기하였습니다.

- '목민심서'의 내용을 대표적으로 인용한 부분은 ▨▨ 안에 고딕 글자로 제시하였으며, 출처는 해당 제목 밑에 일괄적으로 제시하였습니다.

- 이 책을 엮는 과정에서 다음과 같은 책들을 참고하였습니다.
  - 목민심서, 민족문화추진회 편, 1981
  - 목민심서, 다산연구회, 창작과비평사, 1988
  - 다산 정약용 유배지에서 만나다, 박석무, 한길사, 2004
  - 목민심서, 박일봉, 육문사, 2002
  - 목민심서, 이을호 역, 현암사, 1975
  - 목민심서, 남만성 역, 삼중당, 1993
  - 목민심서, 김기태 엮음, 청목사, 2001

성현들의 가르침에는 본디 두 가지 길이 있거니와,
사도(司徒)는 모든 백성들을 가르쳐 각자로 하여금 수신(修身)케 하였으며,
대학에서는 국자(國子)들을 가르쳐
그들 각자로 하여금 수신하여 치민(治民)케 하였으니,
치민이란 곧 목민인 것이다.
그러한즉 군자가 배워야 할 것은 수신(修身)이 반이요,
나머지 반은 목민(牧民)인 것이다.

-'목민심서' 서문에서-

| 머리말

  이 책은 다산(茶山) 정약용(丁若鏞) 선생의 '목민심서(牧民心書)'를 현대적 상황에 적용하여 쓴 책입니다.

  '목민심서'는 다산이 강진의 다산 초당에서 유배 생활을 하면서 저술한 책입니다. 강진의 유배지에서 백성들의 생활 현장을 직접 둘러보면서 느끼고 깨달은 것을 바탕으로, 목민관의 치민(治民)의 도리를 기록한 책입니다. 목민관은 조선 시대의 수령이나 현령 등의 지방 통치자를 가리키는데, 오늘날의 상황에서 본다면, 지방자치단체장이나 각급 기관장이 이에 해당한다고 볼 수 있습니다.

  '목민심서'에서 제시하는 리더십은 지위 고하에 관계없이 모든 지도자들에게 공통적으로 적용되는 가르침입니다. '목민심서'를 머리맡에 두고 읽은 외국의 국가 지도자가 있었듯이, 고위지도자는 물론이고, 삶의 현장에서 지도적 역량을 발휘하고자 하는 모든 사람들에게 리더십의 귀중한 원리를 제공해주고 있습니다. 다산이 서문에서 '목민심서는 본래 나의 덕을 쌓기 위해서 저술한 것이지, 어찌 꼭 목민에 필요해서 저술한 것이겠는가.'라고 말한 것처럼, '목민심서'의 교훈은 행정 조직뿐만 아니라, 일반 사업체나 조직의 리더들에게도 충분히 귀감이 될 수 있는 것들입니다.

  다만, 조선 당시의 상황과 오늘날의 사회적 상황이 워낙 다르기 때문에, 다산의 리더십을 오늘의 현실에 곧장 적용하는 데에는 다소 무리가 있는 부분도 있습니다. 그래서 이 책 '정약용 리더십'에서는 '목민심서'의 핵심적인 교훈을 인용하여 오늘날의 상황에 비추어 해석하고, 크고 작은 조직체의 리더들이 지녀야 할 바람직한 덕목으로 제시한 것입니다.

그리고 이 책은 사례를 중심으로 엮었습니다. '목민심서'의 내용을 현대어로 그대로 번역하는 방식으로 쓴 것이 아니라, 다산이 제시한 사례들과 '목민심서'의 본질에 잘 들어맞는, 오늘날의 정치, 경제, 사회 지도자들의 사례를 두루 제시하였습니다. 그래서 부제를 '사례로 읽는 목민심서'로 정했습니다.

다산은 책 제목을 '심서(心書)'라고 붙인 이유를, '목민할 마음만 가졌지, 몸소 시행할 수 없는 처지이기 때문'이라고 밝혔습니다. 그런 점에서 '목민심서'의 유산을 받아든 오늘의 지도자들이 이 책이 심서(心書)가 아니라, 목민행서(牧民行書)가 되도록 삶 속에서 실천할 때 그 의의가 크다고 하겠습니다.

이번에 행정안전부와 강진군에서 실시하는 지자체 신규 공무원 대상 공직관 함양교육 프로그램에서, '목민심서'를 통해서 다산의 생애와 사상을 배우는 시간을 마련한 것은 다산의 목민 정신을 실천한다는 점에서 그 의미가 크다고 할 수 있겠습니다.

아무쪼록 다산이 일깨워주는 '목민심서'의 교훈과 실제적인 사례들을 잘 배우고 익혀서 각자가 몸담고 있는 삶의 현장에서 목민심서형 지도자로 굳게 설 수 있기를 바랍니다.

김정진 드림

| 차례

머리말 · *6*
차례 · *8*

제1편 취임
01 스스로 직위를 구하지 않기 · *12*
02 간소하게 부임하기 · *16*
03 대중의 여망에 부응하기 · *19*
04 직무에 대해 듣기 · *23*
05 다스릴 방법 생각하기 · *27*
06 업무 체제 갖추기 · *32*

제2편 몸가짐
07 자신을 타일러 경계하기 · *38*
08 청렴하기 · *44*
09 가정 다스리기 · *48*
10 사적인 손님 물리치기 · *51*
11 물품 절약하기 · *55*
12 남에게 베풀기 · *58*

제3편 공적 신분
13 목표와 비전 전파하기 · *62*
14 법 지키기 · *66*
15 관계 원만하게 하기 · *69*
16 문서 간편하게 하기 · *73*
17 비리 없게 거두기 · *76*
18 궂은일에 솔선하기 · *78*

제4편 백성 사랑
19 노인 봉양하기 · *84*
20 어린이 사랑하기 · *88*
21 외로운 사람 구제하기 · *91*
22 죽은 사람 애도하기 · *94*
23 환자 구호하기 · *97*
24 재난 당한 자 구제하기 · *101*

제5편 인사 관리
25 구성원 관리하기 · *106*
26 대중 통솔하기 · *113*
27 적재적소에 기용하기 · *117*
28 인재 발탁·양성하기 · *125*
29 물정 살피기 · *129*
30 공적 평가하기 · *133*

제6편 경제 문제
31 토지 제도 바르게 하기 · *138*
32 세금 투명하게 징수하기 · *142*
33 대출 제도 운용하기 · *145*
34 인구 해결책 마련하기 · *148*
35 공평하게 거두기 · *152*
36 농업 중시하기 · *155*

제7편 규범 교육
37 올바른 제사의식 지니기 · *158*
38 절도 있게 접대하기 · *162*
39 가르쳐 교화하기 · *165*
40 실제적 배움 중시하기 · *168*
41 위계질서 확립하기 · *172*
42 시험 제도 마련하기 · *174*

제8편 국방
43 병역 기피자 없게 하기 · *178*
44 군사 훈련 강화하기 · *181*
45 무기 관리하기 · *184*
46 전술·전략 개발하기 · *187*
47 비상사태에 대처하기 · *190*
48 적의 침략 물리치기 · *193*

제9편 법률
49 사실 밝히기 · *198*
50 신중·신속하게 판결하기 · *200*
51 형벌 남용하지 않기 · *203*
52 죄수에게 온정 베풀기 · *206*
53 세력자의 횡포 막기 · *210*
54 해로운 집단 단속하기 · *213*

제10편 환경 산업
55 산림 가꾸기 · *220*
56 수자원 관리하기 · *224*
57 건물 환경 개선하기 · *227*
58 방위 시설 구축하기 · *229*
59 도로 구비하기 · *234*
60 도구 제작하기 · *238*

제11편 불황 위기 극복
61 물자 비축하기 · *242*
62 넉넉한 사람이 나누기 · *244*
63 규모 정하기 · *248*
64 시스템 마련하기 · *252*
65 대체 방안 찾기 · *256*
66 정책 평가하기 · *259*

제12편 퇴임
67 언제든지 물러날 준비하기 · *264*
68 청렴하게 물러나기 · *268*
69 유임 청원하기 · *271*
70 용서 구하기 · *273*
71 목숨 바쳐 소임 다하기 · *278*
72 사랑 남기고 떠나기 · *281*

맺는말 · *287*

제1편

취임

부임육조 | 赴任六條

'부임(赴任) 육조'는 목민관으로 발령을 받고 부임지에 가서 수령의 직무를 시작할 때까지 명심해야 할 여섯 가지 항목이다. 지도자로 나서는 사람이 어떤 준비를 해야 하는가를 제시하고 있다. '시작이 반'이라는 말이 있듯이, 지도자 역시 그 출발점이 중요하다. 어떤 마음, 어떤 자세를 가지고 지도자로 나서며, 어떤 통치 철학과 통치 방법을 가지고 사람 앞에 나서느냐에 따라, 지도자의 성패가 결정될 수 있기 때문이다.

01 스스로 직위를 구하지 않기

제배(除拜)
'제배(除拜)'란 관리가 벼슬자리에 임명되는 것을 말한다. 지도자의 자리에 오르는 것이 제배(除拜)다.

> 목민관은 덕망과 위엄을 함께 갖추어야 하며, 굳은 의지와 총명함도 있어야 한다. 이런 자질을 갖추지 못한 사람이 목민관의 벼슬에 오르게 되면, 백성들은 고통 당하게 되며, 백성들의 원망으로 그 재앙이 자손들에게까지 미치게 된다. 그러므로 스스로 청하여 목민관의 벼슬을 구해서는 안 된다.

인간의 두드러진 본성 중의 하나는 우월감에 대한 열망이다. 남보다 더 나은 위치에 있기를 소망하는 것은 인간의 본능이다. 따라서 사람들은 지도자의 자리에 오르기를 원한다. 나아가, 어떻게든 지도자의 자리에 올라 보려고 온갖 수단과 방법을 다하기도 한다.

그런데 다산은 스스로 애써서 목민관의 벼슬을 구해서는 안 된다고 말한다. 목민관의 자리는 그만큼 책임이 막중하므로 자기 만족이나 명예, 출세를 위해 자리를 구해서는 안 된다는 뜻이다.

다산의 이 말은 오늘날의 지도자들에게도 그대로 적용된다. 지도자는 자신의 욕망(wants)의 충족이 아니라, 대중의 필요(needs)를 충족시켜 주어야 할 사람이다. 지도자의 자리는 출세나 성공을 위한 자리가 아니라, 봉사와 희생의 자리가 되어야 한다.

지도자의 위치에 오르기 전까지는 자기 자신을 위해서 살고, 자신이 성장하는 것이 중요했지만, 지도자가 되는 순간, 상당 부분 자신을 위해 살기를 포기하고 다른 사람들을 위해 봉사하고 헌신하며 다른 사람을 성장시키는 일을 핵심 과제로 삼아야 하는 것이다. 요즘 자주 말하는 '서번트(servant) 리더십'과 같은 의미라고 할 수 있다. 다산이 애써 목민관의 벼슬을 구하지 말라고 한 것은 이런 희생, 봉사의 정신이 없이 지도자가 되는 것을 자랑스럽게 생각지 말라는 뜻이다.

잭 웰치 회장이 "어떤 지도자는 최고 지도자가 된 날이 자신의 인생에서 최고의 정점에 오른 순간이라고 생각합니다. 그러나 그것은 단지 시작에 불과할 뿐임을 명심해야 합니다."라고 한 것도 지도자의 자리에 오르는 것은 자신의 만족을 위함이 아니라, 바로 그 날부터 구성원의 삶을 향상시킬 막중한 책임을 져야 한다는 것을 말한 것이다.

빈 수레로는 물건을 팔 수 없듯이, 준비도 되기 전에 자리에 오르게 되면 좋은 결과를 얻지 못한다. 지도자의 위치에 오르기 전에 온갖 고난과 역경을 통해서 훈련되고 단련된 사람이 자신의 그런 체험을 가지고 국민과 사회에 봉사하고자 하는 것이 지도자의 자리다.

그런데 실제 현실에서 보면, 서로 지도자를 하겠다고 나선다. 대중이나 국민을 위해서 더 열심히 봉사하고 희생하겠다는 의지의 표현이라기보다는 지도자의 자리가 주는 부수적인 이익 때문이다. 그런 이익의 대표적인 것이 재물이나 돈이다. 다산도 이 점을 경계했다.

> 지도자의 자리에 오르는 시점에서 재물을 마구 사용해서는 안 된다.

흔히, '지도자의 직위 = 돈'이라는 인식이 있기 때문에 돈을 많이 쓰고 지도자의 자리에 오르려고 하며, 지도자의 자리에 올라 마구 거둬들이는 경향이 있는데, 이런 사람의 마음을 다산이 잘 표현해 놓고 있다.

"주변에서 '당신은 부유한 지방을 맡았으므로 앞으로 많은 재물을 거둬들일 수 있을 것인즉, 이 정도 대접하는 것이 무슨 대수로운 일이겠는가'라고 말하며, 목민관에게서 돈을 얻어내려고 하며, 신임 목민관 또한 '내가 부유한 지방으로 부임했고 앞으로 얼마든지 돈을 거둬들일 수 있을 텐데, 이 정도 비용이야 거절할 필요가 있겠는가.' 하는 생각으로 돈을 쓰는 것은 올바른 태도가 아니다."

지도자의 자리는 출세의 도구가 아니며, 돈과 같은 것을 직위의 잉여가치로 얻는 자리도 아니라는 것이 다산이 강조하는 바이다. 선거에서 당선된 어떤 정치인이 '당선되고 보니 돈을 주겠다는 사람이 줄을 섰더라.'는 말을 했는데, 이제는 지도자에 대한 이런 인식이 바뀌어야 한다.

피터의 원리

'피터의 원리'라는 말이 있다. 자신의 이기적 만족을 위해 지도자의 자리를 구하게 되면, 필연적으로 '피터의 원리'에 지배당하기 쉽다. 피터의 원리란 조직 내에서 일하는 사람은 자신의 무능력의 수준에 도달할 때까지 승진하려는 경향이 있다는 의미이다. 즉, 사람들은 지도자의 위치에 오르기까지는 죽어라고 열심히 일하는데, 이것은 그 자리에 오르려는 욕망이 강하기 때문이다. 그런데 그렇게 해서 자리에 오르고 나면 그때부터는 내리막길이다. 직위의 꿀맛에 취하고 어떻게든 자리를 유지하려고 하다 보니, 도무지 그동안 보여줬던 실적이 나타나지 않으며, 자신의 안위(安危)에만 관심이 집중되어 버린다. 이처럼, 지도자의 자리에 오르는 순간이 자신의 무능력에 도달하는 순간이 되는 경우가 많다는 것이 피터의 원리다.

따라서 지도자가 피터의 원리에 지배당하지 않기 위해서는 자신을 위해 지도자의 자리에 나서고자 하는 본능을 부단히 거부해야 한다. 이만큼 지도자의 자리는 어려운 자리다. 사람이 자신을 위해 살기를 포기한다는 것이 어디 쉬운 일이겠는가?

마르틴 루터 킹 목사가 의미 있는 말을 했다. "사람들이 당신을 지도자로 선정하면 그것을 받아들이십시오. 당신이 그런 요청을 받으면 '노(no)'라고 말할 수 없습니다." 이 말을 뒤집어 보면, 다산의 말과 같은 뜻이다. 지도자는 자기가 해보겠다고 나설 자리가 아니라는 뜻이다. 사람들이 그릇을 인정하고 평가해 주면, 기꺼이 자신을 희생시킬 마음의 준비를 하고 나서는 것이 지도자의 자리라는 뜻이다.

02 간소하게 부임하기

치장(治裝)
'치장(治裝)'은 행장을 차린다는 뜻으로서, 옷차림이나 생활 기구를 갖추는 것을 말한다. 다산은 목민관은 행장이 간소해야 함을 강조하고 있다.

> 차림새를 갖춤에 있어서 옷차림이나 안장 따위는 사용하던 것을 그대로 써야지 새것으로 장만해서는 안 된다.
> 많은 사람들을 동원하여 자신의 편안함을 꾀하고 위세를 내보이려고 하는 것은 목민관의 올바른 마음가짐이 아니다.

옷차림새와 같은 사소한 것까지 굳이 지적할 필요가 있겠냐고 할지 모르지만, 다산이 말하고자 하는 것은 그 안에 담긴 정신이다.

"백성 사랑의 근본은 절약하는 데에 있으며, 절약의 근본은 검소함에 있다. 마땅히 검소한 후에라야 청렴할 수 있으며, 청렴해야 많은 백성을 사랑으로 다스릴 수 있으니, 검소함과 절약함이 목민관의 으뜸가는 책무다."

즉 백성을 사랑하기 위해서는 지도자는 옷차림새뿐만이 아니라, 제반 생활 모습이 검소해야 한다는 뜻이다.

지도자가 검소할 때 지도력을 발휘할 수 있음을, 다산은 참판 유의의 예를 들어 보여주고 있다.

"지혜롭지 못하고 무지한 목민관은 좋은 옷차림에 비싼 안장을 얹은 말을 타고 자신의 위세를 드러내려고 하지만, 나이 들어 경륜 있는 사람들은 수령의 행장이 분에 넘치고 사치스러우면 '알 만하군.' 하고 비웃으며, 이와 반대로 행장이 검소하고 소박하면 '참으로 두려운 분이시다.' 하고 경외한다. 정조 때 참판 유의(柳誼)가 홍주에 목민관으로 부임할 때, 다 떨어진 갓에다가 낡은 도포를 입고 꾀죄죄하게 빛이 바랜 허리띠를 한 채, 다소 수척한 말을 타고 남루한 모습으로 나타났지만, 오히려 위엄이 서게 되어 강압적인 방법을 사용하지 않았는데도 간교한 무리들이 고분고분 잘 따르게 되었다."

간소한 차림을 위해 다산이 강조한 또 한 가지는, 지도자는 가족이나 하인을 많이 거느려서는 안 된다는 점이다. 흔히, 지도자들은 많은 수행원을 대동하기를 즐겨하는데, 이것은 바람직한 태도가 아니다. 고을의 재정을 축내고 백성들에게 폐를 끼칠 우려가 있기 때문이다.

오늘날, 지도자가 민심을 탐방하는 경우에도 수행원이 많은 것은 좋지 않다. 수행원이 불필요하게 많으면 비판의 대상이 된다. 현장 상인들은 "높은 사람들이 탐방한다고 해도 달라지는 게 없다. 탐방단이 한번 행차하면 수행원들이 타고 온 차량 때문에 오히려 오던 손님도 되돌아가니 차라리 오지 말았으면 좋겠다."라고 말하기도 한다.

미국의 대통령도 최근 에너지 절약 차원에서 수행원 차량의 규모를 줄인 적이 있으며, 우리나라도 최고 지도자가 많은 수행원을 거느리고 휴가를 보내거나 하면 곱지 않은 시선을 피할 길이 없다. 지도자는 실제적으로 일하는 데 필요한 인력만을 수행원으로 동행해야 한다.

> 한 수레의 책을 가지고 가는 것이 청렴한 선비의 행장이다.

차림새를 간소하게 하라고 강조하는 가운데서도, 다산이 유독 많이 갖고 가라고 말한 것이 한 가지 있다. 바로 책이다. 탁월한 지도자 치고 독서하지 않는 지도자는 별로 없다.

지도자는 지휘하는 사람이다. 지휘하기 위해서는 상황이 눈에 보여야 한다. 보이는 만큼 지휘할 수 있기 때문이다. 보는 힘을 기르기 위해서는 끊임없는 자기 계발이 필요한데, 이런 자기 계발을 위한 가장 효율적인 방법이 독서다.

따라서 지도자는 부지런히 사람을 만나고 다니는 것 못지않게, 책을 가까이 하는 일이 중요하다. 청나라의 호설암은, "죽지만 않는다면 언제든지 빈손으로 재기할 수 있다."라고 말했는데, 그의 빈손에도 딱 한 가지 쥐어져 있는 것이 있었다. 그것이 책이다. 그는 "가진 것이 없어도 천하를 걱정하고 만 권의 서적을 독파하여 고인들과 교류하리라."라는 포부를 가지고 사업 활동을 펼쳐 대성공을 거둔 사람이다.

03 대중의 여망에 부응하기

> **사조(辭朝)**
> '사조(辭朝)'란 목민관이 부임하기에 앞서 조정에 하직 인사를 올리는 것을 말한다. 오늘날로 말하면, 부임 임명장을 받는 상황과 비슷하다고 할 수 있는데, 다산은 이 때 오직 백성의 여망에 부응할 것을 다짐해야 한다고 말한다.

> 고관(高官) 대신들에게 하직 인사를 할 때에는 자신의 재주와 능력을 말해서도 안 되거니와 봉급의 많고 적음을 말해서도 안 된다. 전관(銓官)에게 하직 인사를 할 때 '감사하다'는 말을 해서는 안 된다.

지도자의 자리에 나아가게 되면 수입이 많아지는 것 때문에 축하를 받고 그것으로 인하여 기뻐하고 기대감을 갖는 경우가 많은데, 다산은 그런 것들에 연연해서는 안 된다고 일침(一針)을 가하고 있다.

"새로 임명된 수령이 부임지로 떠나기에 앞서 조정의 대신들에게 부임 및 하직 인사를 할 때에 '저에게 이러이러한 능력이 있으니, 제가 그 지방을 맡은 이상 그리 염려할 것이 없습니다.'라고 교만하게 자랑하거나 봉급이 후(厚)하다느니 박(薄)하다느니 하는 말을 해서는 안 된다. 행여 녹봉이 많다고 축하해 주는 사람이 있으면, '백성으로부터 거둬들인 부정한 것들이 대부분일진대 기뻐할 일이 뭐가 있겠소.' 라고 대답하고, 녹봉이 적다고 걱정하는 사람이 있거든, '열 명의 가족이 입에 거미줄 치지 않고 살 수 있는데, 무슨 걱정이 있겠소.' 라고 대답해야 한다."

또한, 전관(銓官)에게 감사 인사를 해서도 안 된다고 말한다. '전관(銓官)' 은 관리들의 인물됨을 전형(銓衡)하는 직책을 맡은 관리다. 오늘날의 인사 담당자와 비슷하다고 할 수 있다. 지도자로 임명되는 데에는 전관(銓官)의 역할이 클 수밖에 없다. 그런데도 자신을 추천하고 선발해 준 사람에게 감사하다는 말을 하지 말라고 한다.

"전관에게 부임 인사를 가면 으레 '감사합니다' 라고 말하는데, 이것은 예의에 어긋난 행동이다. 전관이 어떤 사람을 관리로 추천하는 것은 자신의 임무를 충실히 수행한 것일 뿐인데, 마치 '당신 덕분에 내가 벼슬을 얻게 되었소.' 와 같은 태도를 취하는 것은 잘못된 일이다. 타당한 절차에 따라 임명된 것이므로 전관에게 고마워하는 마음을 나타내서는 안 된다."

> 임금께 하직 인사를 하고 궁궐 문을 나서게 되면, 수령은 백성들의 여망에 부응하고 임금의 은혜에 보답할 것을 굳게 다짐해야 한다.

사람에 대해서 감사하고 고마워하는 마음을 품어서는 안 된다고 한 것은 지도자가 마땅히 품어야 할 너무나도 중요한 마음이 있기 때문이다. 부임시에 지도자가 마땅히 품어야 할 중요한 마음이 무엇인가? 그것은 백성의 여망에 부응할 것을 다짐하는 일이다. '백성의 여망에 부응하는 것' 이야말로 자신을 지도자로 임명해 준 임명권자의 은혜에 보답하는 길이다. 지도자로 부임하는 사람이 임명권자 앞에서 인사하고 선서하고 임명장을 받지만, 지도자의 실제적인 부임 인사는 백성들에게 하는 것이라는 뜻이 담겨 있다.

이처럼, 지도자로 부름 받는 순간 오직 국민의 여망에 부응할 것을 다짐해야 한다. 백성이 원하는 것을 해결해 주고 조금이라도 백성을 잘 살게 하겠다는 열망을 품어야 한다. 백성의 여망에 부응하겠다는 열망을 품은 지도자가 성공할 수 있다.

노드스트롬 제 1 규칙

백성의 여망에 부응하는 것을 오늘날의 용어로 말하면, '고객 만족, 고객 감동'이라고 할 수 있다. 이 점에서는 행정 조직보다 기업이 더 열성적인 것 같다. 노드스트롬(Nordstrom) 백화점의 예를 보자. 스웨덴의 이민자 노드스트롬에 의해 시애틀의 구두 가게에서 출발한 노드스트롬 백화점은 '서비스의 신화'라는 평가를 받고 있는데, 이와 같은 평가를 받게 된 이유가 다산이 말한 백성의 여망에 부응하는 것과 일맥상통한다.

"어떤 상황에서든 고객에게 가장 좋다고 생각하는 것을 실행하십시오. 그 외의 다른 규칙은 없습니다." 이것이 노드스트롬 제1 규칙이다. 회사의 이익을 위해 고객의 비위를 맞추는 것이 아니라, 진정으로 그 고객에게 가장 좋은 것을 실행하라는 뜻이나. 이런 태도가 구체화된 예가 '1인 밀착 서비스'와 같은 것이다. 노드스트롬의 직원들은 자신들은 상품을 판매하기 위해서가 아니라, 고객에게 서비스를 하기 위해 존재한다고 믿고 있다.

노드스트롬의 고객 서비스가 어느 정도인가를 보여주는 일화가 있다. 어떤 고객이 세일 기간에 바지를 사기 위해 노드스트롬에 들렀는데, 고객이 사고자 하는 바지는 이미 다 팔리고 없었다. 고객이 실망하자, 직원은 다른 회사의 매장에 가서 바지를 사다가 세일 가격으로 팔았다. 당연히 손해 봤다. 더욱 놀라운 것은 노드스트롬의 '무조건 반품 정책'이다. "노드스트롬에서는 타이어를 판매하지 않습니다. 하지만, 소비자가 원했기 때문에 노드스트롬 직원은 소비자가 가지고 온 타이어를 기꺼이 반품 처리해주었습니다." 이해하기 어려울 정도다. 이런 일화 속에 어느 정도의 과장이 있는지는 알 수 없으나, 중요한 것은 끔찍하리만큼 고객을 중시한다는 점이다. '고객 만족'을 넘어서 '고객 감동'을 실현하는 노드스트롬 제1 규칙이야말로 다산이 말하는 백성의 여망에 부응하는 것과 상통하는 자세다.

지도자의 성공적인 임무 수행을 위한 첫 단추는 부임시의 마음가짐이다. 이때의 마음가짐과 자세를 보면, 지도자가 성공할지 실패할지 미리 가늠해 볼 수 있다.

04 직무에 대해 듣기

> **계행(啓行)**
>
> '계행(啓行)'이란 부임지로의 여행길에 오르는 것이다. 오늘날의 상황에서 본다면, 지도자로 임명 받고 직무를 시작하기 전까지의 시간을 뜻한다고 할 수 있다. 이 기간에 지도자의 직무를 감당하기 위한 나름대로의 준비를 하는 것이 계행인데, 계행의 핵심은 선임자와 의논하며 직무에 대해 듣는 일이다.

> 목민관은 오직 장중하고 온화하며 과묵하여 마치 벙어리인 것처럼 해야 한다. 부임지로 가는 길에 관청이 있으면, 그곳을 찾아가 선임 수령들과 함께 고을을 다스려나갈 방법을 깊이 의논해야 한다. 쓸데없이 잡담이나 우스갯소리로 시간을 보내서는 안 된다.

지도자가 되면 스포트라이트를 받게 되고 기분에 들썩들썩해져서 말이 많아질 가능성이 많다. 하지만, 다산은 '과묵하고 경청하라'고 말한다. 마치 벙어리인 것처럼 과묵하게 말을 많이 하지 말라는 것은 혼자서 침거하라는 뜻이 아니라, 말을 많이 들어야 함을 상소한 것이다. 선임 수령들로부터 고을을 다스릴 방법을 잘 들어야 한다는 뜻이다.

지도자로 나서는 사람이 선임자로부터 들어야 하는 이유는 견문과 이목을 넓히고 정보를 얻기 위해서이다. 다산은 "선임 수령들로부터 듣지 않고 그냥 지나가 버리면 교만하다는 말을 들을 수 있다."고 했다. 선임 수령들은 고을의 여러 가지 상황을 자세히 알고 있으므로, 장차 백성들을 다스릴 때 도움이 되는 유익한 정보를 얻을 수 있다.

지도자가 잘 들어야 하는 또 하나의 이유는 듣지 않으면, 편견·고정관념·선입견에 빠져서 잘못 통치할 수 있기 때문이다. 지도자에게 있어서 가장 위험한 적은 고정관념과 편견이다. 여기에 빠지게 되면 사물의 진정한 가치나 상황의 올바른 의미를 이해하지 못하기 때문에, 적절한 대응책을 마련하지 못하게 되고 결국 미래의 전망을 어둡게 만들고 만다.

이런 잘못을 범하지 않기 위해서는 남의 말을 귀담아 들어야 한다. 남의 말을 귀담아 들어야 한다는 것이 다른 사람의 말을 무작정 추종해야 함을 뜻하는 것은 아니다. 자기중심적 사고로부터 벗어나야 한다는 뜻이다.

조사 결과에 의하면, 지도자들은 의사 결정에 있어서 자기중심적인 경향을 띠는 속성이 강하다고 한다. 지도자들의 2/3 이상이 일단 마음을 결정하면 그보다 훌륭한 대안이 제시되어도 마음을 바꾸지 않고 관심조차 기울이지 않는다고 한다. 그리고 그렇게 해서 이루어진 의사 결정은 대부분 실패로 끝나는 경우가 많다.

정관의 치

지도자의 듣는 태도가 얼마나 중요한가를 보여주는 예가 있다. 당태종 이세민은 '정관의 치(貞觀-治)'라는 중국의 황금 시대를 이룬 황제로서, 중국 역사상 가장 탁월한 통치자로 평가된다.

한번은 당태종이 신하 위징(魏徵)에게 물었다.

"무엇을 기준으로 현명한 군주와 어리석은 군주를 구별하오?"

위징이 말했다.

"군주가 현명한 것은 자신의 생각과 다른 의견을 널리 듣기 때문이고, 군주가 어리석은 것은 편협되게 한 부분만을 믿기 때문입니다. 시경(詩經)에, '선현들이 말씀하시기를 풀을 베고 나무를 하는 사람에게도 물어보라 하셨네.'라는 말이 있습니다. 옛날 요(堯)임금과 순(舜)임금 시대에는 사방의 문을 활짝 열어 천하의 덕망 있는 선비를 불러 시야를 넓혀 민간의 소리를 듣고 정치를 맑게 했습니다. 그래서 간사한 사람들도 그 영명함을 가릴 수 없었고, 교묘한 말과 간계로도 어둡게 할 수 없었습니다. 그러나 이와 반대로 진이세(秦二世 ; 진시황제의 아들인 호해 황제)는 깊숙한 궁궐에 있으면서 조정 신하들과 백성들을 물리치고 조고(趙高)의 말만 듣고 있다가, 천하가 붕괴되고 민심이 돌아섰는데도 실태를 알지 못했습니다. 그러므로 군주된 자는 여러 다른 의견을 듣고 아랫사람들의 합리적인 건의를 받아들여야만 합니다. 그렇게 하면 제아무리 권세가 큰 대신이라도 아랫사람들의 소리를 가리거나 군주를 어리석게 할 수 없으며, 백성들의 실정이 조정에 그대로 반영될 수 있습니다."

듣는 것은 이처럼 중요하다. 당태종의 정관의 치(治)도 결단력이 뛰어난 두여회(杜如晦), 기획력이 빼어난 방현령(房玄齡), 강직한 대부(大夫) 위징(魏徵) 등과 같은 신하들로부터의 '들음의 산물'에 다름 아니다. 당태종은 특히 위징으로부터 많은 것을 들었는데, 훗날 당태종이 고구려 원정에 실패한 후, 위징이 살아 있었다면 고구려 원정을 말렸을 것이라고 말하며, 그의 무덤을 돌보고 유족을 후대했다고 한다.

경청

지도자의 성공 여부는 얼마나 잘 듣느냐에 달려 있다. 삼성의 이건희 회장이 부친인 고 이병철 회장의 집무실 옆방에서 본격적인 경영 수업을 시작하는 첫 날, 이병철 회장은 직접 붓을 들고 '경청(傾聽)'이라는 글을 써 주었다고 한다. 항상 남의 의견을 잘 들을 것을 특별히 당부한 것이다. 이 가르침대로 이건희 회장은 회의할 때나 현장에 갈 때나 가능하면 말을 많이 하지 않고 들으려고 했는데, 그렇게 10년 가까이 지내는 동안 상대방의 생각이나 처지를 이해하고 헤아리는 힘이 길러졌다고 회고했다.

지도자가 첫발을 내디딜 때 빠지기 쉬운 함정은 이제는 더 이상 듣지 않고 지시하고 명령하는 것이 자신의 주 업무라고 생각하는 것이다. 이것은 큰 잘못이다. 지도자의 자리로 나아가면서 마음에 새겨야 할 것은 잘 들어야 한다는 사실이다.

망치를 손에 들면 모든 것이 못으로 보인다는 말이 있다. 칼자루를 잡으면 휘두르고 싶고, 권력을 손에 넣으면 군림하고 싶은 것이 인간의 본능이다. 이 때 균형을 잡아주는 것이 듣는 일이다. 좋은 소리, 축하와 칭찬의 소리, 듣고 싶은 소리만 듣는 것이 아니라, 간언, 직언, 충언을 들어야 한다.

듣는 일은 위아래, 상하급자를 가리지 않는다. '불치하문(不恥下問)'이라는 말이 있듯이, 아랫사람에게도 묻고 듣기를 서슴지 않는 열린 마음이 지도자의 성공을 위한 보증수표라고 할 수 있다.

05 다스릴 방법 생각하기

|상관(上官)|
|'상관(上官)'은 취임하여 자리에 앉는 것을 말한다. 상관(上官)은 지도자의 자리에 취임하여 맨 처음에 행해야 할 일이 무엇인가를 밝힌 내용인데, 다산은 아전들의 인사를 받고, 다스릴 방법을 깊이 생각해야 함을 강조하고 있다.

> 상관하면 곧장 관원들의 참알(參謁)을 받으라.

'참알'은 인사를 받는다는 뜻이다. 취임하는 즉시, 관청 아전들과 관리들의 인사를 받아야 한다고 말한다. 지도자의 자리에 앉게 되면, 가능한 한 빨리, 함께 일할 사람들을 일일이 대면해야 한다. 지도자라고 해서 위에서만 놀고 자기의 관할 수하에 누가 있는지조차 파악하지 못하고, 시간이 한참 지난 후에까지 소속 직원들을 알아보지 못한다면 지도자로서 체통 떨어지는 일이다.

취임하여 관리들의 인사를 받는 것, 즉 첫 대면의 중요성을, 오늘날 경영에서는 '진실의 순간(moment of truth)'이라는 말로 설명하기도 한다. '진실의 순간'은 어떤 일에서 가장 중요하고도 결정적인 순간을 뜻하는 말이다. 원래 이 말은 투우(鬪牛)에서 사용되는 용어로서, 투우사가 황소를 데리고 재주를 부리다가 마지막에 칼을 들어 황소의 정수리를 찌르는 때를 가리킨다. 스페인의 마케팅 이론가 노먼 교수가 이것을 경영에 적용하여, 기업에서의 진실의 순간을 제창하였다. 직원이 고객을 처음 대하는 순간에 고객의 마음을 사로잡으면 그 사람은 평생 단골고객이 될 수 있지만, 그 순간에 고객의 눈 밖에 벗어나면 경쟁 회사에 고객을 빼앗기게 된다는 주장이다. 이것은 고객과의 첫 대면의 중요성을 말한 것이지만, 구성원과의 첫 대면도 이에 못지않게 중요하다.

아전의 인사를 받는 것은 오늘날 자주 말하는 '대면 접촉(face to face contact)'과도 연관된다. 대중이나 고객과의 대면 접촉뿐만 아니라, 지도자와 구성원 사이의 대면 접촉 커뮤니케이션도 중요하다. 이것이 원활하게 이루어질 때 조직의 효율성이 높아지기 때문이다. 수령은 자리에 취임하는 즉시 아전들의 인사를 받으라는 말에는 대면 접촉을 통해서 구성원을 파악하고 지도력을 확보하라는 뜻이 담겨 있다.

> 관원들이 참알을 마치고 물러가면, 단정히 앉아 앞으로 다스려 나갈 방법을 묵묵히 생각해야 한다. 엄정하고 간명하고 치밀하게 규모를 짜되 형편에 맞게 해야 하며 스스로 정한 원칙을 굳게 지켜야 한다.

이 말은 다스릴 방법을 깊이 생각해서, 자신의 통치 방법 및 통치 철학과 같은 자기만의 리더십 브랜드를 갖추어야 한다는 뜻이다. 여기서 강조하고 있는 것은 '깊이 생각하는 것'이다.

사람들은 보통, 생각하기보다는 행동하기를 먼저 하지만, 지도자는 먼저 생각해야 한다. 성공한 사람들의 한 가지 공통점은 생각하는 시간을 많이 갖는다는 점이다. 지도자가 능력을 발휘하기 위해서도 마찬가지다. 잘 다스릴 방법을 깊이, 치열하게, 치밀하게 생각할 때, 능력 있는 리더십을 발휘할 수 있다.

다스릴 방법을 깊이 생각하고 또 생각하는 과정을 통해서 업적을 이룬 지도자들이 많이 있다. 레닌은 자나 깨나 혁명만 생각하다가 러시아 혁명을 이루었다. 그는 잠자다가 꿈을 꾸어도 혁명에 대한 꿈만 꾸겠다고 작정했다. 이광요 수상은 깨끗한 사회에 대해 쉬지 않고 생각한 끝에 오늘날의 싱가포르를 이루었다. 나폴레옹은 전 유럽을 통일하는 생각과 상상에 지나치게 몰두한 나머지 정복자의 자리에 올랐다.

모든 진보는 생각으로부터 시작된다. 생각이 현실을 만든다. 지도자는 '어떻게 하면 잘 다스릴 수 있을까'를 줄기차게 생각해야 한다. 그런 생각을 통해서 자신만의 리더십을 확립할 수 있다. 아인슈타인은 사실을 중시하는 과학자임에도 불구하고, 생각과 상상력이 사실보다 더 중요하다고 말했다. 새로운 생각이 있을 때 새로운 성취가 이루어진다. 지도자의 생각의 한계가 곧 성취의 한계다.

그래서 오직 '생각' 하기 위해서 특별한 시간을 마련하는 경우도 있다. 빌 게이츠의 '생각 주간'이 그 예이다. 마이크로소프트의 빌 게이츠 회장은 1년에 두 차례 '생각 주간(Think Week)'을 통해 시장을 이끌어갈 작품을 구상한다고 한다. 그는 할머니의 집을 방문해 조용한 분위기 속에서 회사의 전략을 정리한 일을 계기로, 매년 두 차례 생각 주간을 갖고 있는데, 이 시간을 통해서 인터넷 익스플로러, 테블릿 PC, 온라인 게임 등 새로운 생각을 많이 발굴했다고 한다. 생각 주간에 특별 동행한 로버트 거스 기자는 "이 기간 동안에 별장을 찾는 사람은 하루 두 차례

샌드위치와 조갯살 수프, 오렌지 주스와 콜라를 넣어주는 관리인 한 명 뿐이며, 침대와 냉장고, 책상과 컴퓨터뿐인 소박한 환경 속에서 빌 게이츠 회장의 미래를 향한 혜안이 움튼다."라고 보고하였다.

포지셔닝

　조직의 지도자는 임무를 성공적으로 수행하기 위해서는 다스릴 방법을 깊고 치밀하게 생각하여 자신의 통치 철학을 확립해야 한다. 취임하여 지도자의 자리에 앉았다고 해서 지도자가 된 것이 아니라, 지도자로서 '자리매김' 되어야 온전한 지도자라고 할 수 있는데, 그렇게 자리매김되기 위해서는 깊이 생각하여 자신만의 통치철학을 확보해야 하는 것이다.

　이렇게 보면 다스릴 방법을 깊이 생각하는 것은 오늘날 경영에서 말하는 '포지셔닝(positioning)'과 일맥상통한다. 포지셔닝은 말 그대로 '위치 잡기, 자리 잡기'의 뜻이므로, 의미상으로도 '자리에 오른다'는 뜻의 상관(上官)과 비슷하다.

　포지셔닝은 소비자의 마음 속에 제품이나 조직에 대한 이미지나 평가를 가장 유리하게 자리잡게 하는 커뮤니케이션 활동을 뜻한다. 알 리스와 잭 트라우트가 주창한 개념으로서, 자사 제품의 우수성을 한 단어나 한 마디로 표현함으로써 타사 제품과의 경쟁에서 우월한 위치를 차지하고자 하는 활동이다. 이를테면, 3M은 '혁신', 맥도날드는 '편리함', IBM은 '탁월함' 등과 같이, 오늘날의 사업체는 자기 조직의 포지셔닝을 위해 많은 노력을 기울인다.

　지도자가 자신이 어떤 사람인가를 대중이나 고객에게 인식시킴으로써, 자신의 통치 철학을 대중의 마음 속에 각인시키는 것이 리더십 포지셔닝이다. 지도자는 취임의 시점에서 다스릴 방법을 깊이 생각하여 자기만의 통치 및 경영 철학을 확립함으로써, 자신의 리더십을 대중의 뇌리에 포지셔닝하고 대중이나 구성원의 마음을 사로잡아야 함을 다산이 강조한 것이다.

 포지셔닝이 이루어진 지도자는 그만큼 통치하기도 수월하고 통치의 효과도 크게 나타나지만, 지도자의 '자리'에만 앉았을 뿐, 지도자로서의 포지셔닝, 즉 '자리매김'이 되지 않으면, 소신도 철학도 없이 리더십의 낭비를 초래할 수밖에 없다.

06 업무 체제 갖추기

> **이사(莅事)**
> '이사(莅事)'란 실제적인 업무를 시작하는 것을 말한다. 실제로 업무를 시작할 즈음에서는 '깨뜨려야 할 것'을 깨뜨리고, '준비해야 할 것'을 준비해야 한다고 말한다. 그럼으로써 본격적인 업무 체제를 갖출 수 있다.

> 사람들에게 공문으로 영(令)을 내려 고을의 악습이나 폐습이 무엇인지 조사해야 한다.

개인이든 조직이든 기존의 방식에 안주해 있어서는 발전하기 어렵다. 향상 발전하기 위해서는 과거에 대한 반성을 통해서 끊임없이 깨뜨리고 다시 창조하는 과정이 뒤따라야 한다. 일상적인 방식에 익숙해 있거나 정체되어 있으면 알게 모르게 나쁜 습성이 생겨나는 경우가 많기 때문에, 지도자는 그런 상황을 재빨리 간파하여 악습을 뿌리째 제거해 낼 때 조직의 발전을 이룰 수 있는 것이다.

중국의 주룽지 총리는 당 중앙 정치국 회의에서, "전국 인민들에게 알린다. 먼저 고위 관리들을 정리하고, 차례로 중하위 관리들을 정리할 것이다. 나는 지금 100개의 관을 준비하고 있으며, 그 중 하나는 나를 위한 것이다. 모든 사람이 다 같이 희생한다면 오랫동안 안정을 누리게 될 것이다."라고 선언하였다. 100개의 관을 준비한 것은 100가지의 관례와 악습을 타파하겠다는 의지의 표현이다. 자신의 관도 준비되었다는 것은 자기 자신도 개혁의 대상에서 예외가 아니라는 뜻이 있으며, 또한 낡은 관습을 타파하는 일에 자신의 목숨을 걸겠다는 의미도 담겨 있다.

톰 피터스 역시 잘못된 것을 부숴뜨릴 수 있어야 능력 있는 지도자가 될 수 있다고 했다. 톰 피터스는 기존의 낡고 경직된 기업 문화에 자율, 열정, 창조성과 같은 새로운 가치를 불어넣은 사람이다. 그는 새로운 시대의 지도자는 모든 것을 파괴할 수 있는 CDO(chief destruction officer), 즉 파괴자가 되어야 한다고 말했다. 그래서 미래의 변화에 걸맞은 사고방식과 행동을 실천하려면, 톰 피터스의 '파괴의 원리'를 탐구해야 한다는 말이 있다.

월마트 샘 월튼의 가장 중요한 규칙은 '규칙 깨뜨리기'였다고 한다. 사람들이 기존의 방식에 집착해 있을 때, 월튼은 "정확하게 그 반대로 하라. 그것이 바로 우위를 점하는 길이다."라고 외쳤다.

타이거 우즈도 관례를 깨뜨리는 일에 일가견이 있었다. 골프 천재 타이거 우즈가 프로 골프 선수가 되기 위해 스탠포드 대학 졸업을 1년 남겨두고 학교를 자퇴했을 때, 사람들은 타이거 우즈를 비웃었다. 타이거 우즈가 골프 경기 전후에 행해지는 관례들을 깨뜨렸을 때에는 코웃음까지 보냈다. 프로 골프 선수들은 컨디션 조절을 위해 경기 직전이나 경기 중에는 연습을 하지 않는데, 이것이 거의 규칙화되어 있다고 한다. 그런데 타이거 우즈는 경기가 진행되는 동안, 한 라운드가 끝날 때마다 몇 시간씩 연습함으로써 기존의 관습을 철저하게 무시해 버렸다. 얼마 후, 타이거 우즈가 20세의 나이로 골프계를 평정하고 골프 황제로 등극함으로써, 그에 대한 모든 비웃음이 사라졌다.

파괴한다는 것은 기존의 방법과 규칙을 바꾸는 것을 의미한다. 비효율적인 게임의 규칙을 철폐하고 스스로 규칙을 창조함으로써, 선도적인 역할을 수행하고 경쟁에서 확실한 우위를 차지하기 위해서이다. 즉, 악습이나 폐습을 깨뜨리는 것은 생산성과 효율성을 높이기 위한 활동이다. 이를 위해서 상황이나 여건을 새로운 시각으로 바라보는 태도가 필요하다. 일상적인 시각에 안주해 있어서는 악습이나 폐습이 눈에 띄지 않기 때문이다.

> 바깥문의 기둥에 북을 걸어놓으라.
> 책력(册曆)에 맞추어 모든 업무의 정해진 기한을 기록해 둠으로써 시행에 차질이 없도록 해야 한다.
> 담당 지역의 지리를 지도로 그려 벽에 걸어 놓아야 한다.
> 도장의 글자가 닳거나 거칠어서 알아볼 수 없을 정도여서는 안된다.

 악습을 깨뜨린 다음에 준비해야 할 것으로, 다산은 '북, 달력, 지도, 도장'의 네 가지를 들고 있다.
 첫째, '북'을 준비하라고 한다. 이것은 지도자와 구성원, 또는 대중 사이의 의사소통을 원활하게 하기 위한 수단으로서, 일종의 신문고(申聞鼓) 제도다. 대중이나 구성원의 생각이 지도자에게 여과 없이 전달되는 통로가 막힌다면, 그 지도자는 실패할 가능성이 많다. 언제든지 현장의 목소리에 귀를 기울여야 한다는 뜻에서 '북'을 준비하라고 한 것이다.
 중요한 것은, 의례적이거나 형식적인 통로를 만드는 것이 아니라, 실효성 있는 운용이다. 조선조 태종 때 만들어진 신문고는 원래 신분의 귀천을 떠나 자신의 억울한 사정을 임금께 직접 호소할 수 있도록 만들어진 제도였지만, 실제로는 불합리한 점이 많아서 실효성이 별로 없었다고 한다. 지도자는 형식적인 의사 소통 통로를 마련해 두는 것으로 그치지 말고, 그것이 실제적으로 잘 운용되게 해야 한다.

둘째, '달력'을 준비해야 한다. 책력, 즉 달력을 준비한다는 것은 일의 계획을 세우고 그것을 이룰 최종 기한을 정해서 목표를 달성해야 한다는 뜻이다. 사람은 기한(期限)과 같은 강제적인 장치가 있을 때, 목표 성취에 대한 의욕이 강해지는 면이 있다. 지도자는 항상 일의 진행 상황을 체크해야 하는데, 이것을 위해 달력을 준비하라고 한 것이다.

지도자가 부닥치는 큰 문제 중의 하나는 해야 할 일에 비해 시간이 부족하다는 점이다. 시간을 잘 활용하는 지도자가 능력 있는 지도자다. 시간을 보다 깊이 이해하고 활용할 수 있는 능력을 '시간 지능(temporal intelligence)'이라고 하는데, 시간 지능이 뛰어남으로써 시간의 주인이 될 때, 달력은 적이 아닌 친구가 될 수 있다.

셋째, '지도'를 마련해야 한다. 지도는 일종의 '상황판'이라고 할 수 있다. 지도자는 자신이 관리하고 있는 지역이나 영역을 한눈에 바라보고 있어야 한다. 이것을 위해 지도(map)를 마련하라고 한 것이다.

요즘 자주 말하는 '로드맵(road map)'과 통하는 말이다. 로드맵은 말 그대로 도로 지도를 뜻하는데, 보통, 정책 목표와 추진 일정을 큰 그림으로 그려 놓은 것을 가리킨다. 로드맵은 문제의 해결에 이르기 위한 구상, 방법, 지침서의 역할을 한다. 달력은 시간적 관점에서, 지도는 공간적 관점에서, 지도자가 자신의 업무의 전체 구조를 한눈에 파악하기 위해 필요한 것이다.

넷째, '도장'을 마련하라고 한다. 도장은 자신을 증명하는 도구다. 도장은 그 사람 자신을 나타내는 것으로서, 지도자의 도장은 권위와 신뢰의 상징이다. 돈은 빌려줘도 도장은 빌려주지 않는다는 말이 있듯이, 도장은 가장 확실한 증명과 신뢰의 수단이다. 그래서 옛날에는 친교가 두터운 사람이나 집안끼리 도장을 바꿔 갖는 풍습이 있었다고 한다.

정리하면, 지도자는 부임한 즉시, 과거의 악습이나 낡은 관습을 타파하고, 의사소통 통로를 마련하며(북) 업무의 시간별 계획을 세우고(달력) 전체 업무를 한눈에 파악하고(지도) 권위를 확보함으로써(도장), 본격적인 업무 체제를 갖추어야 한다는 뜻이다.

제2편

몸가짐

율기육조 | 律己六條

'율기(律己) 육조'는 목민관이 스스로의 몸가짐을 바르게 하고 언행에 흐트러짐이 없도록 하기 위해 지켜야 할 여섯 가지 항목을 말한다. 지도자가 자기 자신을 바르게 관리하는 일이 얼마나 중요한가는 두말할 나위가 없다. 지도자의 성패는 환경이나 여건의 문제가 아니라, 지도자 자신에게 달려 있다고 해도 과언이 아니다. 지도자는 다른 사람을 변화시킬 목적으로 사람들 앞에 나서지만, 다른 사람을 변화시키기에 앞서 자신이 먼저 변화되어야 한다는 대전제를 잊어서는 안 된다.

07 자신을 타일러 경계하기

칙궁(飭躬)

'칙궁(飭躬)'이란 스스로 자신을 타일러 경계하고 삼가는 것을 말한다. 지도자가 자신의 몸가짐을 바르게 하는 것이 칙궁(飭躬)이다. 다산은 목민관의 올바른 몸가짐을 위한 칙궁(飭躬)으로, 지도자가 버려야 할 몸가짐과 지녀야 할 몸가짐을 각각 말하고 있다.

> 말을 많이 하지 말며 격렬하게 성내지 말라.

말 많은 것이 미덕으로 환영받는 경우는 거의 없다. '호랑이 입보다 사람의 입이 더 무섭다.'는 말은 지도자의 말 한 마디로 인해 수많은 사람이 다칠 수 있음을 경계한 말이다. '실없는 말이 송사(訟事) 간다.', '웃느라 한 말에 초상난다.', '혀 아래 도끼 들었다.', '병은 입으로 들어가고 화(禍)는 입에서 나온다.'는 속담들도 말을 삼가야 한다는 교훈을 전해주는 말들이다.

지도자는 또한 분노를 다스릴 줄 알아야 한다. 다산은 평소에 '노즉수(怒則囚)', 세 글자를 좌우명으로 삼아야 한다고 말한다. '노즉수'란 화가 날지라도 분노를 밖으로 드러내지 말고 억제하여 마음 속에 가두어 둔다는 뜻이다.

사람은 누구나 감정의 폭발을 억누르기 어려운 때가 있다. 그러나 한

가지 확실한 것은 흥분해서 자제력을 잃으면 지도자로서는 실격이라는 사실이다. 자제력을 잃으면 이미 패배한 것이다. 외국의 선거 상황을 보면, 상대방을 무너뜨리기 위해 교묘하게 분노하게 만들어 자제력을 잃는 모습을 보이게 하는 전략을 세우는 경우가 있다. 분노는 자신의 몸을 망치는 도끼임을 기억해야 한다. 스스로 보기에 자신이 자주 분노하는 사람이라면, 아직 지도자로서의 자격이 갖추어지지 않았다고 보면 틀림없다.

> 술을 끊고 여자를 멀리 하고, 가무를 물리쳐 공손하고 단정해야 한다. 놀이에 빠져 방탕하고 해이해져서는 안 된다.
> 수령이 시나 읊고 한가하게 바둑이나 두면서 관청일은 아전이나 관리들에게 내맡겨서는 절대 안 된다.

지도자는 술, 여자, 향락적인 놀이 등을 금하라고 한다. 다산은 "목민관은 부득불 술을 끊어야 한다."고 말한다.

술로 인해 지도자적 소임을 망친 대표적 인물은 러시아의 옐친 대통령이 아닌가 싶다. 사석이든 공석이든 가리지 않고 술에 만취해서 러시아 정부 관리와 국민들을 당혹스럽게 한 적이 많다. 한번은 아일랜드 수상을 영접하러 나온 옐친이 너무 만취한 나머지 비행기에서 내리지 못해, 아일랜드 수상은 활수로 위에서 한농안 기다리다가 그냥 돌아갔다고 한다.

이와 반대로, 술을 멀리함으로써 지도자적 소임을 십분 발휘한 예도 많다. 토마스 왓슨도 그 중 한 사람이다. 왓슨은 C-T-R이라는 회사의 사장으로 있으면서, 그의 강직하고 올바른 방식의 사업관과 여러 가지 개인적인 가치를 통해 C-T-R이 도덕적이면서도 위대한 회사가 될 것이라는 꿈을 키워갔다. 이 회사의 특징적인 기업 문화 중의 하나가 금주(禁酒)다. 회사 직원은 어느 누구도 업무 중에 술을 마신다거나 술을 마신 후에 고객을 상대하는 법이 없었으며, 심지어 직장 밖에서 개인적으로 술을 마시는 것조차도 위험했다고 한다.

왓슨은 C-T-R을 재정비하고 통합하여, 1924년, 인터내셔널 비즈니스 머신스(International Business Machines)라는 이름의 새로운 기업을 뉴욕 증권거래소에 상장(上場)시켰다. 이것이 IBM이다. 오늘날까지 많은 위기를 겪으면서도 IBM이 거대기업으로서의 존재 역할을 다하고 있는 것도 지도자인 토마스 왓슨의 강직한 퍼스낼리티가 전체적인 기업문화로 확산되어 그 바탕을 이루고 있기 때문인지 모른다.

우리나라의 경우, '대한민국이 술에 취해 있다.'는 말을 할 정도로 음주 경향이 심하다. 많지도 않은 인구임에도 불구하고, 도수 높은 술 소비량이 세계 4위 수준이며, 성인 음주자 5명 중 1명은 알코올 중독적 성향을 보이고 있는 것으로 조사됐고, 음주로 인한 교통 사고 비율이 급증했고, 여성과 청소년 음주도 크게 늘었다. 이제 지도자가 솔선하여 술을 삼가는 노력을 보여야 한다. 얼마 전, 어느 국회의원이 국회 안에 '폭소회(폭탄주 소탕 모임)'를 만들었다는 보도가 있었는데, 이는 지도자적 소임에 합당한 행동이라고 할 수 있다.

술 외에 과도한 취미나 향락적인 놀이도 삼가라고 한다. 취미나 놀이도 술과 마찬가지로 중독성이 있기 때문에, 한번 빠져들면 업무가 뒷전으로 밀리기 때문이다.

"광해군 때 남창(南牕) 김현성은 일체의 부정 없이 관직을 수행하여 청렴하다는 명성이 높았다. 그는 성품이 워낙 깔끔하고 우아하다 보니, 하루종일 시나 읊조리고 지낼 뿐, 일 처리에는 익숙하지 못하였다. 결국, 사람들은 그를 가리켜, '남창은 자식을 사랑하듯이 백성을 사랑하는데, 오히려 그를 원망하는 소리가 온 고을에 가득하고, 남창은 아무런 잘못도 저지르지 않았으나 관청의 곡식 창고는 텅텅 비었네.' 라고 말하며, 그를 조롱하였다."

> 일의 업적도 이루고 백성들 또한 마음으로 즐거워하거든, 백성들과 함께 운치 있게 즐기는 것은 예로부터 수령들이 흔히 행하던 일이었다.

다산은 목민관이 백성들과 함께 기쁨을 나누고 여가를 즐기는 것은 좋은 일로 권장하였다.

지도자는 여가를 잘 활용할 줄 알아야 한다. 일밖에 모르는 지도자는 그것 또한 문제가 있다. 헨리 포드는 '일만 알고 휴식을 모르는 사람은 브레이크 없는 자동차처럼 위험하기 짝이 없다.'고 했다. 여가나 휴식은 재충전과 도약을 위한 밑거름이 된다. 잘 쉬는 것도 능력이기 때문에 '휴테크(休-) 성공학'이라는 말도 생겼다. 빌 게이츠, 아인슈타인, 스티븐 스필버그, 에디슨 등은 모두 유대인인데, 이들 유대인의 탁월함에 대한 한 가지 이유를, 그들의 '안식일(安息日)'에서 찾기도 한다. 안식일, 안식년, 희년 같은 유대인의 여가와 쉼의 문화가 그들을 다른 민족과 차별화시켰다고 한다.

여가 활용 문화를 통해서 더 높은 생산성과 효율성을 이끌어내기 위해서는 '개미 콤플렉스'를 벗어나야 한다. 개미 콤플렉스란 개미처럼 쉬지 않고 일하지 않으면 뭔가 잘못되어 있다고 생각하는 강박관념을 가리킨다. 이런 사람은 쉬면 도리어 불안해진다. 직장인 10명 중에서 6명 정도가 이런 강박관념에 사로잡혀 있다고 한다. 개미의 근면함은 배워야 하겠지만, 일에 대한 강박관념을 가지는 것은 도리어 일의 능률을 떨어뜨릴 수 있다. 모름지기 일과 휴식의 균형이 중요하다.

> 수령은 동 트기 전에 잠자리에서 일어나 세면을 하고 의관을 단정히 한 다음, 불을 밝히고 바르게 앉아 정신을 가다듬어야 한다. 수령의 청사에서 글 읽는 소리가 들리면, 가히 훌륭한 선비이다.

지도자가 지녀야 할 바람직한 몸가짐은 일찍 기상하는 일이다. 다산은 목민관은 새벽형 인간이 되어야 한다고 말한다.

아침 시간의 중요성은 자주 강조된다. 하루의 일은 이른 새벽에 달려 있다고 말한다. 관청 청사 앞에 오동나무 한 그루를 심어 놓고 새벽에 뭇 새들이 날아드는 것을 듣고 기상 시각을 정했다는 관리도 있다. 동물 중에서는 새가 가장 일찍 일어난다. 새는 천적으로부터의 자기 보호 본능이 강해서 잠을 오래 자지 않는다고 한다. 새의 경우에서 보듯, 일찍 일어난다는 것은 긴장의 끈을 풀지 않는다는 뜻이 있다. 아침 일찍 일어나는 새가 먹이를 먼저 찾아 먹듯이, 새처럼 일찍 일어나는 사람이 크게 성공하는 경우가 많이 있다.

다산은 앞에서 간소한 차림으로 부임하되 책을 한 수레 가지고 가는 것이 청렴한 선비의 모습이라고 하여 독서의 중요성을 말한 바 있는데,

거듭해서 독서를 강조하고 있다.

　조선 시대의 황희 정승은 죽을 때까지 영의정 벼슬을 지냈는데, 90세에 죽을 무렵에도 책을 손에서 놓지 않았다고 한다. 그 나이까지 시력을 유지한 방법이 특이하다. 책을 읽을 때 항상 한쪽 눈을 번갈아 감아가며 시력을 길러 작은 글씨까지 다 읽을 수 있었다. 늙었는데도 기력이 강건하여 홍안백발의 풍모를 지닌 황희 정승이 그처럼 열심히 독서를 한 이유는 오직 하나, '백성을 위하는 마음'이었다. 어떻게 하면 백성을 유익하게 해 줄까 하고 책을 통해서 연구하고 고민했기 때문에 명재상이 될 수 있었다. 후세 사람들은 '세종 같은 임금, 황희 같은 정승이 있었기에 조선에 태평성대가 있었다.'라고 말하며, 이들을 그리워하였다.

　지도자가 솔선수범해서 몸가짐을 바르게 하면 구성원이나 대중들에게 좋은 영향을 미친다. 월마트의 창업자인 샘 월튼은 자신이 월마트의 완벽한 역할모델이 되어야 한다고 생각했기 때문에, 좋은 호텔에 묵지도 않고 고급 식당에서 먹지도 않았으며 고급 차를 타지도 않았다고 한다. 지도자의 행동 방식이 구성원들에게 영향을 미친다는 사실을 과소평가해서는 안 된다.

08 청렴하기

청심(淸心)

'청심(淸心)'은 깨끗한 마음이다. '청렴(淸廉)'과 같은 의미이다.

> 청렴은 목민관 본연의 자세며, 모든 선(善)한 일의 근원이며, 모든 덕의 근본이다. 청렴하지 않으면 목민관의 일을 능히 수행해 낼 수 없다.

한 여론 조사에서, 응답자의 95%가 공직자의 부패가 심각하다고 답했는데, 정작 공직자들은 70%가 심각하지 않다고 답했다. 청렴의 기준이 명확하지 않은 때문이기도 하다. 어느 정도까지를 청렴하다고 할 수 있을까?

다산은 청렴의 3등급을 소개하고 있다. 나라에서 받은 녹봉도 먹고 남은 것은 다시 반납하는 '옛날의 최상위 청렴', 정당한 것만 받되 먹고 남은 것은 집으로 보내는 '중고(中古) 시대의 청렴', 그리고 돈을 받고 자리를 팔지 않으며 세금을 중간에서 착복하지 않는 '오늘날의 청백리', 이렇게 세 가지 등급이다. 따라서, 일체의 뇌물을 받지 않고 공금을 유용하거나 횡령한 것이 없는 3등급 수준이 청렴의 최소 기준이라고 할 수 있다.

지도자가 청렴하기 위해서는 어떻게 해야 할까? 다산의 말에 의하면, 욕심이 커야 한다. "청렴은 세상에서 가장 큰 사업이다. 큰 뜻을 품으면 반드시 청렴하기 마련이다. 사람이 청렴하지 못한 것은 지혜가 부족하기 때문이다. 사람들은 눈앞의 재물에 욕심을 내지만, 욕심낼 대상 중에는 재물보다도 큰 것이 있으므로, 뜻이 큰 사람은 재물을 탐내지 않을 수 있는 것이다." 천하를 다스리고자 하는 큰 뜻이 있는 사람이 돈 몇 푼 횡령하지는 않을 것이기 때문에, 지도자는 욕심을 크게 가져야 청렴할 수 있다고 한 것이다.

청렴한 사람들의 사례를 보자.

"양진(楊震)이 형주의 자사가 되었을 때, 왕밀(王密)이 금(金)을 열 냥이나 가지고 와서 양진에게 주면서, '밤이라 아무도 모릅니다.'라고 하자, 양진이 '하늘이 알고 땅이 알고 내가 알고 그대가 아는데, 어찌 아무도 모른다고 하시오.'라고 말하자 왕밀이 부끄러워하며 물러갔다."

"송나라 때, 한 농부가 밭을 갈다가 귀한 구슬[玉]을 주워서, 그것을 자한(子罕)이라는 관리에게 갖다 바쳤는데, 자한은 그것을 받지 않았다. 그러자 농부가 '이것은 농사꾼의 보배입니다. 원컨대 받아주십시오.'라고 하자, 자한은 '자네는 구슬을 보배로 여기고, 나는 받지 않는 것을 보배로 여기니, 내가 그것을 받는다면 자네와 내가 모두 보배를 잃게 되는 것일세.'라고 하였다."

"손신(孫薪)과 황보(黃葆)는 함께 공부한 친구 사이다. 훗날, 황보가 어사가 되어 순찰하게 되자, 관리 한 사람이 손신을 통해서 황보에게 뇌물을 주려고 했다. 그러자 손신은 손을 내저으며, '말하지 말라. 네가 내게 한 말이 귀에 들어가면 내 귀에서는 장물(臟物)이 되느니라.'라고 하였다."

대단한 사람들이다. 뇌물은 반드시 알려진다고 생각하는 지도자, 받지 않는 것을 보배로 아는 지도자, 뇌물이라면 귀로도 받지 않겠다는 지도자, 이들이야말로 청렴의 극치라고 할 만하다.

청렴 대책

나라마다 지도자의 부정과 뇌물을 금지하기 위해 다양한 정책을 시행하고 있다. 과거 청나라에서는 관리들의 탐욕을 막기 위해 모선귀공(耗羨歸公 ; 거두어야 할 세금 액수를 미리 정한 다음 지방의 공공비용을 지급하는 정책), 양렴은제(養廉銀制 ; 청렴을 키우는 돈이라는 뜻) 같은 제도를 실시하여 관리들에게 신분에 걸맞은 수입을 보장하였다. 동시에 어떤 경우에도 부정을 저질러서는 안 되며, 만약 어길 경우는 사형에 처했다.

우리나라도 2001년에 부패방지법이 제정 발효되었으며, 2002년에는 부패방지위원회도 만들었다. 국제적으로는 OECD와 WTO 등이 중심이 되어 SR라운드(사회적 책임)를 채택할 예정인데, 뇌물 금지와 부패 방지는 이것의 주된 내용이다.

그러나 극단적인 제도나 정책도 지도자 개인의 각성 없이는 효력을 발휘하기 어렵다. 모든 인간은 정도의 차이는 있을지언정 탐욕을 가지고 있다. 중요한 것은 탐욕적인 본성을 자꾸 씻어내고 억제하는 노력이다. 이를 위해서 사회 전체가 부정부패를 몰아내고자 하는 강한 의지가 있어야 한다. 뇌물을 준 사람이나 받은 사람이나 할 것 없이 반드시 처벌을 받게 된다는 것이 사회적 합의가 되고, 지도자의 자리는 청렴하게 복무하는 것이 으뜸이라는 '사회적 명예율'이 공감대로 형성되어야 한다.

모든 지도자의 공공의 적은 청렴하지 못한 것이다. 청렴하면 탈이 없다. 지도자가 법을 어기면서 사리사욕을 취하는 것은 높은 산 위에서 절벽 아래로 떨어지면서 살기를 바라는 것과 같다고 하였으며, 천하의 끝없는 불상사는 모두 다 수중의 돈을 버리지 않으려는 데서 생기고, 천하의 끝없이 좋은 일은 모두가 손에 넣은 돈을 버리는 데서 온다고 하였다. 지도자가 청렴하지 못하면 끝내 비참한 종말을 맞이하게 된다. 청렴해야 좋은 일이 생긴다.

지도자가 청렴하면 자연물까지도 그 은덕을 입는다고 한다. 다산은 "청렴한 관리를 귀하게 여기는 이유는, 그 관리가 다스리는 곳의 산과 물과 돌멩이까지도 맑은 빛을 입기 때문"이라고 하였다. 윗물이 맑아야 아랫물이 맑다. 물고기는 머리부터 썩는다. 지도자부터 청렴해야 사회가 청렴해진다. 청렴이 뭐 그렇게 대단한 것도 아니다. 뇌물, 청탁을 안 받는 3등급 정도의 청렴만 되어도 산, 물, 돌멩이까지도 맑은 빛을 입는다는데, 지도자 중에 이런 욕심을 품은 사람이 없어서야 쓰겠는가?

09 가정 다스리기

> **제가(齊家)**
> '제가(齊家)'란 가정을 정제(整齊)한다는 뜻이다. 가정의 법도를 세워 집안 사람들을 잘 다스리는 것이 제가(齊家)다.

> 한 지방을 다스리는 것은 나라를 다스리는 것과 다를 바 없는데, 가정을 정제할 능력도 없는 사람이 어떻게 한 지방을 다스릴 수 있겠는가.
> 먼저 자기 자신이 수양을 쌓고, 그런 연후에 가정의 법도를 세우고, 그렇게 가정을 정제한 후에 나라를 다스리는 것이 천하를 다스리는 도리이다. 그러므로 목민관으로 나서는 사람은 먼저 가정을 바르게 세워야 한다.

다산은 지도자가 되고자 하는 사람은 먼저 가정을 다스려야 한다고 하여, '수신 제가 치국 평천하(修身齊家治國平天下)'를 중시하였다. 다스려야 할 가족의 범위는 육친(六親)이다. 부모, 처자, 형제를 육친이라고 한다.

부모의 경우, 다산은 "어머니를 모시고 공양하면 나라에서 공물(公物)을 내려주지만, 아버지를 곁에 모시고 공양하게 되면 그 비용을 계산해 주지 않는 것이 국법(國法)인데, 거기에는 이유가 있다."라고 하였는데, 그 이유는 어머니는 어떻게든 자식에게 피해를 끼치지 않고 자식을 도우려고 하는 데 비해, 아버지는 자식을 빙자하여 권세를 행하려 드는 경향이 있기 때문이었다.

형제도 마찬가지다. "형제 간에 우애가 돈독하더라도 형제가 벼슬에 있을 때는 잠시 떨어져 지내야 할 것인즉, 특히 형이 아우의 관사에 오래 머물러서는 안 된다."라고 하였다. 형 또는 아우가 지도자의 위치에 오르면 형제 되는 사람도 막강한 위세를 보이곤 하기 때문이다.

> 의복의 사치는 귀신이 질투하여 복을 꺾는 길이므로, 특히 경계해야 한다.

처자식의 경우도 마찬가지다. 처자식으로 인해 지도력이 손상되는 경우를 우리 현실에서도 종종 목격할 수 있다. 특히 부녀자는 남편의 직위가 높아지면 덩달아 자신의 위치가 높아지는 착각에 빠져서, 불필요한 것들에 현혹되는 경우가 많기 때문에 엄격하게 관리되어야 한다.

"부녀자들은 남편이 벼슬자리에 임용될 기미만 보여도 금방 부귀영화가 하늘에서 쏟아져 내릴 줄 알고, 여러 가지 장식품과 반지, 귀고리 등의 패물을 구하고, 방물장수를 불러들여 각종 진기한 비녀, 노리개 등으로 장식하고 극성을 부린다. 시각 있는 사람들은 부녀자의 그런 모습을 보면, 그 남편 되는 사람이 아직 벼슬길에 오를 만큼 수양(修養)이 안 되었다는 것을 즉각 알아차리게 된다."

부녀자가 하는 행동으로 남편이 평가받기 때문에, 부녀자의 행동거지가 중요하다. 다산은 부녀자를 엄하게 단속하여 공무(公務)에 개입하지 못하게 하라고 하였다. 부녀자가 공적인 일에 관여하면 그 속에서도 청탁과 뇌물이 오가기 때문이다.

상피 제도

집안에서 한 사람의 지도자가 나타나면 다른 모든 가족은 지도자에게 방해가 되지 않도록 멀찍이 물러서는 것이 가정 다스리기의 핵심이다. 수양산 그늘이 강동 8십 리를 덮을지언정, 자신의 가정을 덮게 해서는 안 된다. 지도자가 가정을 잘 다스리지 못하면, 지도자로서 성공적인 임무 수행을 할 수 없다. 어떤 경우에도 가족 구성원이 권력 주위를 기웃거리게 해서는 안 된다.

과거 우리나라에는 '상피(相避) 제도'가 있었다. 관직에 친·인척이 있으면 다른 친·인척은 부임을 사양하는 제도다. 서로 영향을 미치는 관직 벼슬에 본가, 외가, 처가의 오등친(五等親) 이내의 친·인척이 있으면, 그 중 한 쪽이 부임을 사양하는 제도로서, 이 정도로 가정 다스리기를 중시해 왔다.

10 사적인 손님 물리치기

> **병객(屛客)**
> '병객(屛客)'은 공무 이외의 사사로운 손님을 물리친다는 뜻이다. 누가 사사로운 손님인가? 지도자의 개인적인 친구들이나 이해관계 때문에 찾아오는 사람들이다.

> 수령의 친척이나 친구가 관할 구역 내에 살고 있을 때는 서로 굳게 약속하여 공적인 일로 인한 불미스러운 일이 생기지 않는 범위 내에서 서로간의 관계를 잘 유지해야 한다.

　지도자는 공적(公的)인 임무와 사적(私的)인 친구 관계를 혼동해서는 안 된다. 개인적으로는 우정을 잘 유지해야 하지만, 공적으로는 의심과 비방이 생기지 않게 엄격해야 한다.

　공(公)과 사(私)를 철저하게 구별하는 것과 관련해서 '읍참마속(泣斬馬謖)'이라는 고사가 있다. 눈물을 삼키며 마속(馬謖)의 머리를 벤다는 뜻이다. 마속은 어린 나이임에도 불구하고 지략이 뛰어나고 용맹스러워서 제갈량이 몹시 아끼는 장수였다. 마속이 위나라의 사마의(司馬懿)를 상대로 싸우기를 간청하면서, 만약 싸움에서 패할 경우에는 자신의 목을 베어도 좋다는 약속을 했다. 이 싸움에서 마속은 졌고, 제갈량은 주위의 만류에도 불구하고 군율을 지키기 위해 마속을 처형했다. 이처럼, 친분이나 이해관계를 떠나 정확하고 공평한 기준에 따라 일을 처리하는 것이 사적인 관계를 물리치는 일이다.

"후한 때 소장(蘇章)이 기주의 자사가 되었는데, 마침 소장의 친구가 그 지역 내에 있는 청하의 태수로 있었다. 소장이 청하를 순찰하던 중에 그 친구의 비리를 발견하게 되었는데, 소장이 그 친구와의 우정을 위해 우선 술상을 차려 주고받았다. 그러자 태수인 친구가 기뻐하면서, '다른 사람은 하나의 하늘을 받들고 있을 뿐인데, 나는 두 하늘을 받들고 있네 그려.'라고 말하자, 소장은 '오늘 밤에 소장이 옛 친구와 술을 주고 받는 것은 개인적인 정 때문이지만, 내일은 기주의 자사로서 공적인 임무를 수행할 것인즉, 모든 것을 법대로 처리할 걸세.' 하고 말하였다. 과연 다음날, 친구의 죄를 밝히고 문책하니, 온 고을이 숙연해졌다."

> 수령이 자기 고을이나 이웃 고을의 주민을 끌어들여 접대해서는 안 된다. 관청은 늘 엄숙하고 정결한 상태여야 한다.

이 말은 목민관이 지방 유지들을 찾아가 문안하거나 주민을 불러들여 이들과 결탁해서는 안 된다는 뜻이다. 다산은 자신의 친구인 유의(柳誼)의 예를 들었다.

"목민관이 고을 유지(有志)를 찾아가 문안하는 풍속이 있었는데, 참판 유의(柳誼)는 홍주의 수령으로 있을 때, 어떤 문안 인사도 하지 않고 청탁도 받지 않았다. 오히려 내가 그의 지나치게 융통성 없음을 말하자, 유의는 이렇게 말했다. '임금께서 홍주의 백성을 내게 맡기시고 나를 목민관으로 삼으셨으니, 비록 조정의 높은 분들의 부탁이라고 하더라도, 어찌 고을 전체의 백성을 돌보는 일보다 우선할 수 있겠는가? 내가 조정의 권세자들에게 치우쳐 일을 처리한다면, 이것은 임금의 명령을 어기고 사적인 관계를 더 중하게 여기는 것이 될 터인즉, 어찌 그렇게 할 수 있겠는가?' 나는 그의 말을 듣고 감탄하였으며, 더 이상 아무 말도 할 수 없었다."

참판 유의(柳誼)는 확실히 대단한 사람이었던 것 같다. 벼슬살이를 하는 동안 개인적인 편지를 뜯어보는 일이 없었다고 한다. 한번은 하인을 시켜 편지함을 쏟게 하자 뜯어보지도 않은 편지가 가득하였는데, 그것들은 모두 조정의 고관들이 보낸 편지였다. 유의는 공무를 의논하기 위한 편지라면 공문으로 보냈을 터인즉, 사사로운 청탁의 내용을 썼을 것이므로 아예 뜯어보지도 않은 것이다.

지도자의 주변에는 항상 사람이 꾀게 마련이다. 국리민복(國利民福)을 위해 지도자 주변으로 모여드는 것이 아니다. 한결같이 자신들의 이해관계를 위해 지도자에게 접근하는 사람들이다. 그렇기 때문에 사적으로 지도자에게 다가오는 사람은 무조건 물리치는 것이 바람직하다고 볼 수 있다.

진정한 인맥

개인적인 손님을 철저하게 물리치다 보면, 인간 관계나 인맥을 형성하기 어렵지 않겠느냐는 생각을 할 수 있다. 인맥은 물론 중요하다. 크라이슬러의 리 아이아코카 사장이 "성공은 당신이 아는 지식 때문이 아니라, 당신이 아는 사람들과 그들에게 비춰진 당신의 이미지를 통해 찾아온다."라고 말한 것도 사람 관계의 중요성을 말한 것이다. 하지만, 아이아코카가 말한 것은 흔히 우리가 말하는 '학연, 혈연, 지연' 등의 연줄 인맥과는 차원이 다르다. 인맥이 형성된다는 것은 가치관의 공유가 일어난다는 뜻이다. 사고 방식이나 행동 방식이 서로 통하고 나름대로 가치 있는 목표를 공유하는 관계가 진정한 인맥이다.

우리나라의 연줄 인맥과 같이 사사로운 정에 얽매인 관계는 도리어 폐해가 될 때가 많다. 누구 사람이니 누구 라인이니 하는 말로 편가르기를 하게 되면, 그 사람의 능력이나 전문성보다는 '내 사람이냐 아니냐'를 기준으로 핵심 부서에 임명받게 되므로, 이런 현상이 조직의 효율을 위해 좋은 결과를 가져올 리 없다. '정(情) 문화의 청산 없이 한국의 미래는 없다.'는 충고를 교훈 삼아, 지도자는 공(公)과 사(私)를 엄격히 구분할 줄 알아야 한다.

경영학자 피터 드러커는 '정부 안에 절대로 자기의 친구들을 두어서는 안 된다.'는 것을 대통령이 지켜야 할 여섯 가지 항목 중의 하나로 꼽고 있다. 대통령의 친구는 대체로 대통령이 듣기 좋은 말을 할 여지가 많으며, 대통령의 신임을 빙자해서 권력을 남용할 가능성이 많기 때문이다. 사람은 익숙한 것, 편한 것을 가까이하고 싶어 하는 본능이 있기 때문에, 자기가 믿을 수 있는 친구나 부하를 옆에 두고자 하는 마음이 있겠지만, 그럴수록 더욱 그런 유혹에 빠져서는 안 된다는 것이 드러커의 말이다.

11 물품 절약하기

절용(節用)

'절용(節用)'이란 물품을 절약해서 쓰는 것을 말한다. 비용이나 물자를 아끼는 것이 절용(節用)이다. 특히 공공의 비용이나 물건을 저축하고 절약하는 것이 절용(節用)의 자세다.

> 수령 노릇을 잘하기 위해서는 자애로워야 하는데, 자애롭기 위해서는 청렴해야 하고, 청렴하기 위해서는 반드시 절약해야 하므로, 절약하는 것이 수령의 첫째 의무이다.
> 자기 개인의 재산이나 물건을 절약하는 것은 대부분의 사람들이 행하는 일이지만, 공용 물품을 절약하는 사람은 흔치 않다. 공공의 물건을 내것처럼 아끼는 사람은 올바른 수령이다.

기회는 저축하고 절약하는 사람에게 찾아온다. 금융 서비스 업체인 JP 모건이, 낭비벽이 심한 사람에게 수백 달러를 빌려주는 것보다는 저축 습관을 가진 사람에 수백 만 달러를 빌려주겠다고 한 말도 지도자의 절약 태도를 중시한 말이다. 지도자의 사업 능력을, 현재 가지고 있는 것의 많고 적음으로 평가하는 것이 아니라, 그가 가지고 있는 것을 어떻게 관리하고 사용하는가를 보고 판단하겠다는 뜻이다.

성공하는 기업은 1원도 아낀다는 말이 있다. 절약할 필요를 별로 느끼지 않을 것 같은 조직에서도 엄청나게 절약한 사례들이 있다. IBM은 90년대 중반부터 CFO 제롬 요크의 주도로 대대적인 비용 절감 노력을 전개했다. 요크는 각 사업장을 돌아다니며 마지막 한 푼이라도 아낄 것이 없는지 샅샅이 뒤져보았다고 한다. 포장지나 편지 봉투를 사는 비용도 절감하라고 했다고 하니, 직원들로부터 좋은 소리를 들었을 리는 없었을 것이다. 어려움을 이겨내기 위해서나 자원의 소중함을 알기 위해서나 지도자는 절약의 체질화가 이루어져야 한다.

다산은 사람들이 자기 것은 아끼면서 공용 물건에 대해서는 그렇지 못할 때가 많음을 지적하였다. 기관의 공용 자동차를 개인 용도로 사용하는 것을 거의 당연시하거나, 소모품이나 전기 등의 에너지를 낭비하면서도 아무런 개념이 없거나, 회사의 비용을 개인 돈처럼 사용하는 경우 등이 여기에 해당한다. 다산은 "공용 재산을 사용화(私用化)하지 않게 해야 한다."고 강조했으며, 수령 자신이 절약함으로써, 부하 관리들도 공용 물품을 축내는 일이 없게 하라고 하였다.

> 하늘과 땅 안에 온갖 사물이 생겨난 것은 인간으로 하여금 이것들을 즐겨 사용하게 하려는 것이므로, 물건 하나라도 버리지 않고 되살려 쓰는 것이 재물을 잘 사용하는 일이다.

절약을 위한 방법 중의 하나가 자원 재활용이다. 다산은 자원 재활용을 중시하였다. 톱밥을 모아 진창이 된 길에 뿌렸으며, 대나무의 두꺼운 머리 부분을 모아 배를 만들 때 못으로 사용하였고, 가죽은 삶아서 아교를 만들고, 쇠는 녹여서 절구공이를 만들었고, 못 쓰는 종이와 끈을 찢어서 양(穰 ; 농사일을 할 때 입는 허름한 옷)을 만들기도 하였다. 오늘날 광범위하게 실천되고 있는 자원 재활용 운동도 실은 예부터 행해져 온 절약 습관의 연장선상에 있다고 할 수 있다.

절약이 제대로 이루어지기 위해서는 절용(節用)의 법식이 생활화되어야 한다. 다산은 절약이란 한계를 정해 두고 억제하는 것인데, 그렇게 하기 위해서는 반드시 법식이 있어야 한다고 말하면서, "재용(財用)의 법식과 절용(節用)의 항식(恒式)을 만들어야 한다."라고 했다.

유의할 것은, 절약은 낭비하지 말라는 뜻이지, 마땅히 써야 할 자원을 쓰지 않는 것을 뜻하는 것은 아니다. 어떤 기업 지도자는 돈 좀 열심히 쓰라고 독려했다고 한다. 이 말 역시 자원을 충분히 사용해서 성과를 거두라는 뜻이지, 절약하지 않아도 된다는 뜻은 아닐 것이다. 지도자는 절약과 비용 절감을 위한 아이디어 개발에도 노력을 기울여야 하며, 각각의 조직 현장에서 체험을 통해 절약 아이디어를 자유롭게 제시할 수 있는 분위기를 마련하는 것도 중요하다.

12 남에게 베풀기

> **낙시(樂施)**
> '낙시(樂施)'는 은혜를 베푼다는 뜻이다. 베푸는 것을 좋아하며, 즐거운 마음으로 베푸는 것이 낙시(樂施)다.

> 절약하기만 할 뿐, 널리 베풀지 아니하면 가까운 사람도 멀어지게 되므로, 즐거이 베푸는 것이 덕을 실천하는 근본이다.

남에게 베푸는 것만큼 보람 있는 일도 없다. 남에게 베풀면 은혜 받은 사람도 기쁘지만, 베푼 사람도 그에 못지않게 기쁨을 누린다. 지도자가 특히 남에게 베푸는 일에 관심을 가져야 하는 것은 지도자의 존재 의의가 다른 사람을 유익하게 하는 데 있기 때문이다.

다산은 베풀기 위해서는 먼저 절약해야 함을 강조하고 있다.

"연못에 물이 가득 차면 흘러 넘쳐 만물을 적신다. 그런즉 절약하여 가득 차게 하는 자는 베풀 수 있지만, 절약하지 않는 자는 베풀 수 없다. 비단옷으로 치장하고 값비싼 말에 호사스런 안장을 얹고, 윗사람에게 아첨하고 권세자에게 뇌물을 바치는 비용이 하루에도 수만 냥이 넘으니, 친척이나 어려운 사람을 위해 베풀 여유가 어디에 있겠는가? 그러므로 절약해서 쓰는 것이야말로 낙시(樂施)의 근본인 것이다."

베풀기를 즐겨한 사람들을 보자.

"이율곡의 손자인 이집(李緝)은 여러 지역의 벼슬을 맡아 다스렸는데, 벼슬살이를 하는 동안에는 아우로 하여금 집안 일을 대신 처리하게 하였다. 이집은 흉년이 드는 해에는 꼭 편지를 보내어 '집안의 창고에 있는 곡식들을 풀어서 먼저 친족들에게 베풀고, 남은 것이 있거든 이웃의 어려운 사람들에게 나누어주도록 하라.'고 당부했다. 주변 사람이 그에게 '흉년 든 틈을 이용해 논밭을 좀더 사들이십시오.'라고 말하자, 이집은 '나의 이익을 위하여 남들을 더욱 굶주리게 할 수야 있겠는가.'라고 말하고, 벼슬에서 물러나 고향에 돌아온 후에는 자신이 없는 동안 하인이 마을 사람들을 상대로 높은 이자로 재물을 빌려주고 받아둔 문서들을 모조리 불살라 버리고, 그 하인을 도리어 곤장쳤다."

"홍이일(洪履一)이 대구 지방의 판관으로 부임했을 때, 때마침 병자호란이 일어나자, 많은 선비와 사대부들이 이곳으로 피난을 왔다. 홍이일이 최선을 다해 이들을 구제하자 모두들 기뻐하였다. 홍이일의 구제 선행을 들은 그 곳 관찰사가 홍이일을 조롱하는 투로 말했다. '그대가 청렴한 마음으로 어려운 처지에 있는 사람들을 돕는 것은 좋은 일이긴 하지만, 장차 그대의 자손들은 어떻게 살게 할 셈인가?' 그러자 홍이일은 웃으면서 '이렇게 살아도 남에게 빚진 것은 없으니, 이것으로 마음이 족합니다. 아이들에게 이런 마음을 유산으로 물려준다면, 그 아이들도 부족하다고 생각지는 않을 것입니다.'"

베풀고 싶어도 가진 것이 아예 없어서 베풀지 못하는 사람도 있다. 그런 사람에 비하면, 가진 것이 많다는 것은 복된 일이다. 그래서 지도자가 물질적으로 풍족한 것은 복이다. 남에게 베풀 수 있기 때문이다.

'얻으려면 주어야 하고 더 많이 줄수록 더 많이 얻을 수 있다.'는 것이 베푸는 삶의 근거가 될 수 있다. 돈에 집착하는 사람은 돈이 아무리 많아도 베푸는 삶을 살기 어렵다. 남에게 베푸는 사람들의 공통점은 재산을 소중하게 알고 낭비하지 않지만, 거기에 얽매여 있지는 않다는 점이다. 그들은 돈을 위해 일하지 않고 돈이 자신의 삶을 위해 일하게 하는 사람들이다.

제3편

공적 신분

봉공육조 | 奉公六條

'봉공(奉公) 육조'는 공인(公人) 신분인 수령이 지녀야 여섯 가지의 복무 자세를 기록하고 있다. 공적인 것을 받드는 수령의 기초적인 복무 강령이라고 할 수 있다. 어떤 조직이건 지도자는 공인(公人)의 위치에 있다. 자신의 행위가 자기 한 사람에게만 영향을 미치는 것이 아니라, 다수의 대중들에게 직·간접적으로 영향을 미치기 때문에, 보통 사람에게는 허용되는 행위도 지도자에게는 용납되지 않을 때가 있다. 따라서, 공적인 신분 의식이 뚜렷할수록 자신의 소임과 책무를 분명하게 인식하고 있다고 말할 수 있다.

13 목표와 비전 전파하기

> **선화(宣化)**
> '선화(宣化)'란 임금의 은덕을 백성에게 널리 알린다는 뜻이다. 임금의 은덕과 선한 뜻이 백성에게 흘러 들어가게 하는 역할을 충실히 감당하는 것이 선화(宣化)다. 오늘날의 관점에서 보면, 최고지도자의 목표와 비전을 전파하는 것이라고 할 수 있다.

> 목민관의 본래 소임은 임금과 백성의 중간에 서서 임금의 은덕을 널리 전하고 임금의 뜻이 백성에게 전해져 흘러 들어가도록 하는 것이다.

다산이 공적 신분인 목민관이 지녀야 할 자세로 임금의 은덕을 전하라고 한 것은 당시 조선의 정치 상황과 무관하지 않다.

조선의 왕은 절대 권력을 소유하고 있었지만, 실제로는 신하와 대신들로부터 끊임없이 견제를 받았다. 특히, 당쟁이 격화되어 가는 조선 후기에 이르러서는 신하들이 왕의 명령을 따르기보다는 당파의 당론에 따라 처신하는 경우가 많아졌다. 그래서 임금의 입장이 특정 당파의 견해와 일치되지 않을 경우에는 임금을 갈아치운다는 발상까지 서슴지 않았던 것이다. 초기의 당파는 임금은 정점에 두고, 신하들 사이의 정치 투쟁의 성격이 있었지만, 이제는 신하가 임금을 선택하고 배척하는 '택군

(擇君)'의 상황에까지 이른 것이다. 실제로, 다산은 노론파들의 정조 암살 음모를 직접 목격한 터에, 이와 같은 비윤리적이고 몰상식한 정치 문화로는 조선의 미래를 책임질 수 없다는 생각을 하고, 이런 배경 위에서 목민관은 임금의 은덕을 전하는 도리를 행해야 한다고 강조한 것이다.

비전 공유

현대적 관점에서 선화(宣化)의 의미는 무엇일까? 오늘날에는 임금과 같은 절대 군주는 존재하지 않지만, 어떤 조직이든 최고 책임자가 있다. 이 점을 염두에 두고 생각하면, 최고 지도자의 뜻과 목표와 비전이 구성원과 대중에게 흘러 들어가게 하는 것이 선화(宣化)라고 이해할 수 있다.

최고 지도자의 뜻과 목표, 조직의 비전이 모든 구성원에게 흘러 들어가고, 이것이 일반 대중에게까지 전파되게 하는 것이 현대적 의미의 선화(宣化)다. 옛날에 임금의 은덕을 백성에게 전하는 것이 중요했듯이, 오늘날에도 지도자가 설정한 비전을 전파하고 이해시키는 일은 무척 중시되고 있는데, 이것을 '비전의 공유'라고 말한다.

모든 지도자는 비전을 가지고 있다. 비전이 없다면 지도자가 아니다. 조직은 지도자의 비전에 따라 움직인다. 카네기는 자신의 성공 이유를 말하면서 "우리 회사에서 함께 일하는 사람들은 정해진 하나의 목표를 향해서 조화로운 협력의 정신으로 똘똘 뭉쳐 있습니다. 이것이 나의 성공의 원동력입니다."라고 말했다.

카네기는 비전을 설정하고 설정된 비전을 사람들에게 공유시키는 일에서 성공한 것이다. 카네기를 측근에서 보좌했던 사람들은 그를 가리켜 '불가사의한 사람'이라고 했는데, 그 이유를 "카네기가 가진 가장 뛰어난 자질은 다른 사람들에게 의욕과 활기를 불어넣는 능력입니다."라고 했다. 이 말은, 카네기는 설정된 목표를 향해 자신과 타인을 하나로 조화시키는 능력, 즉 비전 공유 능력을 지니고 있었다는 뜻이다.

지도자는 늘 비전을 생각하고 명확하게 하여, 직원들이 자다가도 벌떡 일어나 조직의 핵심적 비전을 말할 수 있을 정도가 되게 해야 한다. 3M의 지도자인 맥나이트가 "3M의 비전은 이 세상에서 가장 혁신적인 기업이 되는 것입니다."라고 명확하게 대답하는 것처럼, 자신이 무엇을 위해 일하고 있는지를 한 마디로 말할 수 있게 해야 하며, 나아가 비전으로 살고 비전으로 숨 쉬게 해야 하는 것이다.

다산이 말한 '선화(宣化)'와 오늘날의 '비전 공유'에 차이점이 있다면, 선화(宣化)는 일방적인 의미가 있지만, 비전 공유는 상호작용으로 이루어져야 한다는 점이다. 비전이 공유되기 위해서는 쌍방향 의사 소통이 활발히 이루어져야 한다.

구성원의 75%가 참여하지 않은 비전은 실패라는 말이 있다. 비전을 수립하는 데 가장 중요한 것이 조직원들의 참여다. 조직원의 참여 없이 일방적으로 하달되는 비전은 목표 달성에 차질을 빚을 가능성이 많으므로, 조직원의 참여를 통해서 비전을 수립하고 함께 나아갈 방향을 제시하는 것이 지도자의 중요한 자세다.

이렇게 해서 비전을 공유하게 되면, 조직 구성원이 스스로 경영자 마인드와 지도자적 소임을 가지고 직무에 임할 수 있게 되며, 구성원이 주인 의식을 가지고 일에 참여할 때 동기 부여가 이루어지고, 동기 부여가 될 때 구성원의 잠재 능력까지 최대한으로 이끌어낼 수 있는 것이다.

비전 얼라인먼트

 그래서 비전 설정의 과정에는 자동차나 골프에서와 같이 '얼라인먼트(alignment)'가 필요하다고 한다. 자동차의 휠얼라인먼트는 네 바퀴를 평행이 되게 조정하는 일이며, 골프의 얼라인먼트는 샷을 날릴 목표 지점과 공을 잇는 선, 그리고 몸이 평행을 이루게 함으로써, 공이 목표 방향으로 정확히 날아가도록 조정하는 일이다. 마찬가지로, 조직이나 기관이 같은 목표, 같은 방향으로 속도를 내서 정확히 날아가기 위해서는 '비전 얼라인먼트'가 이루어져야 한다.

 개개인의 탁월한 능력을 조직의 비전과 일치하도록 조정하는 것이 비전 얼라인먼트다. 이것을 통해, 조직의 비전과 개인의 비전의 상관 관계를 이끌어내고 두 비전의 일치를 꾀할 수 있다.

 구성원의 비전이 조직의 비전과 다른 엉뚱한 방향을 향하고 있다면 효율성이 떨어질 수밖에 없다. 이처럼, 조직의 핵심 가치와 비전 아래 모든 요소들이 함께 조화를 이루며 진행해 나가도록 조정하는 비전 얼라인먼트가 현대적 의미의 선화(宣化)인 것이다.

14 법 지키기

수법(守法)
'수법(守法)'은 법을 지킨다는 뜻이다.

> 법을 철저하게 지켜 욕망에 굴복 당하지 않으면 천리(天理)의 흐름에 귀기울일 수 있다.

법을 알고 지킬 때, 세상의 순리를 터득하게 된다는 뜻이다. 법을 지키기 위해서는 먼저 법을 알아야 한다. 그래서 다산은 목민관은 책상 위에 '대명률'과 '대전통편'을 각각 한 권씩 놓아두고, 항상 펴 보면서 조문과 사례를 두루 알고 있어야 한다고 했다.

인간 사회에서 법은 필수 불가결하다. 흔히 지상 낙원, 이상향이라고 말하는 유토피아에서도 법은 필요하다. 토마스 모어가 쓴 '유토피아'에서는 법률이 인간을 속박한다고 생각하기 때문에, 법을 긍정적으로 보고 있지 않지만, 최소한의 법률이 필요하다는 것은 인정하고 있다. 하물며 인간 사회에서 법이 필요함은 두말할 나위가 없다.

법률의 존재 목적은 유토피아인들이 생각한 것처럼 인간을 속박하기 위해서다. 법에 의해 인간이 속박 당할 때, 법의 존재 의의가 있다. 법에 속박당하는 것이 곧 법을 지키는 일이다.

"조선조 세종 때 허주(許綢)가 전주의 판관이 되었는데, 그는 '비법단사 황천강벌(非法斷事 皇天降罰)'이라는 여덟 글자를 현판에 써서 관청의 마루에 걸어놓고 스스로 법을 지킬 것을 맹세했다. 이 말은 '법이 아닌 것으로 일을 처리하면 임금과 하늘이 벌을 내린다.' 는 뜻이다."

지도자가 법을 지켜야 함을, 중국 공업의 아버지라 불리는 호설암이 설득력 있게 말하고 있다. "나는 비록 상인이지만 국가의 이익을 해치면서까지 사리사욕을 채우지는 않는다. 법을 어겨서는 절대로 안 된다. 법은 합리적 질서에 따라 만들어진 것인 만큼 누구나 지켜야 할 의무가 있다. 사업하는 사람들이 나라의 법령을 잘 지키고 관리들도 법을 지키는 책임감을 갖고 있으면, 천하가 태평하지 않을 리 없다. 내가 굳게 지키는 한 가지 신조는 관리든 상인이든 반드시 사회에 대한 책임감을 가져야 한다는 점이다."

모럴 해저드

법을 지키지 않는 것은 '모럴 해저드(moral hazard)'에서 비롯된다. 모럴 해저드는 도덕적 해이, 도덕 불감증을 뜻하는 말로서, 원래 보험에서 사용되는 용어였다. 가령, 화재 보험에 가입한 사람의 경우, 화재가 발생해도 보상받을 수 있기 때문에 보험 가입 이후부터는 화재 예방 노력이나 비용 투자를 별로 하지 않게 된다. 이런 상황에 대해 보험 가입자의 모럴 해저드가 존재한다고 말한다. 보험 회사 입장에서는 가입자의 화재 예방 노력을 파악해서 그에 따라 보험료를 차등 적용할 수 있지만, 이것이 실제로는 불가능하다. 이런 상황을 '정보의 비대칭'이라고 말하는데, 한 쪽이 상대방을 충분히 파악할 수 없는 정보의 비대칭 상황에서는 언제든지 도덕적 해이가 발생할 여지가 있다. 따라서, 도덕적 해이를 방지하기 위해서는 지도자의 행위가 투명하게 공개되어야 한다.

모럴 해저드는 사회 근간과 시스템을 붕괴시키며, 모럴 해저드가 팽배해지면 사회 전체가 부정과 부패로 얼룩진다. 우리나라도 모럴 해저드가 심각하다고 볼 수 있다. 2004년, 국제 투명성 기구가 국가별로 부패인식지수를 평가한 것을 보면, 우리나라는 부패 정도가 심한 중상위권에 자리잡고 있다. 특히, 뇌물공여지수는 측정 대상인 21개국 중에서 러시아, 중국, 대만 다음으로 뇌물을 줄 가능성이 높은 나라로 평가되었다.

법을 지키는 것이 사회적 책임을 다하는 길이다. 정부 조직이나 기관은 말할 것도 없고, 기업도 도덕적 가치 기준에 입각하여 사회적 책임을 다하는 기업을 '좋은 기업'으로 평가한다. 20세기는 강한 기업(strong company)이 성공하는 시대였다면, 21세기는 좋은 기업(good company)이 도약하는 시대라고 한다. 법을 지키는 기업이 좋은 기업이다. 그래서 '윤리 경영'이 중시된다. 설문조사에서도 지도자가 사회적 책임을 다하는가의 여부가 조직의 이미지를 결정하는 가장 중요한 요소로 꼽혔다.

15 관계 원만하게 하기

> **예제(禮際)**
> '예제(禮際)'는 교제를 함에 있어서 예의를 지킨다는 뜻이다. 사람을 대할 때 예의로써 대하는 것, 즉 인간 관계를 원만하게 하는 것이 예제(禮際)다.

> 예제(禮際)는 군자가 중요하게 여기는 것이므로, 공손한 예법을 지켜야 부끄러움을 당하지 않는다.

다산은 목민관은 사람을 대할 때 예의를 지켜야 함을 강조하였다. 지도자가 혼자서는 지도력을 발휘할 수 없기 때문에 사람들과 좋은 관계를 유지해야 하는 것이다.

먼저, 상관(上官)과의 관계에 대해, "요즘 사람들이 스스로 자기를 높여 교만해짐으로써, 상관에게 순종하지 않고 맞서 싸워 이기려고 하는데, 이것은 올바른 이치가 아니다."라고 하여, 상관의 잘못에 대해서는 옳고 그름을 말할 수 있지만, 기본적으로 순종해야 한다고 말한다.

다산은 전후임자와도 좋은 관계를 유지해야 한다고 말한다. 전후임 목민관은 '요우(僚友)의 정의(情誼)', 즉 같은 일을 하는 동료로서의 의리가 있기 때문에, 설령 전임자의 약점이 있더라도 들추어 내지 않고 덮어줄 수 있는 것은 그렇게 함으로써, 서로 이해하는 관계를 이루라고 하였다.

그리고 다산은 "설령 이웃 지방 사람들이 잘못이 있더라도 똑같이 맞상대해서는 안 된다."라고 하여, 이웃 지방과도 원만한 관계를 유지해야 함을 강조하였다.

"양나라의 송취(宋就)가 초나라와 경계를 이루는 지방에 현령으로 있을 때의 일이다. 송취가 다스리는 양나라의 고을과 초나라의 고을이 나란히 오이를 심었는데, 양나라 사람들은 열심히 물을 주어 오이가 잘 자란 반면, 초나라 사람들은 물 주는 일도 게을리하고 제대로 관리하지 않아 오이가 잘 자라지 못하였다. 그러자 초나라 사람은 양나라의 오이를 시기하여 밤중에 몰래 양나라의 오이밭을 망가뜨렸다. 이에 대한 보복으로, 양나라 사람이 초나라의 오이를 뽑아 버리려고 했을 때, 송취는 '그것은 화(禍)를 나누는 일이다.'라고 하며, 사람을 시켜 오히려 초나라의 오이밭에 밤에 몰래 물을 주도록 했다. 초나라 사람이 아침에 가서 볼 때마다, 오이에 물이 뿌려져 있고, 오이가 나날이 무럭무럭 자라자, 양나라 사람이 그렇게 한 것임을 알았다. 초나라 수령이 그 소식을 듣고 기뻐하며 초나라 왕께 알리자, 초나라 왕도 양나라의 넓은 아량에 감탄하며 많은 재물로 사례하고, 양나라 왕과 우호 관계를 맺었다."

2차 대전 후, 독일이 동서독으로 분할되면서 베를린도 동서 베를린으로 나눠져 서로 간에 적대적인 골이 깊어갔을 때, 서베를린 사람들도 송취처럼 행동했다. 한번은 동베를린에서 트럭에 온갖 쓰레기와 더러운 것을 가득 실어 서베를린으로 보냈다. 서베를린 입장에서 얼마나 화가 나겠는가? 이런 경우, 쓰레기에 한 술 더 떠 똥물까지 실어 보내고 싶었을 것이다. 하지만, 서베를린은 그렇게 하지 않았다. 서베를린 사람들은 트럭에 각종 통조림 음식과 좋은 물품을 가득 싣고 그 위에 이렇게 써서 보냈다. '사람은 누구나 자기 속에 있는 것을 준다.' 서베를린 사람들은 그리스의 철학자 에픽테투스가 '가장 강력한 복수는 선을 행하는 것'이라고 말한 그대로 행한 것이다.

송춰, 서베를린 사람들의 공통점은 남을 비난하지 않았다는 점이다. '비난은 집비둘기와 같다.'는 말이 있다. 집비둘기는 반드시 자기 집으로 돌아온다. 자기 주변 사람을 비난하는 것은 지구상에 또 한 사람의 강력한 적을 만드는 일이다.

NQ, 공존지수

원만한 인간 관계는 제휴와 협력을 중시하는 오늘날의 상황에서 보면, '파트너십, 팀웍, 네트웍'을 강조한 태도라고 할 수 있다. 21세기는 지식 정보화, 글로벌화, 개방화, 광속화가 진전됨에 따라, 모든 활동이 제휴와 네트워크의 수준에 의해 좌우되는 시대이기 때문에 사람 관계만큼 중요한 것이 없다. 관계를 잘 형성하는 것, 즉 네트워킹(networking)을 잘하는 사람이 능력 있는 지도자다.

성공한 지도자들에게서 한결같이 발견되는 특징은 그들이 네트워크를 형성하고 그것을 풍성하게 하는 능력이 탁월하다는 점이다. 상대방을 존중하지 않으면 네트워킹이 잘 될 수 없다. 네트워킹은 좋은 관계를 맺어 남을 돕고 자신도 유익함을 얻으며, 그로 인해 보람과 기쁨을 함께 누리는 것을 전제로 한다. 네트워킹을 위해서는 '호혜주의, 연대감, 정보 공유, 꾸준함'의 네 가지 요소가 필요하다고 한다.

이와 같이 사람과 사람 사이에 네트워킹을 형성해 나가는 능력을 NQ (network quotient ; 공존지수)라고 한다. 지금까지는 IQ(지능지수)와 EQ(감성지수)를 중시했지만, 21세기는 NQ, 즉 공존지수가 높은 사람이 지도자로서 성공할 가능성이 더 많다. NQ가 높다는 것은 자기 중심의 성공에 집착하는 것이 아니라, 다른 사람과 함께 하며 그들을 돕고 서로의 성공을 도모하는 속성이 강하다는 것을 뜻한다.

NQ가 높은 사람이 위기 대처 능력이 뛰어나다. 자신이 형성해둔 네트워크가 공동으로 위기에 대처함으로써 위험을 줄여주며, 때로는 위기 상황 자체를 미리 방지하기도 하기 때문이다. NQ가 높은 사람은 사람을 차별하지 않는다. 쓸모 있다고 하여 선택하고, 부족하다고 해서 버리지 않는다.

우리 옛 시조에 '까마귀 가는 곳에 백로야 가지 마라'는 시조가 있는데, 나는 옳고 정당하며 뭔가 특별하기 때문에 아무하고나 섞일 수 없다는 생각은 NQ를 높이는 데는 별로 도움이 되지 않는다. 까마귀 노는 곳에 과감히 찾아 들어가서 까마귀에게 감화력을 미치는 백로가 NQ가 높은 지도자. 그렇기 때문에, '당신이 아는 모든 사람은 설령 그 사람이 국가가 지급하는 푸른색 죄수복을 입고 있다고 하더라도 네트워크의 일원으로서 충분한 자격을 갖고 있다.'는 말이 가능한 것이다.

NQ 능력은 달리, '관계 기술(RT), 또는 관계 관리 능력'이라고도 하며, 구성원이나 대중과 우호적인 협력 관계를 구축함으로써 얻는 이득을 '관계 자본'이라고 하여 무척 중시하고 있다. 관계가 좋아야 업무 효율성이 높아지기 때문이다.

지도자가 다른 것을 자랑할 것이 없다. 자신의 NQ가 높다는 것을 자랑하면 된다.

16 문서 간편하게 하기

문보(文報)

'문보(文報)'란 공적인 문서를 작성하는 일을 가리킨다. 업무 추진, 사업 계획 수립과 관련하여 각종 문서나 서류를 기획하고 작성하는 것이 문보(文報)다.

> 업무에 관한 문서를 작성할 때에는 수령 스스로 깊이 생각하여 직접 작성해야 하며, 아전의 손에 맡겨서는 안 된다.
> 매월 행하는 보고서는 생략할 수 있는 것은 협의하여 없애도록 하는 것이 좋다. 조목의 수가 많은 것은 책으로 만들고, 적은 것은 간략히 정리하면 된다.

다산이 문서 작성에서 말한 첫 번째 유의사항은 문서는 가급적 목민관 자신이 손수 작성하라는 것이다. 지도자 자신이 문서 작성 능력을 갖추고 있어야 한다. 문서 작성 능력이 그 사람의 업무 능력을 평가하는 척도가 되기도 한다. '저 사람은 기획 능력이 있다. 업무 능력이 있다.'라고 말할 때, 흔히 문서 기획 능력이 탁월함을 뜻할 때가 많다.

다산은 또한 문서를 가급적 간편하게 작성하라고 한다. 오늘날 우수 조직의 지도자들은 파괴 경영자라고 할 만큼 불합리한 관행을 많이 깨뜨리고 있는데, 그 대표적인 것이 문서다. 복잡한 문서와 절차는 관료주의의 산물일 때가 많다. IBM의 루 거스너 회장도 관료주의가 몸에 밴 임원들과 싸워 이겼는데, 그는 모든 종류의 보고서는 10장을 넘기지 말라고 지시했다.

중국의 경우, 외국인이 중국에서 기업을 설립하려면 절차가 너무 복잡하고 시간이 많이 걸려서 '도장 여행'이라는 말까지 있다. 상하이에서 기업 설립 허가를 받기 위해서는 서류를 갖춰 상하이 시 14개 위원회, 19개 부처를 돌아다니며 126개의 도장을 찍어야 하는데, 여기까지 1년 3개월이 걸린다. 이런 불합리한 관행과 절차를 깨뜨린 사람이 주룽지다. 주룽지는 '한 개의 기구, 한 개의 창구, 한 개의 도장'으로 일컬어지는 논스톱 서비스를 실시하였다. 관련된 각 분야의 책임자를 한 곳에 모아서 24시간 서비스 체제를 가동함으로써, 단 한 번의 심의, 한 개의 도장으로 끝내게 한 것이다. 그때부터 사람들은 주룽지를 '주일장(朱一章)'이라고 불렀다고 한다.

단순함이 힘이다. 업무나 시스템은 단순화시켜 간소하게 할 필요가 있다. 지도자는 복잡한 것을 간소화하고 어수선한 것 속에서 체계를 잡아내는 능력이 필요하다. 문서를 간소화하고 체계적으로 분류하고 단번에 처리하는 방식을 익힘으로써, 문서의 폭주로부터 벗어날 수 있다. 문서 업무에 얽매여 꼼짝달싹 못하는 모습은 능력 있는 지도자의 모습이 아니다.

1 페이지 메모

문서는 문서 자체로서 의미를 갖는 것이 아니라, 그 문서가 반영하는 현실과 실제가 중요하다. 서류상으로 아무리 완벽한 전략을 작성했다고 하더라도 실제에서 성공한다는 보장은 없다. 최선을 다해 문서나 사업 계획서를 작성해야 하지만, 그것보다 더 중요한 것은 실제의 현장이다.

문서를 간소하게 하고 실행을 중시하여 큰 경영 실적을 낸 기업의 예가 있다. 160여 년 동안 세제, 치약, 기저귀 등 생활용품 브랜드로 정상을 달려온, 미국의 생활용품업체인 P&G(Procter & Gamble)에는 '마케팅 사관학교'라는 수식어가 붙어 있다. P&G에서 근무한 사람에게는 'P&G 출신'이라는 꼬리표를 붙여서 한 차원 높게 평가하는 데 조금도 인색하지 않다고 한다. P&G는 다른 무엇보다도 실행을 중시하는데, 그것을 보여주는 예가 바로 '1 페이지 메모'다. 1 페이지에 20개 정도의 핵심 사항만 요약하여 문제의 본질적인 측면을 중점적으로 검토하고, 쓸데없이 보고서를 작성하는 데 시간을 낭비하지 말고 곧장 실행에 옮기라는 것이 P&G 마케팅의 핵심이다.

그래서 P&G는 '가장 효과적인 교육은 일 그 자체'라는 철학에 바탕하여 '일하면서 배우는 것(Learning by doing)'을 교육 방침으로 삼고 있다. 문서보다는 현장에서 일을 통해 사람을 키우는 P&G 방식의 탁월함은 이곳에서 육성된 지도자의 면면을 보면 실감할 수 있다. 제프리 이멜트 GE 회장, 스티브 케이스 AOL-타임워너 회장, 메그 휘트먼 이베이 회장, 짐 맥너니 3M 회장, 존 스메일 전 제너럴 모터스(GM) 회장 등이 모두 P&G 출신이다.

17 비리 없게 거두기

> **공납(貢納)**
> '공납(貢納)'은 특산물을 거두어 나라에 납부하는 것을 말한다. 요즘에, 세금을 비롯한 각종 공납금, 징수금 등을 거두는 일과 비슷하다고 할 수 있다.

> 재물을 납부하는 사람은 백성들이며, 그것을 받아서 상납하는 사람은 수령이다. 그러므로 수령은 중간에서 아전들이 농간 부리지 않게 잘 살피기만 하면 백성들을 관대하게 대해도 큰 문제가 없지만, 아전들의 농간을 막지 못하면 제아무리 백성을 몰아붙여도 제대로 공납이 될 리 없다.

조선 시대에는 수령이 백성들로부터 쌀이나 베, 또는 각종 특산물을 거두어 국가에 납부하는 일을 했다. 다산은 거둬들이는 일에서 아전들이 빼돌리거나 속이거나 못하게 하는 일이 시급하다고 하였다. 실무자들의 횡령이나 착복이 없게 해야 한다는 뜻이다. 당시 아전들이 국가 재정은 어찌되든 개의치 않고, 자신들의 이익만을 위하여 얼마나 집요했는지를 보여주는 예가 있다.

"나라의 재정 수입이 날로 줄어들어, 관리와 공인들에게 지급할 녹봉이나 비용마저 부족한 실정이다. 그런데도 아전들은 부자들로부터 거둔 세금과 비옥한 농지에서 거두어들인 세금을 자기 주머니에 채우기에 급급하니, 참으로 안타까운 일이다. 기사년(1809년)에 남쪽 지방에 큰 기근이 들었을 때, 모든 지방이 기근으로 허덕였지만, 해남 현감 이복수(李馥秀)는 추수 때 부잣집에서 먼저 거두어 세금의 액수를 다 채웠으며, 아전들에게 '내가 집행한 것에 대해서, 아전들은 방결(防結 ; 사사로이 세금을 거두어들임)할 수 없으며, 백성들도 방납해서는 안 된다.' 라고 명령하였다. 이런 방법으로 세곡을 거두어들이니, 열흘 단위나 한 달 단위로 북을 두드리면서 세곡을 실은 배를 조정에 띄워 보낼 수 있었다. 이렇게 아전들의 농간을 철저하게 막아버리자, 앙심을 품은 아전들이 공모하여 이복수를 중상 모략하여 어사를 통해 파직시키니, 참으로 애석한 일이다."

거둬들이는 일에 엄격한 것이 백성을 아끼는 태도다.

"숙종 때 이당(李簹)이 양구의 현감이 되었는데, 이 지방은 사옹원(궁중의 공물과 향연을 맡은 관서)에 백토(白土)를 상납해야 하는 의무를 지고 있어서 그로 인해 백성들이 큰 고통을 당하였다. 이당이 부임할 때에도, 역부(役夫) 한 명이 흙에 깔려 죽는 것을 보게 되었는데, 이당은 그 측은함을 견디지 못하여, 한편으로 경사(京司)에 가서 호소하기도 하고 한편으로는 감영에 보고하여 기어이 백토의 부담을 면제받았다. 후에 사옹원의 계청(啓請)으로 다시 옛 상태로 환원되려 하자, 이당은 담당 관원에게 왕을 뵙게 해 달라고 청하여, 왕에게 아뢰어 백토의 양을 절반으로 줄이고 운반 작업도 면제받았다."

국가 재정을 축내서는 안 된다는 것, 백성에게 과도한 부담을 지우게 해서는 안 된다는 것이 다산의 공납(貢納) 정신이다.

18 궂은일에 솔선하기

> **요역(徭役)**
> '요역(徭役)'이란 다른 곳으로 파견되거나 출장 근무하는 것을 뜻한다. 특별히 어려운 일이나 힘든 노동이 있을 때, 지도자가 이것을 감당하는 것이 요역(徭役)이다. 앞에서 공납(貢納)이 재산으로 국가에 대한 의무를 이행하는 것이라면, 요역(徭役)은 몸으로 국가에 봉사하는 일이라고 할 수 있다.

> 상관이 출장을 지시하면 이에 따라야 한다. 이런저런 핑계를 내세워 스스로 편하고자 하는 것은 올바른 도리가 아니다.

다산은 지도자가 솔선수범해야 한다고 말한다.

"상관이 임무를 부여하여 출장을 지시했는데도 그것을 회피하면, 다른 누군가가 그 임무를 수행해야 할 터인즉, 그 일을 억지로 맡게 된 사람이 어찌 원망하지 않겠는가. 내가 하기 싫어하는 일을 남에게 시키지 말라고 하였으니, 진정 피치 못할 사정이 아니라면 솔선하여 순순히 받아들여 행해야 한다."

궂은일에 솔선수범하는 것은 지도자의 중요한 덕목이다. 지도자는 사람들 뒤에서 채찍을 들고 몰아부치는 사람이 아니라, 자신이 앞장서서 어렵고 힘든 일을 헤쳐 나가는 사람이다.

미국의 아이젠아워 대통령은 그의 지도력의 비결이 무엇인지에 대해 물었을 때, 50센티미터 정도 되는 실을 책상 위에 반듯하게 올려놓고 그 실을 뒤에서 밀어보라고 했다. 그의 말대로 뒤에서 실을 밀자 실은 앞으로 나아가지 않고 구부러졌다. 이번에는 아이젠아워가 앞에서 실을 당기자 실은 일직선이 되어 앞으로 나아갔다. 이것이 아이젠아워 리더십의 비결이었다.

"지도자는 이처럼 앞장서서 솔선수범해야 합니다. 짐승들은 뒤에서 몰아야 앞으로 나아가지만, 사람은 앞에서 인도해야 따릅니다."

지도자와 보스의 차이가 여기에 있다. 보스는 뒤에서 호령하지만, 지도자는 앞에서 이끌고 나간다.

지도자는 사람들이 위험스러워하고 꺼리는 일까지도 몸소 앞장서야 한다. 위험 부담을 무릅쓰고 앞장 설 때, 지도자의 리더십이 획득된다.

삼국지에 등장하는 등애(鄧艾)의 기습 작전은 유명하다. 등애가 지휘하는 위나라 군사는 촉나라의 강유(姜維)를 공격하기 위해 마천령의 산길을 선택했다. 이 길은 사냥꾼들만이 다니는 좁디좁은 오솔길이었다. 등애는 1만 명의 정예 부대를 이끌고, 길을 만들고 다리를 놓으며 전진하다가, 마각산이라는 곳에서 벼랑에 맞닥뜨려 오도가도 할 수 없게 되었다. 수송 부대는 까마득히 뒤에 있었으므로, 여기서 발이 묶이면 1만 군사는 굶어죽을 수밖에 없었다.

이 장면에서 등애는 지도자적 결단을 내린다. 담요로 몸을 칭칭 감고 자신이 먼저 벼랑을 굴러내렸다. 그러자 다른 군사들도 등애를 따라 몸을 감고 칡넝쿨을 타고 나무뿌리를 붙들고 벼랑을 굴러내려, 촉나라 군사를 급습했다. 촉나라 군사는 싸우지도 못하고 투항했다. 이 소식을 들은 촉의 황제 유선(유비의 아들)은 제갈공명의 아들 제갈첨을 급파했으나, 그는 아버지만한 지략이 없었는지, 등애의 공격을 받아 죽게 되었고 끝내 촉의 황제도 항복하고 말았다. 등애가 담요 한 장 두르고 굴러내린 것이 지도자의 솔선수범하는 태도다. 지도자가 앞장서서 솔선수범할 때, 놀라운 능력을 발휘할 수 있다.

> 둑을 수리하거나 성을 쌓는 일에 감독관으로 나가게 될 때, 기쁜 마음으로 백성들을 위로하고 민심을 얻으려고 애쓰면, 일이 성공적으로 진행된다.

기쁜 마음은 자발적으로 나서는 마음이다. 자발성은 지도자의 중요한 덕목이다. 자원하는 마음으로 행할 때 일을 기쁘게 할 수 있고, 그래야 일의 능률이 크게 나타난다. 성공하는 사람들의 일하는 방식을 보면, 돈이나 명예 등에 목숨 걸다시피 하지 않는다. 일 자체를 즐기다 보면 돈도 얻고 능력도 인정받는다. 다산이 기쁜 마음으로 궂은일에 나서라고 한 것도 이런 이유 때문이다.

다산은 궂은일의 자리에서 기쁜 마음으로 행하게 되면 오히려 칭송을 얻는 기회가 될 수 있다고 하였다.

"제방을 수리하거나 호수를 만들거나 성을 쌓는 일에, 수령이 백성을 통솔하여 공사를 진행할 경우, 수령은 도리어 이런 일을 기회로 백성들의 민심도 얻고 칭송의 소리도 들을 수 있다. 노약자들은 부역에서 빼어 돌려보내 주기도 하고 술과 담배를 간간이 대접하고 노래로써 흥을 돋우고 즐거운 마음으로 일하게 하면, 백성들이 흥에 겨워 성공적으로 일을 끝낼 것이다. 정백자(程伯子)가 현령이 되어, 이와 같은 부역을 감독한 일이 있었는데, 그는 엄동설한에도 가죽옷을 입지 않았고, 뜨거운 햇볕 아래에서 가리개를 하지도 않았다. 백성들과 함께 기거하고 똑같이 먹고, 백성들이 하기 힘들어하는 일도 기쁜 마음으로 몸소 앞장서서 했다. 그러자 백성들이 정백자의 덕망과 인품에 감탄하고 훌륭한 현령이라고 탄복했다."

일이 재미있느냐 없느냐는 일 자체의 성격보다는 일에 임하는 태도에 달려 있는 경우가 많다. 힘들고 어려운 일도 기쁜 마음으로 자원하고 솔선수범하여 행하면 그 일에서 나름대로 재미를 찾을 수 있지만, 억지로 하게 되면 소극적으로 시간이나 때우는 식이 될 때가 많기 때문에, 일을 한 효과가 충분히 나타나지 않는다. 일에 대한 긍정적 감정이 일의 성공의 높이를 결정한다.

작가인 앨버트 하버드는 "세상은 딱 한 사람에게만 돈과 명예 양면에 있어서 큰 몫을 챙겨준다. 바로 자발성을 가지고 일하는 사람이다."라고 했다. 자발성이 체질화될 때 바람직한 리더십이 나타날 수 있다.

지도자의 솔선수범과 신속한 대응, 자발성은 중요하다. 오늘 우리의 현실을 돌아보면 지도자의 솔선수범을 기다리는 곳이 한두 군데가 아니다. 지도자가 먼저 나서야 한다. 먼저 나서는 사람이 지도자다.

닛산 자동차는 망해가는 회사를 살려내기 위해 프랑스의 카를로스 곤을 영입했다. 카를로스 곤에게 "닛산에 와서 가장 놀란 것이 무엇입니까?"라고 묻자, "집이 불타고 있는데 아무도 불을 끄려고 하지 않고 그냥 앉아만 있더군요."라고 답했다. 우리 사회에도 불타고 있는 집들이 닐려 있나. 그런데 앞장서서 불을 끌 지노자, 궂은일에 기쁜 마음으로 솔선하여 나서는 지도자가 많지 않다. 담요 한 장 두르고 절벽에서 뛰어내리는 등애와 같은 사람이 없다.

제4편

백성 사랑

애민육조 | 愛民六條

'애민(愛民) 육조'는 수령이 백성을 사랑하는 여섯 가지를 말한 것이다. 옛날은 봉건적이고 전근대적인 사회였지만, 왕이 백성을 사랑하는 마음은 오늘날에 뒤지지 않는다. 옛 왕들은, 왕이 되는 것은 당연하게 정해진 것이므로, 오직 잘 다스릴 것만을 생각했으나, 요즘에는 지도자가 되기 위해 너무 진을 빼시인지 믹싱 자리에 오르면 백성을 사랑하는 일이 옛날보다도 시원찮은 것 같다. 옛 왕들은 '백성을 보호할 줄 알아야 왕 노릇을 할 수 있다.' 고 믿었으며, '민심을 얻는 자 천하를 얻을 것이요, 민심을 잃는 자 천하를 잃을 것이다.' 라고 했다. 모름지기 구성원과 대중을 사랑하는 사람이 지도자다.

19 노인 봉양하기

양로(養老)

'양로(養老)'는 노인을 봉양하는 것을 말한다.

> 노인 공양의 예법이 무너져 백성들이 효(孝)를 행하려고 하지 않으니, 목민관이 양로(養老)의 예법을 다시 일으켜야 한다.
> 재정적으로 넉넉지 못할 때는 경로 잔치를 지나치게 크게 벌이지 말고, 80세 이상의 노인들만을 대상으로 치러야 한다.

다산은 "효(孝)는 동양 윤리의 근본이다. 예로부터 우리나라는 부모님과 노인을 정성껏 봉양하는 것을 인륜의 근본으로 삼아 왔다. 근래에 이르러 효(孝)를 중시하는 풍조가 약해져가고 있으므로, 목민을 담당하는 수령이 적극적으로 경로를 실천함으로써, 백성들에게 효도 의식을 심어주고 흐트러진 윤리 기강을 바로잡아야 한다."라고 하였다.

다산은 노인 봉양의 대책으로 크게 3가지를 들었다. 첫째는 경로연과 같은 음식 대접이다. 우리나라는 양로연(養老宴)의 역사가 깊다. 조선 초기에 기로소(耆老所)라는 노인 친목 모임이 있었다. 기(耆)는 70세, 노

(老)는 80세를 가리키는 데에서, 나이와 경륜을 갖춘 관리들의 모임이라는 뜻이다. 기로소는 왕도 참가 자격이 있었다. 태조는 60세에, 숙종은 59세에, 영조와 고종은 51세에 기로소에 들었으며, 관리는 70세가 되어야 참가 자격이 주어졌다. 이들 고위 관리들에게 국가에서 베풀어주는 경로 잔치가 기로연(耆老宴)이다.

기로연이 노인 관리들을 위한 잔치라면, 양로연은 평민 노인들을 위한 잔치다. 서울에서는 매년 9월, 80세 이상의 노인들을 궁궐로 초청하여, 왕이 노인들에게 꽃과 음식, 5잔의 술을 제공했다. 먹다가 남은 음식은 푸른 보자기에 싸서 집으로 가져갈 수 있었다.

특별한 경우에는 양로연 참가 연령에 융통성을 두기도 했다. 1795년, 정조는 화성행궁에서 어머니 혜경궁 홍씨의 회갑 잔치와 함께 화성 노인 384명을 초청하여 양로연을 열었다. 참가 대상은 보통의 양로연과 마찬가지로, 관리는 70세, 평민은 80세 이상이었는데, 특별히 61세 된 사람도 초청했다. 혜경궁 홍씨와 동갑이었기 때문이다. 노인들은 정조 임금과 똑같은 잔치상을 받았으며, 비단과 청려장(명아주 줄기로 만든 지팡이)을 선물로 받았다. 당시 사회에서 평민이 왕과 똑같은 음식상을 받는다는 것 자체가 감격이었다.

다산은 "노인이 기력이 쇠하여 잔치에 참석할 수 없을 때는 음식을 댁으로 보내드려야 한다. 100세 된 노인에게는 여덟 접시의 반찬을 장만하여 수향(首鄕)을 보내어 직접 바치게 해야 한다."라고 했다.

그런데 요즈음은 양로원에 떡 한 접시 보내는 것도 눈치를 봐야 하는 것 같다. 개정된 선거법에 의해, 국회의원, 지방의회 의원, 지방자치단체장 및 후보자는 1년 내내 일체의 기부행위를 할 수 없게 되어 있기 때문에, 노인 부양 기관의 어려움이 많다고 한다.

> 걸언(乞言)은 노인 공양의 중요한 절차다. 경륜 있는 노인들께 현재의 폐단이나 악습이 무엇인지를 물어 좋은 의견을 들음으로써, 선정을 펴는 데에 도움을 얻고자 하는 예법이다.

다음으로, 다산은 양로의 방법으로 걸언(乞言)을 말하였다. 걸언이란, 말 그대로 좋은 말씀을 구걸하여 듣는다는 뜻이다. 마치 걸인이 걸식하는 것처럼, 지도자는 노인의 말씀을 간절한 마음으로 구걸하듯 받들어야 한다는 것이 걸언의 의미다.

옛 중국에서도 나이가 많고 학문이 뛰어난 노인을 삼로(三老)로 선정하여, 황제는 삼로에게 존숭(尊崇)의 예를 갖추어 스승으로 모셨다. 평소에는 군신의 관계지만, 걸언이 베풀어질 때는 삼로와 황제 사이에는 명백한 사제 관계(師弟關系)의 예법이 적용되었다. 삼로가 문에 들어서면 황제는 깍듯이 절하며 모셨으며, 삼로의 말이 끝나면 또 깍듯이 절하며 걸언하는 장면은 제자가 스승에게 질문하고 가르침을 받는 모습과 같았다.

고대 그리스에서 청년을 나이든 멘토와 짝짓는 관습도 어른의 지혜를 배우기 위해서였다. 이처럼, 지도자가 나이든 사람의 지혜와 경륜을 듣는 것이 걸언이다. 신세대의 톡톡 튀는 의견도 중요하지만, 삶의 경륜에서 우러나는 근원적인 지혜도 중요하다.

> 수령은 때때로 노인에게 혜택을 베푸는 정책을 실시하여, 백성들
> 의 노인 공경심을 불러일으켜야 한다.

　끝으로 노인 우대 정책이다. 노인을 위한 가장 좋은 정책은 노인으로 하여금 일할 수 있는 여건을 만들어 주는 일이다. 노인 인구의 증가는 전세계적인 사회 문제다. 우리나라도 유례 없이 빠른 속도로 고령화가 진행되고 있다. 65세 이상의 인구가 2000년에 7.2%에서 2050년이면 35%에 이를 것으로 전망하고 있다. 인구 고령화가 문제가 되는 이유는 근로자는 줄어들고 연금수혜자는 증가하는 데서 오는 경제적 부담 때문이다.

　독일의 비스마르크가 처음으로 연금제도를 도입했을 당시는 평균 수명이 46세에 불과했는데도, 연금 지급 시기를 65세로 정했다. 그만큼 연금을 받는 사람이 많지 않았다. 미국의 경우도 프랭클린 루스벨트 대통령이 연금제도를 처음 도입했을 당시에는 평균 수명보다 다섯 살 정도 많아야 연금을 받을 수 있었기 때문에, 수혜자의 수가 적어서 정치, 경제적으로 별로 문제가 안 되었다.

　그런데 노령화가 진행됨에 따라, 미국의 경우도 2016년 무렵부터는 연금 수입보다 지출이 많아지며, 계산상으로는 2038년 경에 파산에 이를 것으로 추정하고 있다.

　젊은 사람이 감당해야 할 경제적 부담을 덜기 위해서라도 노인들이 가능한 한 오랫동안 사회의 일원으로 활동할 수 있는 방안을 수립해야 한다.

20 어린이 사랑하기

자유(慈幼)
'자유(慈幼)'는 어린이를 사랑한다는 뜻이다. 버려진 아이와 고아를 구제하여 양육하는 것이 자유(慈幼)다.

> 자유(慈幼)는 역대 임금이 크게 중시한 정책으로서, 이것을 법으로 정하여 지켜왔다.

다산은 목민관은 부모 없는 아이의 부모 노릇까지 해야 한다고 했다.

"하늘과 땅의 화기(和氣)를 깨뜨리며, 사람의 마음을 애절하게 하는 것이 어려서 부모를 잃은 고아보다 더한 것이 없으니, 어찌 자유(慈幼)의 정책을 가벼이 여길 수 있겠는가. 백성이 몹시 빈궁하여 낳은 자식을 부양할 능력이 안 되면, 수령이 그 아이들을 내 아들딸처럼 가르치고 양육하여야 한다. 특히 흉년 든 해에는 마치 물건 버리듯 버려지는 아이가 많으므로, 수령은 이들을 거두어 부모가 되어 주어야 한다."

다산은 중국의 경우는 고아 한 명을 책임지고 키우는 사람은 아들 한 명의 병역을 면제해 주는 방침까지 세워서 고아 돌보기를 중시했는데, 우리는 그렇지 못하다는 것을 자신의 경험을 근거로 말하였다.

"과거에 내가 암행어사가 되어 경기 지방을 순찰한 적이 있었는데, 선왕(정조를 가리킴)께서 나를 영춘헌으로 부르시어, 버려진 아이들을 거두어 정성껏 양육하게 하라고 거듭 당부하셨는데, 그 모습이 무척 간절하였다. 내가 각 지방을 널리 다니면서 살펴본즉, 임금의 뜻을 받들어 펴는 수령이 거의 없었다. 이렇게 되어서는 목민관이 어찌 자기의 직분을 다하고 있다고 할 수 있겠는가."

우리나라 조정에서는 버려진 아이를 거두어 길러 자식으로 삼는 것을 법으로 정했다. 현종 때, '수양유기아법(收養遺棄兒法)'을 제정하여, 길가에 버려진 아이를 얻은 자는 한성부에 알려 공문을 받고 자식이나 종으로 삼게 하였다.

버려지는 아이들

오늘날에도 버려지는 아이들이 많이 있다. "세 밤만 자면 엄마가 데리러 올 거예요. 내가 좋아하는 피자랑 축구화랑 인라인 스케이트랑 사 가지고 오신 댔어요." 이런 아이들이 오늘도 보육원에서 희망 아닌 희망을 붙들고 살아가고 있다. 엄마가 올 날짜가 지났지만, 엄마는 오지 않았고 앞으로도 오지 않을 것이다.

보건복지부 통계에 의하면, 2004년 한 해 동안 국가나 사회단체 등이 보호한 아이는 1만222명이다. 하루에 28명꼴로 아이들이 부모로부터 버림받고 있는데, 아이가 버려지는 이유는 크게 두 가지다.

첫째는 부모의 사업 실패나 실직으로 인한 가정 파탄이다. 엄마는 가출하고 아빠는 빚 때문에 쫓겨 다니는 상황에서 아이 혼자 거리를 방황하다가 보육원에 들어온다. 엄마, 아빠가 모두 집을 나가버리자, 견디다 못해 어린 아이들 4형제가 한꺼번에 보육원으로 오는 경우도 있다고 한다. 둘째는 미혼모의 양육 포기다. 미혼모를 관대하게 용납할 수는 없을지라도, 미혼모나 아기의 삶을 최대한 안전하게 인도하는 것이 그나마 할 수 있는 차선책이다.

우리나라의 어린이 보호 실정을 잘 보여주는 것이 해외 입양아수다. 2004년에 3,851명의 우리나라 아이가 해외에 입양되어, 50년째 해외 입양 세계 1위를 고수하고 있는데, 이것은 우리나라의 어린이 정책이 세계 꼴치 수준임을 말해주는 것이다.

홀트 복지회 관계자는 "한국의 혈통중심주의와 입양에 대한 사회적 편견이 바로 잡히지 않고, 입양 가족에 대한 지원방안이 마련되지 않는 이상, 부끄러운 세계 1위는 계속될 것"이라고 전망한다. 요즘에는 인식이 많이 바뀌어서 젊은 부부들이 입양에 대해 전향적인 태도를 취하고 있다.

지도자는 불우한 아기나 어린이 보호에 좀 더 관심을 가져야 한다. 지도자가 발 벗고 나서지 않으면 의지할 곳 없는 어린 아이들이 칠흑 같은 어둠 속에서 고통하며 지낼 수밖에 없기 때문이다. 보육원으로 들어오거나 입양이 잘 되거나 해서 그 나름대로 삶을 꾸려갈 수 있다면 불행 중 다행이지만, 부모의 이혼율이 높아지고 생활고에 시달리면서 어린 아이들이 학대의 대상이 되고 심지어 가족 동반 자살로 희생되기도 하며, 버려지는 아이들은 오늘도 눈이 퉁퉁 붓도록 엄마 아빠를 부르고 있다.

21 외로운 사람 구제하기

진궁(振窮)

'진궁(振窮)'은 불쌍한 사람을 구휼한다는 뜻이다. 환과고독(鰥寡孤獨)을 4궁(窮)이라 하여, 이들을 구제하는 것을 뜻하는데, 여기서는 결혼하지 못한 젊은이를 구제하는 것을 주로 말하고 있다.

> 역대 임금들이 혼인을 권장하는 정책을 시행하였으니, 수령 또한 성의껏 이를 준수해야 한다.
> 혼인할 나이가 지났는데도 혼인하지 못한 사람은 관청에서 혼인식을 거행해 주어야 한다. 매년 1월에 대상자를 조사해서 2월에 함께 혼인식을 치러 주어야 한다.

지도자는 어렵고 가난하고 소외된 자를 보살펴야 한다. 나이 들어 재산도 없고 혈연도 없는 불쌍한 사람들은 지도자가 특히 관심을 갖고 보살펴야 할 사람들이다. 스스로 생계를 꾸려갈 수 없는 사람을 구호해 주지 않는 관리는 곤장 60대의 벌로써 다스린다는 규정이 있으며, 이들에게 지급되어야 할 옷과 양식을 빼돌리는 사람 역시 무거운 죄를 가한다고 하였다.

다산이 진궁(振窮)에서 특히 강조한 것은 혼인하지 못해 외로운 사람을 구제하는 일이다. 개인의 결혼 문제를 나라에서 책임지고 이루어주어야 한다는 생각은 오늘날의 관점에서는 좀 이상해 보일 수도 있지만, 당시에는 가난과 궁핍으로 인해 혼례를 치르지 못하는 경우가 많았기 때문에 관청에서 나서서 짝짓기를 해줄 필요가 있었다.

"옹태(雍泰)라는 사람이 양회 지방을 다스릴 때, 혼인 정책을 적극적으로 실시했는데, 소금 굽는 일을 하는 가난한 홀아비 2천 명이 2년에 걸쳐 거의 다 아내를 얻을 수 있게 해 주었다. 그가 임기를 마치고 떠나갈 때 사람들이 시를 지어 읊었다. '떠나는 객(客)의 행장에는 벼루 하나도 없는데, 바다에 남아 있는 백성들은 모두 다 아내가 있네. 4천 남녀의 원(願)을 풀어주고, 봄바람에 돛 달고 조정으로 가시네.'"

임금이 직접 나서서 혼인을 주선한 사례도 있다.

"정조 15년에 왕은, 가난하여 혼례식을 치르지 못하는 사람이 많은 것을 불쌍하게 여겨, 서울의 오부(五部)에 지시하여, 혼인 약속을 하고도 형편이 어려워서 혼인 예식을 치르지 못하는 사람에게 관청에서 500푼의 자금과 두 필의 베를 지원해 주어 혼례를 치르도록 하고, 그 결과를 보고하게 하였다. 28세 된 김희집이라는 남자가 있었는데, 이 사람은 신덕빈의 21세 된 딸과 정혼한 사이인데도 혼례를 치르지 못하고 있었다. 보고를 들은 정조는 '짐이 5부 안에 있는 많은 홀아비들의 혼인을 주선하여 수백 명이 혼례를 치렀는데, 아직도 서부의 두 사람은 부부의 예를 이루지 못하고 있으니, 어찌 천지의 화기(和氣)를 이루며 만물의 본성에 합당하겠는가. 일의 시작을 잘 정제하는 것 못지 않게, 정사(政事)란 끝맺음을 잘해야 하는 것이니, 신덕빈의 딸과 김희집 사이에 좋은 일이 이루어지게 하라.'고 했다. 이렇게 해서 이들의 혼인이 이루어지자, 정조 임금은 마치 자기 일이나 되는 것처럼 '이렇듯 절묘하고 대단한 기쁨이 어디 있겠느냐.'고 하면서 좋아하였다. 세상 모든 일 중에 혼기를 놓친 남녀간의 일보다 더 우울한 일은 없는 것이다. 그러므로 목민관이 된 사람은 임금의 이와 같은 뜻을 받들어 그 직분을 다해야 할 것이다."

독신세

외국에서는 결혼하지 않으면 세금을 더 물리기까지 한 일도 있었다. 미국의 초기 식민지 시대 메릴랜드주 의회가 19세 이상 독신 남성에게 연 5실링의 세금을 물린 일이 있었으며, 이탈리아에서도 무솔리니 통치 시절, 25-30세의 총각·처녀에게는 연간 3파운드, 30세 이상은 2파운드를 부과하는 '독신세'라는 것이 있었다.

오늘날에는 넉넉한 경제력, 편의주의 등으로 인해 자발적 독신주의자들이 많다. 하지만, 결혼은 적성에 맞게 진로를 선택하듯이, 자신이 결혼에 어울리는 타입이면 결혼하고, 독신에 어울리는 타입이면 독신으로 살면 그만이라고 생각할 수는 없다.

결혼은 인간의 권리이자 의무이다. 한 남자와 한 여자가 연합하여 생육하고 번성해 가는 것이 생명체의 기본적인 질서이며, 결혼은 저출산 문제와도 관련되어 있기 때문에, 오늘날 우리 현실에서도 매우 중요한 문제라고 할 수 있다.

22 죽은 사람 애도하기

애상(哀喪)

'애상(哀喪)'은 상(喪)을 당한 자를 구휼하는 것을 말한다.

> 길을 지나가다가도 죽은 사람이 눈에 띄면 묻어 주고 가라고 하였는데, 하물며 백성의 부모 된 목민관이야 더 말할 필요가 있겠는가? 예로부터 상(喪)을 당한 사람에게는 부역을 감해 주는 관례가 있었듯이, 수령의 권한으로 상(喪) 당한 사람에게 베풀 수 있는 일들을 모두 행해야 한다.

죽음은 인간이 겪는 가장 큰 고통이다. 다산은 상(喪)을 당한 슬픈 광경을 보게 될 때는 마땅히 도움을 베풀어야 한다고 말한다.

"범문정공(范文正公)이 빈주의 태수가 되어 다스릴 때의 일이다. 어느 한가한 날, 관리들과 함께 정자에 올라 잔치를 벌여 막 술잔을 들려고 하는데, 멀찍이서 상복을 입은 사람들이 상 당했을 때 쓰는 기구들을 정리하는 것이 눈에 띄었다. 범문정공이 즉시 사람을 시켜 그 연유를 물으니, 근처에 살던 선비가 죽었는데, 임시로 이 곳에 묻으려 한다고 했다.

범공이 가까이 가서 보니, 봉(賵), 염(殮), 관(棺), 곽(槨) 등 장례에 필요한 것들이 제대로 갖추어지지 않았는지라, 범공은 즉시 술자리를 멈추게 하고 부조금을 주어 무사히 장례를 마치게 하니, 함께 있던 사람들이 눈물을 흘리며 감동하였다."

공감 능력

지도자는 죽음 앞에서 애통해 하며 함께 슬픔을 나누는 사람이다. 이와 같이 타인의 감정을 이해하고 느낄 수 있는 능력을 '공감 능력'이라고 한다. 상대방의 입장이 되어 상대방의 생각이나 감정이 내것처럼 느껴지고 이해되는 정신 현상, 즉 먼저 상대방의 안으로 들어가서 그 사람의 것을 다시 가져옴으로써, 둘 사이에 간격이나 거리가 제거되는 것이 공감(共感)이다.

사람의 뇌에는 언어 능력, 수리 능력, 예술 및 운동 능력 등이 있듯이, 공감 능력도 별도로 있는데, 공감 능력은 선천적 요인도 있지만, 두뇌 훈련하듯이 훈련해야 얻어질 수 있다고 한다. 뇌의 구조상, 남자는 여자보다 상대적으로 공감 능력이 떨어진다고 하는데, 이것을 근거로, 21세기는 여성이 도약하는 시대가 될 것이라고 전망하는 사람도 있다.

공감 능력은 유능한 지도자의 필수 조건이다. 공감 능력은 단지 입으로 위로의 말을 하고, 행동으로 격려의 태도를 취하는 것만을 뜻하는 것이 아니다. 마음 자체가 상대방과 똑같이 느껴지는 것이다.

'철의 여인'으로 일컬어지는 영국의 대처 수상은 뛰어난 공감 능력으로 국민을 사로잡은 적이 있다. 1982년, 아르헨티나가 영국령 포클랜드를 침공하자, 대처 수상은 100여 척의 함선을 12,800km 떨어진 포클랜드 섬으로 파견했다. 영국군은 256명의 전사자를 내고 74일 만에 전쟁을 승리로 이끌었다. 희생된 영국군을 애도하는 대처 수상을 통해서 지도자의 공감 능력이 얼마나 중요한지 알 수 있다. 대처 수상은 여름 휴가까지 반납하며, 256명의 유가족 모두에게 친필로 위로 편지를 썼다고 한다. 수상이나 지도자로서가 아니라, 자식을 잃은 어머니의 마음으로, 남편을 잃은 아내의 마음으로 일일이 편지를 썼다.

나와 어떤 관계에 있든, 나와 절친하든 원수 관계든 무관한 사람이든, 죽음은 비장한 것이다. 다산은 "조정의 신하가 상을 당하면 임금이 몸소 조문하였으며 수의를 보내 주고 조의금도 마련해 주었다. 마찬가지로, 지방 관아의 관리가 상을 당하면, 수령은 마땅히 조문하여 애도의 뜻과 위로의 마음을 전해야 한다."라고 하여, 지도자는 부하나 구성원이 상을 당하면 반드시 문상해야 한다고 말한다.

인간은 누구나, 특히 지도자는 문상할 일이 생기면, 다른 모든 업무에 앞서서 문상부터 해야 한다. 고위 지도자일수록 남보다 한 발 먼저 문상하는 것이 도리다.

23 환자 구호하기

> **관질(寬疾)**
>
> '관질(寬疾)'이란 병들고 쇠약한 사람을 보살피고 배려하는 것을 말한다. 심한 질환으로 중병에 걸린 사람에게 의무를 면제해 주거나 의지할 곳을 마련해 주어 보살피는 일이 관질(寬疾)이다.

여러 가지 질환으로 인해 스스로 생계를 꾸려갈 수 없는 자에게는 의지할 곳을 마련해 주고 보살펴야 한다.
전염병이 발생하면 뚜렷한 근거 없이 금기시하는 풍속이 많이 있는데, 수령은 이들이 병을 두려워하지 않도록 안심시키고 치료해 주어야 한다.

지도자는 큰 비전과 목표를 위해 매진해야 하지만, 작고 세세한 개인의 형편도 챙길 줄 알아야 한다. 지도자가 살펴야 할 작고 세세한 일 중의 대표적인 것이 질병 걸린 자나 환자를 돌보는 일이다.

"진나라 때 유홍(劉弘)이 형주를 맡아 다스렸는데, 어느 날 한 밤중에, 성 위에서 보초를 서고 있는 자가 길게 탄식하며 괴로워하는 소리를 들었다. 가까이 불러서 보니, 늙고 야윈 병졸이었는데 병색이 완연했음에도 저고리조차 입고 있지 않았다. 유홍은 급히 자신의 가죽옷과 겹모자를 내주었다."

링컨 역시 환자 돌보기를 중시하였다. 링컨은 남북 전쟁 기간 내내 병사들이 입원해 있는 병원을 쉬지 않고 방문했다고 한다. 한번은 거의 죽기 직전인 한 병사에게 안내되었는데, 링컨이 병사에게 물었다. "내가 당신을 위해 할 수 있는 일이 없겠소?" 그러자 병사는 자신의 고향 어머니에게 편지를 쓰고 싶은데, 대신 받아 적어줄 것을 부탁했다. 물론, 병사는 링컨을 알아보지 못한 상태였다. 링컨이 받아 적었다. "보고 싶은 어머니, 저는 제 의무를 다하다가 심한 부상을 당했고, 아무래도 회복이 어려울 것 같습니다. 제가 떠나더라도 슬퍼하지 마세요. 하나님의 가호가 함께 하기를 빌겠습니다." 더 이상 말을 이어가지 못하고 병사는 숨을 거두었다. 링컨이 편지 끝에 덧붙였다. "당신의 아들을 위해 에이브러햄 링컨이 대필했습니다."

다산은 전염병이 발생했을 때에도 지도자가 앞장서야 한다고 말한다. "수나라의 신공의(辛公義)가 만주의 자사가 되어 다스릴 때, 전염병 환자가 발생하면 사람들이 모두 다 문을 닫고 환자를 피해 버리는 바람에 죽는 사람이 더욱 늘었다. 그러자 신공의가 나서서 환자들을 모두 관청 뜰로 옮겨오게 하였다. 한여름에 관청 앞마당이 환자들로 북적거렸다. 신공의는 평상에 자신의 임시 거처를 마련해 놓고 밤낮으로 그들과 함께 지내며, 자신의 녹봉으로 의약품을 구입해서 공급하였다. 이와 같은 헌신적인 보살핌으로 대부분의 환자들이 쾌유하였다. 신공의가 환자들의 가족 및 친척 이웃들을 불러서, '사람이 죽고 사는 것은 하늘의 명(命)에 달려 있는 것이다. 전염병으로 죽기로 말하면, 나는 벌써 죽었어야 할 것이 아니냐.' 하고 깨우쳐 주니, 사람들이 자신들의 잘못을 깨닫고 사죄하며 돌아갔다."

허준이 '의성(醫聖)'으로 추앙 받는 것도 진정으로 환자를 돌보는 마음을 지니고 있었기 때문이다. 허준이 내의원으로 궁궐에서만 기거했다면 '동의보감(東醫寶鑑)'은 존재하지 않았을 것이다. 허준의 의술이 인술(仁術)로 한 단계 도약한 계기는 임진왜란의 전란으로 부상당한 사람들과 질병으로 고통스러워하는 백성들의 모습을 목격한 일이었다. 백성들의 참혹한 모습을 가까이에서 지켜 본 허준은 모든 병을 치료할 수 있는 의학 서적을 편찬하기로 작정하고, 선조의 명을 받아 '동의보감' 저술에 착수한 것이다. 이 책을 저술하는 동안, 천연두가 전국에 급속히 퍼져 나가자, 허준은 직접 현장으로 달려가서 백성을 치료하는 일에 모든 노력을 기울였다.

마과회통

다산은 그 자신이 직접 환자 구호를 위해 많은 노력을 했다. 다산은 다방면에 조예가 깊은 인물이었는데, 곡산 부사로 있을 때에는 홍역 처방술을 담은 '마과회통(麻科會通)'을 직접 저술할 만큼 의학에도 일가견이 있었다. 자신의 자녀들을 홍역으로 잃은 안타까움 때문이기도 하겠지만, 그것보다는 고통 당하는 백성들의 모습이 안쓰러워서 인문학자인 다산이 초고를 다섯 번씩이나 고치면서, 숱한 연구와 실험을 거쳐 의학 서적까지 펴내게 된 것이다.

'마과회통'의 서문에, "이에 세밀하게 나누고 눈썹처럼 정연하고 손바닥을 보듯 쉽게 하여 환자들이 책을 펴면 저방을 구하고 찾기에 번거롭지 않게 하였다. 무릇 다섯 차례 초고를 바꾼 뒤에 책이 비로소 이루어졌으니, 아아, 몽수(다산에게 의술을 가르쳐 준 사람)가 아직까지 살아있다면 아마 빙긋이 웃으며 흡족하게 생각할 것이다."라고 하였다.

강진에서 유배생활을 하는 동안에도 그곳 사람들이 몸이 아프면 다산에게 찾아와 처방 받아 병이 나았으며, 흑산도에서 유배생활을 하던 자신의 형(정약전)이 병들었을 때에도 손수 처방전과 약초를 지어보내기도 하였다.

환자 돌보기의 극치는 다미엔 신부에게서 발견된다. 다미엔 신부는 나병환자들을 위해 평생을 바친 19세기의 나환자 선교사다. 그는 문둥병자들이 모여 있던 죽음의 땅, 몰로카이 섬에 자원하여 들어가서, 나환자들의 발을 씻기고 말벗이 되어 주며 그들을 돌보았다. 죽어가는 나환자들이 평안한 마음을 가질 수 있도록 위로하고 기도하였다. 그런데 나환자들이 "다미엔 신부는 문둥이가 무엇인 줄 모르지. 그는 정상인이야. 자신이 봉사한다는 사실에 대해 은밀한 희열을 느끼며 우리를 돌보고 있는지 몰라."하고 수군거리자, 이 말을 들은 다미엔 신부는 곧장 기도하였다. "주여, 저를 문둥이가 되게 해 주옵소서." 얼마 후, 다미엔 신부는 점차 감각이 무뎌지고 눈썹이 빠지며 관절이 떨어져 나가기 시작했다. 이렇게 해서 다미엔 신부는 그들과 똑같은 사람이 되었다. "사랑하는 여러분, 하나님은 나병에 걸린 우리들을 사랑하십니다." 비로소 수많은 나병환자들이 다미엔 신부의 진실한 사랑과 보살핌에 감동하였다.

환자 돌보기는 사람의 생명을 소중히 여기는 마음이므로, 지도자의 애민 정신을 측량해 볼 수 있는 척도다. 오늘날에는 환자 돌보기는 의사의 주된 임무이긴 하지만, 모든 지도자가 노약자, 병든 자의 어려움을 헤아리고 이들을 돌볼 줄 알아야 한다.

24 재난 당한 자 구제하기

구재(救災)

'구재(救災)'는 수재, 화재와 같은 재난을 당한 사람을 구제하고 보살피는 것을 뜻한다.

> 언제든지 재난이 발생할 수 있다는 생각을 하고 미리 대비하는 것이 재난을 당한 다음 온갖 대책을 세우는 것보다 낫다.
> 재난이 발생하여 백성이 위험에 처하게 되면, 수령은 불에 타는 것을 구하고 물에 빠진 것을 건져내기를, 마치 나 자신이 불타고 있는 것처럼, 나 자신이 물에 빠진 것처럼 급히 서둘러야 하며 늑장부려서는 안 된다.

인간의 부주의나 잘못으로 인한 재난이든 자연으로 인한 재난이든 재난 당한다는 것은 불행한 일이다. 최근에만 해도 동남아시아의 지진 해일 쓰나미, 미국 뉴올리언스의 허리케인 카트리나, 파키스탄의 지진 등 수천 명에서 십수만 명의 생명을 앗아간 재난들이 계속 발생하였다.

우리나라도 해마다 물, 불로 인한 피해가 적지 않다. 2000년 동해안

전역에 순간 최대 풍속 27m/sec의 강풍을 타고 2만4천ha의 산림을 태운 초대형 산불이 발생했으며, 2001년에는 100년 만에 한번 올까말까 한 가뭄으로 일부 지역에서는 제한 급수를 실시하였다. 2002년에는 태풍 루사가, 2003년에는 태풍 매미가, 2004년에는 태풍 메기가 발생하여 3년 연속 엄청난 수해를 입었다. 2004년에는 중부 지방의 폭설로 도로가 마비되고, 7천억 원의 재산 피해가 발생했다. 2005년에는 양양과 고성 지역에 대형 산불이 발생해 산림 300ha와 많은 민가를 태웠다.

다산은 재난 구제를 위해 크게 두 가지를 말하고 있다. 첫째, 재난 방비를 위한 유비무환(有備無患)의 정신을 강조하고 있다.

"지대가 낮고 강물 가까운 곳에 가옥이 있으면 미리 이사하여 재난을 방비해야 하며, 화재 발생에 대비해 저수지를 만들어 물을 저장해 두어야 한다. 둑을 쌓고 큰 방죽을 만들면, 수재를 방지하고 물을 이용할 수 있는 것이니, 이는 일거양득의 방법인 것이다. 나의 집이 열수(한강) 가까이에 있는데, 매년 여름과 가을철에 물이 크게 불어날 때 보면, 강물 위로 떠내려 오는 집들이 이른봄의 얼음장 같으며, 떠내려 오는 집의 지붕 위에서 닭이 울기도 하고 문고리에 옷가지가 걸려 있는 모습도 보였다. 해마다 이런 일이 어김없이 되풀이되는 것은 목민관이 백성의 안전을 생각하지 않기 때문이다."

둘째, 신속한 대응이다. 지도자가 재난에 임해 늑장을 부린다는 것은 그만큼 안전 불감증이 심각하거나 재난을 자기의 일로 알지 못하기 때문이다. 남의 일을 내 일처럼 생각하는 사람이 지도자다.

미국의 뉴올리언스를 휩쓴 카트리나의 경우를 봐도, 다산의 말이 옳다는 것을 알 수 있다. 미국 역사상 최악의 자연 재해인 그 재난도 사실은 '인재(人災)'에 가깝다고 한다. 다산이 말한 재난 대비 방법 두 가지, 즉 사전 방비와 신속 대응 면에서 많은 허점을 보임으로써 필요 이상으로 피해가 커졌다.

대부분의 위기나 위험은 사전에 반드시 신호를 보내게 되어 있다고 한다. 문제는 그런 신호를 제대로 감지하지 못하거나, 감지했다고 하더라도 무심코 넘겨버리는 안전 불감증이다. 나는 안전하니까, 다른 사람도 괜찮을 거라고 생각하면 지도자의 자세에 문제가 있다. 지도자는 자신의 안전뿐만이 아니라, 구성원과 대중의 안전을 책임져야 하기 때문이다. 우리나라는 수재나 화재뿐만 아니라, 교량이 무너져 내리고 대형 건물이 붕괴하는 등 유달리 재난이 많기 때문에, 지도자의 구재(救災) 태도가 특히 중요하다.

지도자는 애민하느냐, 못하느냐로 평가받는 존재이다. 옛날 임금들은 재난이 발생하면 자신을 돌아보며 근신하기를 게을리 하지 않았다. 옛날에도 황사가 있었는데, 당시에 황사는 하늘의 경고와 징벌을 의미하는 것으로 간주되어, 황사가 일어나면 왕은 자신이 부덕한 소치라고 여기고 반찬 가짓수도 줄이고, 술을 삼가는 등 몸가짐을 바르게 했으며, 혹시 억울한 누명을 쓴 사람이 옥살이를 하고 있지는 않은지 돌아보는 등 지도자 자신이 먼저 근신했다.

고려 시대 광종도 그런 사람이다. 광종은 이복 형인 혜종과 정종을 차례로 몰아내고 왕위를 차지한 비정한 인물이지만, 백성을 위해서만은 자신을 돌아보기를 게을리 하지 않았다. 광종 즉위년 어느 날, 큰 바람이 불어 나무가 뽑히는 등 피해가 발생하자, 광종은 이런 재앙을 물리칠 방법을 물었으며, 덕을 닦는 길밖에 없다고 하자, 이때부터 '정관정요'

를 읽으며 수양을 쌓았다.

대나무 숲

　재난을 방지하는 실제적인 지혜도 중요하다. 이를테면, 산불의 경우, 우리나라는 봄에 대기가 건조하고 비가 많이 내리지 않기 때문에 산불이 자주 발생하는데, 우리 조상들은 산불에 대처하기 위해 나름대로 지혜를 발휘했다. 산불이 빈번한 동해안 지역의 집 주위에는 무성한 대나무 숲을 가꾸는 경우가 많은데, 이것은 단지 아름다운 경관을 위한 목적만이 아니라, 대나무 숲이 내화(耐火) 기능이 뛰어나기 때문이다.

　지난 2000년, 동해안에 2만4천ha를 태운 대형 산불이 났을 때에도 대나무 숲이 있는 집들은 불타지 않았다고 한다. 기온이 낮아 대나무가 자라기 어려운 곳에는 동백이나 굴참나무 등의 내화림을 조성하는 것도 한 방법이다. 소나무를 10% 정도만 솎아내고 대신에 굴참나무 등을 심으면 방지턱이 생겨서 산불의 위세가 크게 줄어든다고 한다.

제5편

인사 관리

이전육조 | 吏典六條

'이전(吏典) 육조'는 인사에 관계되는 여섯 가지 일을 다루고 있다. '인사(人事)는 만사(萬事)'라는 교훈을 기억하지 못하는 사람은 없지만, 인사 문제를 잘 처리하는 사람은 흔치 않다. 그만큼 인사 문제는 어렵고 중요한 일이다. 사람을 관리하고 통솔하는 것은 지도자의 중요한 자질임과 동시에 지도자의 임무이다. 오늘날 리더십의 핵심적인 위치를 차지하고 있는 것이 인사 문제다. 기관이든 기업이든 지도자는 사람을 다루는 문제에 나름대로 일가견이 있어야 한다. 사람을 볼 줄 알고, 사람을 쓸 줄 알고, 사람의 말을 들을 줄 알고, 사람을 움직일 줄 아는 사람이 능력 있는 지도자다.

25 구성원 관리하기

> **속리(束吏)**
> '속리(束吏)'는 이속들을 단속하는 것을 말한다. 이속(吏屬)은 아전을 가리킨다. 아전은 각 관청에 딸려 수령 밑에서 일을 보던 중인 계급이다. 지도자가 부하나 구성원을 이끌고 관리하는 것이 속리(束吏)다.

> 아전을 다스리는 근본은 율기(律己), 즉 몸가짐에 있다. 수령 자신이 몸가짐을 바르게 하면 이속들이 잘 수행하지만, 수령이 바르지 못하면 이속들은 명령해도 잘 따르지 않는다.

구성원 관리의 첫째 원칙은 지도자 자신이 몸가짐을 바르게 하는 일이다. 지도자가 말보다는 행동으로 모범을 보일 때, 부하나 구성원들이 자연스럽게 따라온다.

"참판 유의(柳誼)가 홍주를 다스릴 때, 그 지방 아전들의 교활함이 충청 지방 일대에서 가장 심하였다. 그런데 유의가 앞장서서 청렴하고 검소한 태도로 온 마음을 다하여 백성들을 사랑하자, 아전들이 보고 감동하였다. 채찍이나 매와 같은 강압적인 명령을 사용하지 않았는데도 유의의 가르침을 따라 모두 다 올바르게 행하였다. 이 일을 보면서, 나는 율기야말로 속리의 근본임을 깨달았다."

다산은, 수령이 처음에는 몸가짐을 바르게 하다가 불과 몇 달만 지나면 아전들의 꾐에 빠져 비리를 묵과하고 혀가 뒤집힌 듯, 아무 말이 없는 상태를 가리켜 '썩은 쥐가 웃을 노릇'이라고 하였다. 지도자가 자신의 몸가짐을 바르게 하지 않으면 지도력을 발휘하기가 어렵다.

> 예(禮)로써 바르게 가르치고 은혜로써 너그럽게 대한 연후에 법으로써 단속해야 한다.
> 아랫사람에게 너그럽지 않은 것은 성인들이 꺼려하는 바니 위세를 앞세워 단속하려고 해서는 안 된다.

구성원 관리의 두 번째 원칙은 너그러움과 엄격함을 적절히 사용하는 것이다. 다산은 먼저 너그럽게 대하고 그런 연후에 엄격해야 함을 여러 차례 반복해서 강조하고 있다.

지도자의 너그러운 태도가 근무 분위기를 자유롭고 활발하게 하며, 아울러 업무 효율성을 높인 사례로 3M을 들 수 있다. 3M의 맥나이트 회장은 사무실을 순회하던 중, 리처드 드루라는 젊은 직원을 만났는데, 드루가 하고 있는 일이 자신의 직무와 직접 관련이 없는 일이라고 판단하고, 그 일을 중단하라고 했다. 하지만, 드루는 그 일을 계속한 결과, 빅 히트 상품이 된 마스킹 테이프(masking tape)를 개발함으로써 회사에 막대한 이익을 가져다 수었다. 스카치 테이프(scotch tape)도 드루의 작품이다. 드루의 성공을 지켜 본 맥나이트는 창의적이고 혁신적인 사람들을 관리하는 최선의 방법은 한 걸음 비켜서서 간섭하지 않고 너그럽게 대하는 것임을 깨달았다. 그렇게 해서 3M에는 '15% 규칙'이 탄생했다.

자신의 시간의 15%를 자기가 하고 싶은 일에 할애할 수 있다는 규칙이다.

 구성원을 너그럽게 대하기 위해서는 실수나 잘못을 포용할 줄 알아야 한다. 간웅(奸雄)으로 알려진 조조 같은 사람도 부하의 실수에 대해서는 관대한 태도를 취하기도 했다. 둔전제를 실시할 때 실무자들이 여러 차례 시행착오를 범했지만, 조조는 "능력은 하루 아침에 생겨나거나 만들어지지 않는다. 인재는 오랜 실천적 경험 속에서 단련되고 완성된다. 한 번의 실수 때문에 능력 있는 인재를 버린다면 이는 애석한 일이다."라고 관용하였다.

 그렇다고 밑도 끝도 없이 너그럽게만 대하는 것이 좋은 것은 아니다. 다산도 말했듯이, 징계할 때는 과감하게 문책해야 한다. 관용이냐 징계냐를 판단하는 것도 지도자의 능력이다. 판단 기준은 그것이 누구를 위하느냐에 있다. 관용하는 것도, 징계하는 것도 자신을 위해서가 아니라, 대중과 국민을 위해서다. 이런 경우에는 '독하지 않으면 대장부가 아니다.'는 말을 교훈으로 삼아야 한다. 엄격하지 못함으로써 지도자적 소임을 망친 사례를 보자.

 "성종 때 이세정(李世靖)은 학문에 능통하고 가르치기에 힘써서 그의 문하생들 중에서 여러 명의 재상이 나왔다. 그런데 이세정 자신이 벼슬을 얻어 청양(靑陽)을 다스릴 때, 그는 실제 현장에서는 무능했다. 최숙생(崔淑生)이라는 사람이 청양 지역의 관찰사로 가게 되자, 조정에 있는 이세정의 제자들이 최숙생에게 말하기를, '우리 선생님은 학문이 깊고 성품이 맑으시니, 함부로 폄하(貶下 ; 평가 점수를 낮게 매김)하지 말아 주시오.'라고 부탁했다. 최숙생이 알겠다고 대답하고 임지로 부임해서, 첫 번째 고과(考課) 평가에서 이세정을 퇴출(退出)시켜 버렸다. 최숙생이 돌아오자, 이세정의 제자인 여러 재상들이 '교활한 벼슬아치가 그토록 많은데, 어찌하여 우리 스승님을 가장 낮게 평가했소?' 하고 다그치자, 최숙생이 말하기를, '다른 지방의 수령들은 교활하긴 하지만, 다만 한 사람의 도적일 뿐이므로 백성들이 웬만큼 견뎌 낼 수 있지만, 청양 현감은 본인은 청렴하지만, 그 밑에 여섯 도적(이·호·예·병·형·공의 여섯 아전)이 우글거리니, 백성들이 어찌 견딜 수 있겠습니까?'라고 했다. 이것으로 미루어 보건대, 학문이 뛰어나다고 해도 수하의 아전들을 제대로 단속할 능력이 없다면 목민할 수 없는 것이다."

자신이 잘해도 아랫사람이 엉망이면 그 피해가 더 클 수 있음을 보여 주는 사례다. 따라서 지도자는 부하나 구성원을 엄하게 다스릴 필요가 있다. 마키아벨리가 '군주론'에서, 지도자는 '사랑의 대상보다는 두려움의 대상이 되라.'고 한 말도 지도자가 엄격함을 잃어서는 안 된다는 것을 교훈한 것이다.

결국, 너그러움과 엄격함을 적절히 조화시키는 것이 지도자의 능력이다. 법과 원칙을 엄격하게 적용하는 것은 사랑보다는 두려움의 대상이 되는 것이고, 관용과 포용으로 지지를 얻는 것은 두려움보다는 사랑의 대상이 되는 것이다.

우수한 조직의 두드러진 특징 중의 하나는 온건함과 엄격함을 동시에 주구하는 것이라고 한다. IBM의 창시자 토마스 왓슨도 엄격함과 너그러움의 두 가지 태도로 임원들과 직원들을 다루었다. 몸둘 바를 모를 정도로 자상하게 대하다가도 가차 없이 몰아붙이기도 했다. 왓슨의 자상한 배려는 임원들이 그를 따르도록 하는 힘이 되었고, 그의 무서운 추궁은 임원들이 그의 뜻을 거역할 수 없게 만드는 힘이었다.

> 수령은 일의 내용을 잘 모르는 것을 부끄럽게 여기는 경향이 있어서, 결재를 올리면 모르는 것도 아는 체하면서 도장을 꾹꾹 눌러 준다. 마치 모든 일에 통달한 것처럼 물 흐르듯 순순히 응해 주는데, 이것이 곧 수령이 함정에 빠지는 원인이다.

구성원 관리의 세 번째 원칙은 지도자는 철저해야 한다는 점이다. 다산은 수령이 알지도 못하면서 아는 체하며 아전들의 요구에 막힘 없이 응해 주는 것은 아전들의 술수에 떨어지는 까닭이 된다고 하였다.

"단 한 가지의 명령이나 지시를 내릴 때에도 담당 아전이나 관련자에게 자세히 물어 문제의 밑바닥까지 샅샅이 알고 난 다음 결재한다면, 오래 지나지 않아 업무에 능통해질 수 있다. 내가 현성에 오래 거처하면서 들었는데, 새로 부임한 수령이 일을 잘 몰라서 그 내용을 하나하나 캐어 묻고 들어가면, 관청의 나이든 아전들이 수군거리며 '징조를 보니 고달플 것 같다.'라고 말하고, 수령이 물 흐르듯 선선히 응해 주면, 서로 수령을 비웃으며 '그 징조 알 만하다.'라고 하였으니, 여기에 아전을 관리하는 중요한 점이 담겨 있다."

지도자가 내용을 알지도 못하면서도 아는 척 대충 얼버무리는 것이 얼마나 잘못된 일인지 알 수 있다. 허장성세(虛張聲勢)하기를 좋아하는 지도자들이 새겨들어야 할 말이다.

> 아전의 인원수가 적으면, 한가로이 시간을 보내는 자가 없을 것이며 백성들에게서 혹독하게 거두어들이는 일이 심하지 않을 것이다.

구성원 관리의 네 번째 원칙은 인원 수에 대한 것이다. 다산은 아전의 수가 적어야 함을 강조하였다.

"약천 남구만(南九萬)이 병조 판서로 있을 때에 아전의 수를 1백 명 줄였는데, 이 때 우암 송시열(宋時烈)이 왕에게 상소하기를 '병조에서 감원된 자가 1백 명인데 그 유익함이 적지 않사오니, 바라옵건대 전하께서는 속히 각 조(曹)에 영을 내려 같은 방법으로 줄이도록 하소서.'라고 하였다."

아전의 수가 많다는 것은, 요즘 말로 하면, 조직이 관료화되었다는 것을 의미한다. 관료화되었다는 것은 조직에 불필요한 군살이 많이 붙어 있다는 뜻이다. 조직의 관료화는 필연적으로 효율성을 떨어뜨린다. 오늘날 기관이나 조직이 관료주의 청산에 온 힘을 기울이는 것도 이런 이유에서이다.

MIT 대학의 한 교수가 '관료주의의 타파 없이 한국의 경제 발전은 기대할 수 없다.'고 말한 것을 보면, 우리나라의 관료주의는 특히 심각하다. 관료주의의 청산이야말로 조직의 성패를 좌우하는 요인이지만, '권력은 짧고 관료는 길다.'는 말에서 알 수 있듯이, 이것이 쉬운 일이 아니다.

아전의 수를 줄이는 것은 오늘날의 '다운사이징(downsizing)'에 해당한다. 다운사이징이란 조직의 효율성을 향상시키기 위해 의도적으로 조직내의 인력, 계층, 작업, 직무, 부서 등의 규모를 축소시키는 것이다.

이것은 기업의 관료화로 인한 낭비를 제거하는 것으로서, 불필요하고 불합리한 임원이나 부서를 축소하고 기업의 계층 구조를 줄여 중간 경영층을 대폭 감소시키는 것을 뜻한다. 경쟁과 변화에 대응하기 위해 기업이나 조직이 다운사이증을 하는데, 다운사이증을 통해 군살 없는, 보다 실속 있는 회사를 만들 수 있다.

과감한 군살 줄이기를 실시한 대표적인 사람은 GE의 잭 웰치 회장이다. 잭 웰치가 부임했을 때, GE의 40만 명의 직원 중에서 관리자가 2만 5천여 명에 달했다. 이처럼 엄청나게 많은 관리자들이 하는 일이라고는 다른 사람의 일을 검토 감독하는 것에 지나지 않았다. 웰치는 2년 동안 이들을 포함하여 무려 11만 2천 명의 직원을 해고했다. 일종의 구조 조정이다. 그래서 그가 얻은 별명이 냉혈한(冷血漢) '중성자 잭'이다. 웰치의 구조 조정이 특이한 것은, 위기에 빠진 기업을 회생시키기 위해서 군살을 뺀 것이 아니라, 250억 달러의 매출, 15억 달러의 순이익을 내며 잘 나가고 있는 기업, 바다를 헤치며 움직이는 웅장한 초대형 유조선이라고 칭찬하는 기업을, 빠르고 민첩하며 수익성 높은 스피드 보트로 탈바꿈시키고자 한 점이다.

그렇다고 조직의 인원 줄이기를 다반사(茶飯事)로 행하라는 것은 아니다. 어떤 지도자는 사람을 해고하는 구조 조정은 안일한 생각이며, 인력 구조 조정을 일삼는 것은 지도자의 능력 부족을 감추기 위한 핑계에 불과하다고 말한다. 그래서 무해고 정책을 실시하는 조직도 있다. 재정적인 압박에도 불구하고 다기능훈련(cross training), 업무 재분배와 같은 다양한 정책을 통해 합리적인 고용 보장을 실시하고 있다.

26 대중 통솔하기

> **어중(馭衆)**
>
> '어중(馭衆)'이란 대중을 통솔한다는 뜻이다. 넓게 보면, 속리(束吏)와 비슷하다. 속리(束吏)가 수령이 직접 휘하에 두고 있는 아전들을 대상으로 한 것이라면, 어중(馭衆)은 그 외의 일반 다수를 가리키는 것으로 이해할 수 있다.

대중을 통솔하는 길은 위엄과 신용뿐이다.

다산이 대중 통솔하기에서 강조한 것은 '위엄'과 '신용'이다.

첫째, 위엄이 필요하다. 위엄은 흔히 '카리스마(charisma)'라고 한다. 카리스마는 '은혜, 선물'의 뜻을 지닌 말이다. 원래는 기독교인이 하나님으로부터 부여받는 각자의 소명(召命)을 가리키는 말이었던 것이, 막스 베버가 보통 사람과는 다른 초자연적, 초인간적 재능이나 힘을 뜻하는 사회과학적 개념으로 발전시켰다.

모든 사람은 태어나면서 이미 카리스마를 지니고 있다. 성공한 지도자에 대해서만 '카리스마가 있다'고 말하지만, 실은, 성공하니까 카리스마가 있다는 평가가 뒤따르는 것이지, 카리스마를 지니고 있기 때문에 성공한 것은 아니다. 위엄, 즉 카리스마는 그 사람 안에 내재되어 있는 것이 삶을 통해 자연스럽게 표출된 것일 뿐이다. 따라서 '카리스마에는 교과서가 없다.'라는 말처럼, 대중을 통솔하기 위한 '위엄'도 배워서 되는 것은 아니다. 사람들이 그 사람의 위엄을 인정해 줄 때 위엄이 서게 된다.

어떨 때, 사람들이 지도자의 위엄을 인정해 주는가? 다산은 "위엄은 청렴에서 나오며"라고 하였다. 지도자가 청렴한 모습을 보일 때, 자신의 위엄을 획득할 수 있다. 청렴은 공명정대함이다. 공명정대함은 마음에 치우침이 없는 것이다. 지도자가 치우치지 않고 막힌 곳이 없을 때, 카리스마, 즉 위엄을 확보할 수 있다.

둘째, 지도자는 신용이 있어야 한다. 신용은 신뢰다. 지시와 명령만으로 사람을 다스리는 것은 한계가 있다. 지도자는 자신이 남으로부터 신용을 얻어야 하며, 그 자신 또한 다른 사람을 신뢰할 수 있어야 한다.

지도자가 사람을 배려하고 중시하며 사람들로부터 신뢰를 얻을 때, 구성원은 사명감과 열정을 품게 된다. 히딩크 감독은 지도자가 구성원을 신뢰하는 것이 중요함을 보여주었다. 한일 월드컵 직전까지만 해도 히딩크의 지도력은 많은 비판을 받았다. '5 : 0 감독'이라는 별명까지 얻었다. 하지만, 그런 상황에서도 히딩크는 선수들을 모아 놓고, "너희는 잘하고 있으니 흔들리지 마라. 너희의 체력은 대단히 뛰어나다."라고 선수들을 신뢰하고 자신감을 심어주었다. 이에 비해, 도중하차한 본프레레 감독은 선수들을 탓하고 책임을 전가하는 듯한 발언을 자주 했다. 그 차이는 크다. 신뢰하느냐의 여부가 지도력을 결정한다. 지도자는 신용이 생명이며, 신용이 자산이다.

사람을 통솔하는 능력은 다른 사람을 자기 생각대로 움직이게 하는 능력이다. 이와 같은 통솔력은 지도자의 인간적 크기와 깊이에 달려 있다. 인간적 크기를 위엄이라고 한다면, 인간적 깊이는 신용이라고 말할 수 있다. 사람을 통솔하는 리더십은 위엄과 신용, 즉 카리스마와 신뢰로 이루어진다. 위엄으로 기강을 바로 세우고, 신용으로 마음을 사로잡을 수 있는 지도자상, 즉 '신뢰성을 갖춘 카리스마'를 구현하는 것이 대중 통솔하기의 요건이라고 할 수 있다.

> 시동이 아직 미숙하고 부족하면 수령은 그를 격려하여 키워야 하며, 설령 잘못이 있더라도 가볍게 다스려야 한다.

대중 통솔하기에서 또 한 가지 강조한 것은 시동(侍童)을 대하는 태도다. 시동(侍童)은 심부름하는 아이다. 지도자가 통솔력을 발휘하는 과정에서 부족한 자, 미숙련자들은 벌 주기보다는 잘 어루만져 키워야 한다고 말한다.

이런 태도는 '피그말리온(pygmalion) 효과'와 관련이 깊다. '피그말리온'은 그리스 신화에 나오는 키프로스의 왕이다. 피그말리온 왕은 자신이 조각한 여인상이 너무 아름다워서 그 조각상과 사랑에 빠졌다. 조각상을 살아있는 여인처럼 대하자, 그것을 본 미(美)의 여신 아프로디테가 조각상 여인의 입술에 온기를 돌게 하여 살아있는 사람으로 바꾸어주었다는 이야기다. 즉, 피그말리온 효과는 강한 소망이 기적을 일으킨다는 의미로 사용된다.

칭찬, 인정, 긍정, 격려, 신뢰, 사랑, 믿음이 있는 곳에서 놀라운 교육 효과가 일어난다는 보고가 많이 있으며, 학생에 대한 교사의 기대감이나 확신이 강할수록 학생이 좋은 성과를 올린다는 것 등은 피그말리온 효과의 사례다. 피그말리온 효과는 긍정적 기대의 법칙이 극대화된 경우다.

따라서 지도자는 통치의 대상들에게 피그말리온이 되어 주어야 한다. 에디슨 회사에서 기술 책임자로 일한 헨리 포드가 '자동차 왕'이 된 것도 그의 피그말리온에 힘입은 바가 크다. "저기 있는 친구가 휘발유 자동차를 만든 사람이네."라는 말을 들은 에디슨은 그 친구, 포드를 자기 테이블로 오게 했다. 이런저런 질문을 하고, 그에 대한 포드의 대답을 들은 에디슨은 "계속 정진하게."라고 한 마디 했다. 포드는 그 날을 이렇게 회고한다. "그 날은 제 삶의 전환점이었지요. 제 마음의 우상이었던 분이 자신이 발명한 전기 자동차보다 제 휘발유 자동차가 더 훌륭하다는 것을 인정했으니까요. 에디슨이야말로 제 꿈을 실현시켜 준 일등 공신입니다." 에디슨의 기대가 포드의 삶을 바꾸었고, 포드는 현대식 자동차를 발명함으로써 사람들에게 엄청난 영향을 미치게 된 것이다.

사람은 무의식 중에 자신의 아이덴티티(identity ; 정체성)에 맞는 행동 자원을 계발하게 되는데, 자신을 무능한 사람이라고 생각하면 그런 행동 방식을, 자신을 승리자·능력자로 생각하면 또 그렇게 되는 경향이 있다. 학생뿐만 아니라, 부하 직원, 조직 구성원, 고객, 대중에 대해 품고 있는 기대감이 현실로 나타나는 경우가 많기 때문에, 능력 있는 지도자는 긍정적이고 적극적인 기대감을 가지고 대중을 대함으로써, 그들을 통솔하고 변화시킬 수 있는 것이다.

27 적재적소에 기용하기

용인(用人)

'용인(用人)' 이란 사람을 적재적소에 기용하는 것을 말한다. 99%를 맡겨 놓고 나머지 1%만 경영하는 것이 지도자의 임무라면, 그 1%는 곧 용인(用人)이라고 할 만큼 용인은 중요하다.

> 사람을 적재적소에 기용하는 것이 나라를 잘 다스리는 근본이다. 지역의 규모가 작더라도 사람을 기용하는 이치는 나라와 다를 바가 없다.

사람을 적재적소에 기용하는 용인(用人)의 능력 없이는 지도자로서 성공하기 힘들다. 그래서 지도자에게는 문맹(文盲)보다 '인맹(人盲)' 이 더 치명적이라고 말하며, 천하를 다스리는 근간은 사람을 잘 쓰는 데 있고, 그 외의 것들은 모두 말단지엽에 불과하다고 한다. 오늘날과 같이 다원화되고 분화된 사회에서는 다양한 재능과 소양을 지닌 사람들이 필요하기 때문에 용인(用人)이 더욱 중요하다.

"공자의 제자 중궁(仲弓)이 공자에게 나라를 통치하는 방법을 물었을 때, 공자는 '어진 사람을 기용하는 일에 힘쓰라.' 고 하였다. 다스림에 있어서 가장 중요한 것은 사람을 기용하는 일이다. 사람을 잘 기용해야,

소를 잡는 칼로 닭을 잡는 잘못을 범하지 않을 수 있다. 완평군 이원익(李元翼)이 안주의 목사로 있을 때, 그의 업적이 컸는데, 사람들이 통치의 비결을 물을 때마다 이원익은 이렇게 대답했다. '나는 지혜로운 사람 한 명을 잘 골라서 좌수로 삼고, 매사를 그와 상의하여 집행했을 뿐, 내가 크게 한 일은 없네.'"

> 마땅한 좌수를 구하지 못하면 일이 순리대로 처리되기 어렵다.
> 좌우 별감은 적임자를 구하여 정사를 그와 의논해야 한다.
> 풍헌과 약정은 그 자리에 적임자가 아니면, 수령은 발령장을 회수해야 한다.

용인(用人)에서 가장 중요한 것은 '적임자 채용'이다. 다산은 '마땅한 사람, 적임자'를 기용하라고 거듭 강조하고 있다. 맥스 디프리는 "뛰어난 리더십의 증거는 구성원으로 하여금 그들의 잠재력을 최대한 발휘하도록 적재적소에 사람을 기용하는 것이다."라고 하였다.

적임자 배치가 중요한 이유는 어떤 일을 가장 잘할 수 있는 사람은 따로 있기 때문이다. 한고조 유방과 한신의 이야기를 보자. 유방이 한신에게 "짐이 100만 대군을 지휘할 수 있다고 생각하시오?"라고 묻자, 한신은 주저하지 않고 "할 수 없습니다."라고 답했다. "그렇다면 10만은 가능하다고 보시오?" "그것도 불가합니다. 폐하께서는 1만이면 족합니다." "그럼 장군은 어느 정도의 병력을 이끌 수 있소?" "저에게는 10만이든, 100만이든 병력의 수가 문제될 게 없습니다. 많을수록 좋지요." 이 말에 유방이 심기가 불편해 있자, 한신이 말했다. "폐하, 저는 병사들을 통솔하는 데 적임자지만, 폐하께서는 장군들을 통솔하는 데 능하십니다."

용인술(用人術)은 건축 자재를 가지고 집을 짓는 것과 같다. 하나의 건물에 각양각색의 나무가 모두 필요하듯이, 다양한 사람들의 특성을 잘 분별해서 배치할 때 조직의 힘이 배가된다. 한 마리의 말은 보통 2톤을 끌고 갈 수 있는데, 2마리의 말을 최적(最適)의 상태로 배치하면 12톤까지 끌고 갈 수 있다고 한다. 이와 같은 시너지 효과(synergy effect), 즉 동반 상승 효과를 거두기 위해 적임자를 배치해야 하는 것이다.

적임자를 배치하기 위해서는 임무를 맡길 줄 알아야 한다. 세계 최고의 갑부인 빌 게이츠의 입에서 나온 가장 현명한 말은 "스티브 발머에게 CEO를 맡겨라(Let Ballmer be CEO)."는 말이었다고 한다. 빌 게이츠처럼 탁월한 인물도 다른 사람의 도움이 필요하다.

용인(用人)을 못하면 혼자서 다 하려고 한다. 이런 사람은 독단주의자이거나 완벽주의자이다. 완벽주의자는 적임자에게 일을 맡기지 못하고 혼자서 완벽하게 해내려고 하기 때문에, 완벽주의자 중에는 일 잘하는 사람이 없다고 한다. '경비견을 곁에 두고 당신이 짖지 말라.'는 말은 완벽주의자의 잘못을 꼬집은 말이며, 사장이 부장 일하고 부장이 대리 일하고 대리는 사원 일하면, 그 회사는 망한다고 하는데, 이 역시 용인(用人)에 능하지 못한 사람을 가리키는 말이다.

일을 맡길 때는 구성원의 기질을 잘 파악하고 장점이나 특기를 고려해야 한다. 장점이나 강점에 집중할 때 효율성이 극대화된다. '내일을 향해 쏴라'는 영화에서, 폴 뉴먼과 로버트 레드포드는 원래 정해진 배역을 맞바꿈으로써 대성공을 거두었는데, 서로 배역을 바꾸었을 때 자신들의 기질에 더 잘 맞았기 때문이었다.

용인(用人)이 구인(救人)보다 중요하다. 사람은 많은데 쓸 만한 사람이 없다고 탄식하는 사람은 구인(救人)하는 사람이다. 세상에 인재가 널려있다. 잘 닦아 쓰는 것, 즉 용인(用人)이 중요하다. 지도자에게는 모름지기 그런 눈이 필요하다.

> 아첨하는 자는 충성스럽지 못하며, 간하기를 좋아하는 자는 배반하지 않으니, 이 점에 유념해야 실수하지 않는다.

사람을 기용할 때 중요한 또 한 가지는 '간하는 사람을 중시하는 것'이다. '간(諫)하다, 간언(諫言)하다'는 웃어른이나 임금에게 잘못을 고치도록 조언하거나 충고하는 것을 말한다. '충언(忠言)은 역이(逆耳)이나 이어행(利於行)[충성스러운 말은 귀에 거슬리지만 행동에 이롭다.]'이라는 말이 있듯이, 간언하는 말은 귀에 듣기는 싫지만, 지도자의 처신에 보약처럼 이롭다.

"아첨하는 아전들은, 백성들이 물 끓듯 수령을 비방하는데도 '칭송의 소리가 고을에 자자합니다.'라고 하고, 수령이 당장 내쫓길 기미가 있음을 알면서도 '오래오래 권세를 누리실 테니 아무 염려 마십시오.'라고 한다. 그러다가 수령이 조사를 받게 되면 바로 어제까지도 코앞에서 떠받들던 그 자가 스스로 나서서 수령의 사소한 잘못까지도 꼬치꼬치 들추어내지만, 끝까지 수령을 감싸주고 덮어 주는 사람은 지난 날 듣기 싫은, 바른 말로 간언한 사람들이다. 수령은 이 점을 늘 생각해야 한다."

당 현종, 당 태종

훌륭한 지도자에게는 거의 예외없이 간언하는 사람이 있었음을 역사적 사례를 통해서 알 수 있다. 당나라에는 두 명의 탁월한 황제가 있었다. 한 사람은 당 현종인데, 현종에게는 한휴(韓休)라는 간언자가 있었다. 한휴가 너무나 거리낌없이 직언을 해대는 바람에 현종이 불편해 할 정도였다. 이런 정황을 아는 한 신하가, "한휴가 재상이 된 후로 폐하께서 무척 수척해지셨습니다."라고 하며, 은근히 한휴를 비방하자, 현종은 "한휴 덕분에 나는 야위었지만, 그 대신에 천하는 살찌지 않았는가."라고 말했다. 체중이 빠질 정도로 듣기 싫은 말도 옳은 말이므로 수용했기 때문에, 현종은 '개원의 치(治)'라는 전성기를 이루었다.

또 한 사람 당 태종은 '정관의 치(治)'를 이룬 황제다. 당 태종의 참모 중에서 특히 위징은 평생 동안 간언을 서슴지 않았는데, 한번은 위징이 상소문을 올렸다. "폐하께서는 과거에는 어질고 재능 있는 인재를 구했는데, 최근에는 조금만 듣기 싫은 말을 해도 인재를 멀리합니다. 폐하께서는 부디 그 근원을 살피소서." 상소문을 본 태종은 "신하가 군주에게 순종하기는 쉽지만, 군주를 거스르기는 어렵소. 그대는 항상 옳은 말로 나의 잘못을 바로잡게 하였소. 그대의 상소문을 읽고 병풍에 붙여 아침저녁으로 보고 있소."라고 말하였다.

당 태종은 신하들과의 문답을 기록한 '정관정요'에서 충언, 간언의 중요성을 여러 차례 강조하였다. '거울이 없으면 자신의 생김새를 볼 수 없듯이, 신하들의 간언이 없으면 정치적 득실에 관해 알 길이 없다.', '먹줄이 있으면 굽은 나무가 바르게 되고, 기술이 정교한 장인이 있으면 보옥(寶玉)을 얻을 수 있듯이, 시세(時勢)를 꿰뚫어보는 통찰력을 지닌 신하의 충언은 군주를 바로 서게 할 뿐만 아니라, 천하를 태평성대로 만들 수 있다.', '나는 간언하는 말이 내 생각과 일치하지 않아도 그가 나를 범하였다고는 생각지 않겠으니, 신하들은 자기의 생각을 진실 되게 밝히도록 하시오.' 등이 그 예이다. 당 태종은 신하의 충언의 바탕 위에서 탁월한 치적을 이루어 냄으로써, '참모에 굴하고 천하를 얻는다.'는 말의 증거가 되었다.

프랭클린 루즈벨트

미국 역사상 유일한 4선 대통령, 프랭클린 루즈벨트의 참모 중에 루즈벨트보다 10년 정도 연장자인 '하우'라는 사람이 있었다. 루즈벨트가 한 여인과 염문에 빠졌다가 부인에게 들통나자, 루즈벨트는 자신의 어머니의 만류에도 불구하고 이혼을 결심한 적이 있었는데, 하우가 그를 가로막았다. 하우는, 다섯 아이를 두고 있는 부인 엘리너와 이혼하는 것은 인륜적으로나 정치적으로나 끝장을 의미한다고 설득했다. 하우의 말을 듣고 루즈벨트는 마음을 바꿔먹게 되었다. 하우의 '노(no)'는 언제나 루즈벨트를 살리는 구원의 소리였다. 하우는 루즈벨트가 소아마비로 인해 정치 생명이 끝났다고 평가되는 상황에서도 변함없이 루즈벨트와 그의 아이들을 돌보고 격려하며 루즈벨트가 정치권에서 잊혀지지 않도록 끊임없이 노력을 기울였다. 훗날, 루즈벨트가 부인 엘리너에게 "아직도 나를 사랑하오?"라고 묻자, 엘리너는 "내가 당신의 다리만 사랑하는 줄 아세요?"라는 유명한 대답을 남긴 것을 보면, 하우의 판단이 옳았음이 분명하다.

그렇게 20여 년의 역경을 딛고 루즈벨트는 마침내 대통령에 당선되었다. 하우는 대통령 비서실장으로 일하며 루즈벨트와 함께 국가 대소사와 정책 방향에 대해 의견을 나누었는데, 하우가 주로 한 일은 비판자,

간언자의 역할이었다. 루즈벨트의 아이디어는 반드시 하우의 검토를 거쳐야만 했다. 하우는 있을 수 있는 모든 문제점을 조목조목 지적했고, 이 과정을 무사히 통과해야 하나의 의견으로 제시될 수 있었다.

하우가 질병으로 일선에서 물러나 세상을 떠나게 되자, 균형을 잡아주는 '노(no)'가 없어지게 되었고, 루즈벨트는 자신의 고집에 얽매이다가 심각한 국정 혼란을 야기한 적이 있었다. 군사자문회의에서 루즈벨트는 전투기 1만 대 제작안을 발표했는데, 하우가 있었다면 이 제안은 없었을 것이다. 이 실현 불가능한 제안에 대부분의 사람들은 무조건 동의했다. 그 때, 마샬이 "각하, 죄송하지만 저는 전혀 동의할 수 없습니다."라고 말했다. 마샬의 판단에는 이 계획이 지나치게 비현실적이었기 때문에 정직하게 자신의 의견을 밝힌 것이다.

격분한 루즈벨트는 회의장을 발로 차고 나갔고, 사람들은 마샬의 정치 생명은 이제 끝났다고 생각했다. 그러나 얼마 후, 루즈벨트는 수십 명의 고참 장성들을 물리치고 마샬을 육군참모총장으로 임명했다. 취임식 날, 마샬은 "각하, 앞으로도 종종 심기를 불편하게 하는 보고를 드릴 텐데, 그래도 괜찮겠습니까?"라고 했다.

간언한다는 것은 위기가 닥치기 전에 문제점을 조기에 발견하고 대책을 세운다는 뜻이다. 좋은 조직과 그렇지 않은 조직의 차이는 간언하는 풍토가 잘 이뤄져 있느냐의 여부에 달려 있다. 좋지 않은 조직일수록 최고 지도자가 기분 좋게 생각하는 정보만 전달되고, 나쁜 소식은 전달되지 않는 경우가 많다.

지도자의 주변에는 간언하는 사람이 충분히 있어야 한다. 있는 그대로 정직하게 말하는 것이 간하는 것이다. 하지만, 간언은 듣는 사람이나 말하는 사람이나 쉬운 일이 아니다.

진시황제의 뒤를 이어 2대 황제인 호해 황제가 즉위한 후, 진나라에서는 민란이 속출했다. 호해는 그것도 모르고 사치와 향락에 빠져 지내다가 조고의 반란군이 수도로 진격해 들어오고서야 사태의 심각성을 파악하게 되었다. 호해가 신하에게 "왜 이제야 내게 알려주었느냐?"라고 꾸짖자, 신하는 "그런 말씀을 드렸다면 제 목숨은 그 자리에서 없어졌을 것입니다."라고 했다.

칸트의 말처럼 '사람들이 간언하지 않는 것은 결국 자신의 삶을 편하게 만들기 위해서'이다. 충언(忠言)하는 것은 전쟁에서 선봉에 서는 것보다 더 어렵다는 말도 간언의 어려움을 말한 것이다. 따라서 지도자는 언제든지 간언할 수 있는 분위기를 마련해 주는 것이 중요하다.

28 인재 발탁·양성하기

> **거현(擧賢)**
> '거현(擧賢)'이란 어질고 현명한 인물, 훌륭한 사람을 천거한다는 뜻이다. 능력 있는 인물, 유능한 인재를 찾아내고 양성하는 것이 거현(擧賢)이다.

어질고 유능한 인물을 천거하는 것은 수령의 임무이니, 수령은 거현(擧賢)의 소임을 다해야 한다.
수령은 자기 지역의 훌륭한 인물을 덮어두어서는 안 된다. 그것은 상서롭지 않은 죄이니, 구석진 마을까지 샅샅이 살펴 능력과 행실이 출중한 사람을 천거하여 나라의 큰 일꾼으로 키워야 한다.

지도자는 사람을 세우고 키울 줄 알아야 한다. 곡식을 심는 일은 일년지계(一年之計)요, 나무를 심는 것은 십년지계(十年之計)며, 인재를 양성하는 것은 백년대계(百年大計)라는 말처럼, 장기적인 관점에서 인재를 양성해내야 나라의 앞길이 평탄하다.

"병조판서 남구만(南九萬)은 국경 지방을 순찰하고 돌아올 때면, 으레 인재를 찾아내서 조정에 추천했다. 대신(大臣)들이 인물을 발탁하고 천거하여 임금을 섬기고 나라에 봉사하는 것이 이와 같으니, 뜻 있는 수령 또한 어찌 이 일을 소홀히 할 수 있겠는가. 훌륭한 인물을 발굴하여 조정에 천거하는 일은 수령의 중요한 임무 중의 하나다."

다산은 훌륭한 인재를 덮어두는 것은 죄라고까지 말하였다.

"수령은 자기 지역의 훌륭한 인물을 덮어두어서는 안 된다. 그것은 상서롭지 않은 죄이니, 설령 천거하여 기용되지 않더라도 수령으로서의 임무를 소홀히 해서는 안 된다. 습관적으로 '그런 인재가 없습니다.' 하고 막연하게 지나쳐 버릴 일이 아니다. 구석진 마을까지 샅샅이 살펴 능력과 행실이 출중한 사람을 천거하여 나라의 큰 일꾼으로 키워야 한다."

인재가 이처럼 중요하기에, 인재를 모시기 위해서는 깍듯이 예의를 갖추라고 한다. 다산은 "자기 지역 내에 학문과 행실을 열심히 연마하는 선비가 있으면, 수령은 예의(禮義)를 갖춰 그를 방문하여 뜻을 북돋워 주어야 한다."라고 하였다. 유비가 삼고초려(三顧草廬)의 예를 치르고 제갈량이라는 인재를 얻은 것처럼, 인재를 모셔오기 위해서라면 어떤 희생과 대가도 능히 치를 수 있다는 뜻이다.

인재 전쟁 시대

오늘날에는 인재의 중요성이 더 커졌다. 바야흐로 '인재 전쟁(war for talent)' 시대라고 할 만큼, 탁월한 인재를 확보하는 것이 기관이나 조직의 경쟁력 향상에 절대적인 영향을 미치기 때문에, 인재 확보에 사활을 걸다시피 하고 있다.

마이크로소프트(MS)의 경우, 300명으로 구성된 인재 발굴팀이 사방팔방으로 뛰어다니며 발굴한다고 한다. '외진 구석 마을까지 샅샅이 살펴' 인재를 천거하는 것과 상통하는 자세다. 인종, 나이, 학력, 전공 등을 따지지 않고 전문 기술과 아이디어를 소지한 인재라면 물불을 가리지 않는다. 꼭 필요한 인재인데도 그를 데려오기 어려울 경우는, 그 사람이 소속된 회사 전체를 사들이기도 한다. 빌 게이츠회장이 기술 자문인 아눕 굽타를 영입하기 위해, 그가 다니는 회사를 통째로 인수해 버린 것은 그 예이다.

이런 일은 아무나 할 수 있는 일이 아니지만, 작은 조직체의 경우도 일 잘하는 사람이 얼마나 절실하게 필요한가는 조직의 지도자라면 누구나 경험하는 사실이다. 따라서 지도자는 자기 조직에서 필요한 사람을 교육 훈련시킬 수 있는 나름대로의 매뉴얼을 마련해 두는 것이 중요하다. 인재는 외부에서 채용 영입해 올 필요도 있지만, 조직 내에서 육성하는 것 또한 중요하기 때문이다.

하이얼의 장루이민은 '중국에 부족한 것은 인재가 아니라, 인재를 만들어내는 시스템' 이라고 진단하였다. 우리나라도 마찬가지일 것이다. '우리 조직에는 인재가 없어서 어렵습니다.' 라고 말하는 사람은 장루이민의 말에 의하면, 책임 회피하는 사람일 뿐이다. 유능한 지도자는 인재를 발탁하고 양성하고 유지시켜 나가면서 실적을 낸다. 히딩크는 자신이 선수를 발탁하고 훈련시켜서 4강까지 이루었다. 다른 사람이 만들어 놓은 선수들을 데려다가 실적을 낸 것이 아니다.

해리의 법칙

인재를 발탁하고 양성할 때 한 가지 유의해야 할 점이 있다. 자신보다 똑똑하고 능력이 뛰어난 사람을 채용하는 것을 꺼려해서는 안 된다는 점이다. 'A는 A-를 고용하고, A-는 B를 고용하고, B는 C를 고용한다.' 라는 '해리의 법칙(Harry's rule)' 이 있다. 자신보다 못한 사람을 고용하는 경향을 지적한 말이다. 특히 중간 지도자들은 자기보다 뛰어난 사람을 간부로 지명하는 사람이 많지 않다고 한다.

강철왕 카네기의 묘비에는 '자기보다 나은 사람을 부하로 삼고, 그와 더불어 일하는 길을 알고 있는 사람, 이곳에 잠자다.'라고 쓰여 있다고 한다. 자기보다 뛰어난 인재를 채용했다는 점이 묘비에 기록될 만한 업적이라고 할 수 있을 정도로, 그것이 어렵다는 것을 알 수 있다.

독창적인 광고로 유명한 영국의 광고인이자, 미국의 명예의 전당에 오른 최초의 외국인인 데이비드 오길비(Ogilvy David)는 '자신보다 작은 사람들만 고용하면 소인국이 될 것이며, 자신보다 더 큰 사람을 채용하면 거인국이 될 것'이라고 하였다.

TV 드라마 '불멸의 이순신'을 보면서도 비슷한 생각을 하게 된다. 선조가 이순신 같은 인재를 밀어주고 키워주지 못하고, 이순신이 백성의 지지를 더 많이 얻을까봐 전전긍긍하는 모습은 보는 사람으로 하여금 안타까움을 느끼게 한다. 선조가 '위에 있는 자는 아래에 있는 자의 재주와 겨뤄서는 안 된다.'라는 진실을 깨닫고 있었다면, 조선이 조금은 더 대인국의 풍모를 지닐 수 있었을 것이다.

29 물정 살피기

찰물(察物)

'찰물(察物)'이란 물정을 살핀다는 뜻이다. 여기서 물정(物情)이라 함은, 구성원들의 감추어진 상황이나 형편, 다수 대중들이 처해 있는 상황, 시대와 사회의 일반적인 경향이나 추세 등을 가리키는 말이다.

> 원래 임금은 얼굴의 두 눈과 두 귀만 가지고 보고 들어서는 안 되며, 마음의 눈과 마음의 귀를 통해서도 보고 들을 수 있어야 한다. 이처럼, 사방을 널리 보고 사방의 소리를 밝게 다 들어야 하는 것은 임금에게만 해당되는 일이 아니다. 수령의 직책은 실상 외로운 자리다. 홀로 자리를 지켜야 할 뿐, 모두가 수령을 속이고자 하는 자들이다. 한 지방의 수령이 아전들이나 군교들의 농간에 눈멀고 귀먹지 않기 위해서는 수령 또한 임금의 눈과 귀를 지녀야 한다.

종종 남들은 다 알고 있는데, 지도자 한 사람만 모르고 있는 경우가 있다. 시도사가 물정 살피기에서 실패하면 이런 일이 발생한다.

다산은 물정 살피기의 방법에 대해서도 구체적으로 제시하고 있다.

"항통(缿筩)은 백성들의 행동을 위축시키고 서로 의심하며 눈치를 살피게 하니, 결단코 행하여서는 안 된다. 구거(鉤鉅)의 방법 또한 속임수에 가까우니, 수령이 취할 바가 아니다."

　항통(缿筩)은 오늘날의 투서함과 같은 것이며, 구거(鉤鉅)는 함정을 파놓고 던지는 질문으로서, 일종의 유도 심문에 해당한다. 이런 방법들을 사용하지 말라고 한 것은 물정 살피기가 중요하긴 하지만, 그렇다고 야비한 방법을 사용해서는 안 된다는 것을 말한 것이다. 요즘 시각으로 보면, 다산은 인권의 중요성을 인식한 사람이라고 할 수 있다.

　다산이 권장한 방법은 설문조사와 같은 것이다. "해마다 정월 첫 날에 향교에 첩문(帖文)을 내려, 백성들의 고통이나 괴로운 사정을 낱낱이 진술하게 한다." 첩문은 관리들의 각종 농간이나 폐단 등을 기록하게 한 일종의 진술서다. 오늘날의 여론 조사, 설문 조사 등과 비슷하다고 할 수 있다. 이런 방법을 통해서 백성이 원하는 것을 어느 정도 파악할 수 있는 것이다.

고객의 소리

　물정을 살핀다는 것은 '대중의 소리에 귀 기울이는 것', 또는 '현장의 흐름에 민감하게 반응하는 것'을 뜻한다. 지도자는 현장의 상황을 환하게 내다봄으로써, 현장 속에 감추어진 소망이나 필요(needs)를 발견하고 이를 적극적으로 충족시켜 줄 수 있어야 한다. 현장을 떠난 지도자, 현장 상황에 둔감한 지도자는 이미 지도력의 상당 부분을 상실한 것이나 다름없다.

　기관이 민원 상담 창구를 강화하는 것이나 기업이 고객 자문 위원회를 설치하여 그들이 제공하는 정보에 근거하여 생산 및 마케팅 계획을 세우고, 제품을 구입한 고객에게 전화를 걸어 제품의 장단점 등을 청취하는 것도 물정 살피기의 한 예이다.

사무용품 전문매장 오피스 맥스(Office Max)의 대표인 마이클 퓨어의 4가지 경영 원칙 중 하나가 물정을 살피는 일이었다. 수신자 요금 부담 전화를 개설하여 고객의 불만을 항상 청취했으며, 접수된 불만 사항은 24시간 이내에 해결했고, 매장에서 고객들의 구매 행위를 관찰하면서 오피스 맥스의 어떤 점이 마음에 들고 불만스러운지를 물었다. 물건을 구입하지 않고 그냥 나가는 고객은 주차장까지 쫓아가 왜 그냥 나가는지 묻기도 했다고 한다. 그만큼 고객의 반응을 중시했다는 뜻이다.

제너럴모터스(GM)의 중흥기를 가져온 알프레드 슬론(Alfred Sloan)이 GM을 세계 제일의 자동차 메이커로 만든 힘도 물정 살피기에서 나왔다. 슬론은 3개월에 한 번씩 행방을 알리지 않고 디트로이트에서 사라졌다. 1주일 동안, 각 지역의 판매 대리점에서 이틀씩 영업 사원이나 서비스맨의 조수로 일했다. 다음 주 월요일, 본사로 돌아와서 그가 체험한 고객의 요구와 행동 변화 등을 적은 메모를 직원들이 돌려보도록 했다.

현장 경영

현장의 소리라면 작은 것도 놓치지 않기 위해, 마치 맥박을 짚는 자세로 모든 촉각을 기울이는 것이 물정 살피기의 요체다.

중국 저장성 남부에 있는 도시인 온주(溫州 ; 원저우)의 상인들은 동양의 유태인이라 불릴 정도로 상술(商術)의 귀재다. 이들 온주 상인들의 활동 범위는 중국 전역을 넘어서서 '하늘 아래 시장 아닌 곳 없다.'는 말을 실감하게 할 만큼 전세계 구석구석까지 확산되어 있다. 이들의 상술의 비결은 시장 수요에 따라 민첩하게 움직이는 빠른 대응이다. 온주인들은 현실의 흐름을 정확하게 파악해서 재빨리 결정을 내리고, 그것을 실천에 옮기는 특이한 재주로 세계 시장을 주름잡고 있는 것이다. 이 역시 물정 살피기에 능한 결과다.

물정 살피기를 특히 중시하는 경영 방식이 '현장 경영'이다. 현장은 작업의 현장, 반응의 현장, 흐름의 현장으로서의 의미가 있다. 작업의 현장에서는 직원이, 반응의 현장에서는 고객이나 대중이 중심이 된다.

도요타 자동차는 '현장(現場)에 갈 것, 현물(現物)을 알 것, 현실(現實) 적일 것'의 '3현주의(三現主義)'를 중시한다. 현장을 떠나서는 아무것도 이루어지지 않는다는 현장 경영을 집약한 말이다. 현대 자동차 정몽구 회장의 '3현주의'도 있다. '현장에서 보고 배우고, 현장에서 느끼고, 현장에서 해결한 뒤 확인한다.'는 것이 그것이다. 이 밖에도 많은 지도자들이 '현장 제일주의'를 좌우명으로 삼고 있다.

지도자는 일과 중 적어도 30분 이상은 주변 환경이 어떻게 돌아가는지 관찰하는 데 사용해야 한다. 눈앞의 상황에 일희일비하거나 단편적인 평가를 하기보다는 전반적인 흐름을 파악하고 예측하는 것이 중요하기 때문이다.

특히, 오늘날과 같은 변화의 시대에서는 지도자의 현장 감각이 중요하다. 현장에 정보가 담겨 있기 때문이다. 시장이 확대되어 가는 고도 성장기에는 책상에 앉아서 지시하기만 해도 사업을 무난히 꾸려나갈 수 있었지만, 오늘날에는 지도자가 눈으로 보고, 귀로 듣고, 머리로 판단하고, 말로 표현하지 않으면 경쟁에서 도태될 위험성이 크다. 행정 조직의 경우도 마찬가지다. 현장을 중시할 때 민원을 정확하게 파악할 수 있다.

30 공적 평가하기

고공(考功)

'고공(考功)'이란 아전들의 공적을 평가한다는 뜻이다. 요즘처럼 치열한 경쟁 시대에서 고과(考課) 평가는 중요하다. 평가가 잘 되어야 혁신과 발전을 이룰 수 있기 때문이다.

> 아전들이 행한 업무에 대해서는 반드시 그 공적을 평가해야 한다. 공적을 평가하지 않으면 백성을 올바르게 이끌 수가 없다. 해마다 연말에 공적을 평가하여 상을 주는 것이 좋은 방법이다.

평가가 반드시 필요한 것인가 하고 반문하는 사람들에게, 다산은 반드시 평가해야 한다고 잘라 말하고 있다. 평가는 '숙제를 내주었으면 반드시 검사하라.'는 학습 지도 원칙과 비슷한 원리다.

" '관리는 행한 업적으로써 백성을 얻는다.'라고 했듯이, 사람을 다스리는 법도는 오직 '권(勸)'과 '징(徵)'의 두 가지에 있는 것이다. 공(功)이 있을 때 상(賞)이 있어야 권함이 있는 것이며, 잘못이 있을 때 벌이 있어야 징계함이 있는 것이다. 권함도 징계함도 없으면, 사람의 마음이 해이해지고 매사가 어그러지게 되니, 이것은 관리와 아전들을 다스리는 경우에도 마찬가지다."

평가의 방법은 다양하지만, 다산이 제시한 방법은 오늘날 많은 조직에서 실시하는 연말 평가 방식과 비슷하다.

"잘못은 그때그때 시정하게 하되, 공(功)은 연말에 종합하여 9등급으로 나누어 상(上)의 세 등급은 신년 초 인사 발령 때 중요한 직책을 주고, 중(中)의 세 등급은 상을 주되 약간의 차이를 두어 행하고, 하(下)의 세 등급은 1년 동안 직책을 주지 않음으로써 각성하게 하면, 공적을 장려하는 데 효과가 있을 것이다."

요즘 대기업에서 실시하고 있는 '5% 룰'은 연말 평가 방식의 한 예이다. 5% 룰이란, 분기별 평가를 연말에 종합하여, 하위 5%에 속하는 사람을 퇴직시키고, 반면에 상위 5%의 우수 사원에 대해서는 파격적인 대우를 해 주는 것을 골격으로 하는 제도다.

평가에는 보상 아니면, 징계가 따르는 것이 대부분이다. 징계 중에서 가장 무거운 것이 퇴출이라면, 보상 중에서 가장 효과적인 것은 물질적 보상이다.

IBM의 루 거스너 회장도 평가와 보상을 통해 기업에 새바람을 일으켰다. 1980년대까지만 해도 IBM의 직원은 비즈니스 엘리트로서 우수함의 상징이었고, 해고당한다는 것은 상상조차 할 수 없었다. 거스너 회장은 이와 같은 견고한 전통에 아랑곳하지 않고 부단한 자기 갱신을 촉구하며, 성공 의욕이 없는 사람, 과거의 성공에 지나치게 안주하며 고객보다는 자신의 양복에 더 많은 신경을 쓰는 직원들을 인정사정 보지 않고 해고하였다. 자신의 동생들까지 가차없이 해고했다. '한 번 크게 얻어맞는 것이 떨어지는 물방울을 계속 맞고 있는 것보다는 덜 고통스럽다.'는 명분으로, 거스너의 해고는 워낙 빠르게 진행되었기 때문에, 당사자들이 당황할 틈이 없을 정도였다고 한다. 그리고 나서 성과에 대한 보상 체계를 도입하여, 능력 있는 직원에게 큰 폭의 실적 보너스를 지급하였다. 이것이 경쟁에서 승리하는 데 주효하였다.

요즘의 대부분의 조직은 상여금, 성과급 제도를 비롯한 다양한 물질적 보상책을 마련하여 독려하고 있으며, 그런 방법으로 큰 실적을 내고 있다. 그러나 물질적 보상이 전부는 아니다. 위로하고 격려하고 칭찬하는 것이 때로는 더 큰 동기 부여가 된다. 심리학자 제스 레어는 '칭찬은 인간의 정신에 비치는 따뜻한 햇볕 같아서 인간은 칭찬 없이는 자랄 수도, 꽃을 피울 수도 없다.'라고 하여 칭찬에 인색하지 말도록 조언하였다. 물론, 진심 어린 칭찬이어야 한다. 무성의한 싸구려 칭찬에는 감동이 없다.

잘했을 때 칭찬이 필요한 것처럼, 잘못했을 때는 질책도 필요하다. 질책의 방법도 다양하다. GM이 적자 상태였을 때, CEO는 흑자로 전환할 때까지 모든 임원들이 오른손 손목에 시계를 차도록 하는 재미있는 질책 방법을 사용하였다. 흑자로 돌아선 후에도 수익을 제대로 내지 못하는 부서의 임원은 계속해서 오른손에 시계를 차고 있게 했다고 한다. 이런 상징적 행위는 실적 향상에 대한 지도자의 강한 의지를 전달하는 평가 방식의 일종이라고 할 수 있다.

정확한 평가

소식은 측성할 수 없으면 관리할 수 없다. 성확한 측정 시스템이 마련되어 있어야 조직이 정상적으로 기능하고 있는지 확인할 수 있다. 평가에서 가장 중요한 것은 정확성이다.

정확한 평가를 위해 '다면(多面) 평가' 방법이 사용되고 있다. 다면 평가는 지도자가 부하를 일방적으로 평가하는 것이 아니라, 상사, 동료, 부하가 상호 평가하는 시스템이다. 때로는 고객도 평가에 참여한다. 인사의 공정성과 객관성을 확보하기 위해 평가 주체를 다각화하는 인사평가 제도다.

실패한 일을 평가할 때는 좀더 세심한 주의가 필요하다. 겉으로 드러난 부정적 결과만을 보고 실패로 규정할 수 없는 경우가 있기 때문이다.

존슨앤드존슨의 최고 경영자인 제임스 버크는 '기꺼이 실패한다.'는 것을 회사의 모토 중의 하나로 삼고 있다. 새로운 아이디어를 탐색하고 다른 사람이 미처 관심을 갖지 못한 부분을 개척하는 과정에서 필연적으로 실패가 있을 수 있음을 인정한다는 뜻이다.

IBM의 토마스 왓슨은, 한 임원이 모험적인 사업을 벌여 1천만 달러 이상의 커다란 손실을 냈을 때, 그 임원을 불렀다. 불려온 임원이 즉시 "사표를 제출하겠습니다."라고 말하자, 왓슨은 "자네, 나한테 농담하는 건가? 우리는 자네를 교육시키는 데 1천만 달러를 투자했네."라고 했다. 뛰어난 지도자가 되기 위해서는 실패를 평가하는 능력도 뛰어나야 한다.

평가의 기본 원칙은 '신상필벌(信賞必罰 ; 상 줄 만한 사람에게 상을 주고 벌 줄 만한 사람에게 벌 준다.)'이지만, 신상필벌(信賞必罰)보다 더 좋은 것이 '신상필상(信賞必賞)'이다. 신상필상이란 '성공한 실패'에도 상을 주는 방식이다. 최선을 다해서 노력했다면 당장 실적이 부족하더라도 성과급을 지급하는 것이 신상필상의 방식이다. 버크나 왓슨도 신상필상을 방침으로 삼은 지도자들이다.

제6편

경제 문제

호전육조 | 戶典六條

'호전(戶典) 육조'는 경제의 기본적인 문제 여섯 가지를 대상으로 하고 있다. 경제 문제는 지도자가 해결해야 할 가장 절박한 문제라고 할 수 있다. 경제 문제는 생존의 문제이기 때문에, 동서고금을 통해서 가장 중시되어 온 과제다. 다산 당시의 조선 사회도 호전(戶典) 문제로 인한 백성의 고통이 이만저만이 아니었다. 지도자는 백성의 민생을 책임진 사람이므로, 지도자가 나서서 이런 고통을 해결해야 주어야 한다. 오늘날 각국의 지도자를 선출하는 선거 이슈에서도 경제 문제는 늘 주된 논쟁의 대상이다. 경제 문제에 대한 식견과 대안을 인정받지 못하면 지도자로 선택받기 어렵다.

31 토지 제도 바르게 하기

> **전정(田政)**
> '전정(田政)'은 토지 정책이다. 토지에 세금을 부과하여 징수하는 정책이 전정(田政)이다. 오늘날의 상황에서는 토지와 관련된 부동산 정책이 전정(田政)이라고 할 수 있다.

> 수령의 직무 54조 중에서 전정(田政)이 가장 어려운 이유는 우리나라의 토지법이 처음부터 제대로 갖추어지지 않았기 때문이다.

유구한 인간 삶의 역사에서 토지, 땅만큼 사람들의 이해관계가 첨예하게 얽혀 온 것은 없다. 그만큼 토지는 중요하고, 토지 문제는 어렵다. 토지 제도가 문란해지면 나라 경제가 위태로워지고 심지어 나라의 존립마저 불안정해지기 때문에 토지 정책이 중요하다.

오늘날 우리나라의 땅 문제의 심각성은 땅 소유의 극심한 편중에서 비롯된다. 전국 토지 소유 현황 조사 결과, 소수의 사람이 전체 땅의 절반 가량을 소유하고 있는 것으로 나타났다. 일반 사람들은 토지 문제보다는 주택 문제에 대해 보다 더 예민한 관심을 가지지만, 토지 소유의 양극화도 그에 못지않게 심각하다. 토지는 개발 정책과 맞물릴 경우에는 순식간에 2-3배가 폭등하기 때문에, 소수의 땅부자들이 막대한 이익을 얻음으로써 빈부 격차를 더욱 심화시키기 때문이다.

2005년, '8.31 종합부동산 대책'이 발표되었지만, 제도나 정책은 근본이 중요하다. 근본은 그대로 놔두고 곁가지만 쳐내면 결국은 원래의 모습으로 돌아가고 만다. 토지에 대한 근본적인 인식이 어떻게 변화되어야 할까?

토지는 영원한 주인이 없고 잠깐 사이에 주인이 바뀌는 것이다.

토지는 영원한 주인이 없다는 것은 너무나도 당연한 말이지만, 실제로는 이 말을 당연하게 생각하지 않는다. 다른 사물들은 완벽한 소유가 가능하지만, 토지는 그렇지 않다. 땅에 대한 인식이 변화되어야 한다는 것은 이 점이다. 법적으로는 토지 소유권이 있지만, 사실은 점유하고 이용할 수 있는 권리일 뿐이다. 인간이 토지에 대해 할 수 있는 일은 기껏해야 땅의 표피나 벗겨내는 정도다. 땅의 단 한 뼘도 이동시키거나 처분할 수 없다.

인간은 유한하지만, 땅은 오래오래 거기에 그대로 존재한다. 유한한 존재가 영원한 대상에 대해 '내 소유물'이라고 말하는 것은 좀 어울리지 않는 일이다. 영화 '바람과 함께 사라지다'에서 여주인공 스칼렛 오하라가 두 손에 흙덩이를 움켜쥐고 주저앉아 "세상에서 한 가지 중요한 게 있다면 그건 바로 땅이다. 왜냐하면 땅은 영원하니까."라고 독백하는 장면이 있는데, 이 말이 딱 맞는 말이다. 땅은 영원하고 인간이 소유할 수 있는 땅이란 두 손에 움켜쥘 수 있는 흙덩이 정도밖에 안 된다.

토지공개념

다산이 토지는 영원한 주인이 없다고 말한 것은 토지는 다른 사유 재산과는 달리 완전한 사유 재산이 될 수 없다는 것으로 이해할 수 있다. 다산의 말에 근거해서 생각해 볼 수 있는 토지 문제의 근본 대책으로는 '토지공개념'이 있다.

토지공개념이란 토지의 소유권은 인정하지만, 소유권을 구성하는 중심 요소인 '이용권, 수익권, 처분권'을 국가가 관리하는 제도다. 토지의 공공성이 강조된 개념이다.

토지공개념은 국가 이익이나 국민의 공공 복리를 위해 개인의 토지 소유권에 제한을 가할 수 있게 되므로, 헌법에 보장된 재산권 침해 문제가 발생할 수 있다는 문제점이 있지만, 토지로 인해 발생하는 숱한 폐단을 근본적으로 해결하기 위해서는 토지의 공공성을 인정해야 한다.

경실련과 17개 시민 단체가 참여한 '토지정의시민연대'는 '토지의 독점을 유인하고 방조하는 제도가 열심히 일한 대다수의 노동자들뿐만 아니라, 토지 확보가 어려운 기업인들을 압박해 빈부 격차, 실업, 터무니없이 높은 주택 가격의 가장 큰 원인'이라며 토지공개념의 도입을 주장하고 있다.

물론, 토지공개념 제도만으로 모든 것이 해결되지는 않는다. 제도와 함께 도덕성도 필요하다.

고려 말, 토지 개혁 문제를 놓고 벌인 '조준과 이색의 논쟁'은 유명하다. 개혁가인 조준은 문란해진 토지 제도를 바로잡기 위해서는 제도를 바꿔야 한다고 주장했다. 그러나 이색은 새로운 제도를 만들 필요 없이 관리들의 도덕성이 회복되면 문제가 해결될 것이라고 주장했다. 당시 조준의 전제개혁론(田制改革論)은 위화도 회군 이후, 실권을 장악한 이성계, 정도전 등 신흥 세력의 개혁을 대변하고, 고려 왕조를 지탱하는 구세력의 기반을 무너뜨리기 위한 목적이 있었기 때문에, 이색, 이숭인 등 고려 왕실 수호 세력의 반발에 부딪혀 발생한 논쟁의 성격을 띠고 있다.

강원도 태백에 예수원을 설립한 대천덕 신부(R.A Torrey, 토레이)는, 한국인이 한국을 사랑하는 것보다도 더 한국을 사랑한 사람일 것이다. 어떠한 편견도 없이 진정으로 한국과 한국인을 사랑한 대천덕 신부가 한국의 미래를 위해 가장 중요하다고 생각한 것 한 가지가 바로 토지 문제다. 토지 정의가 실현되기만 하면 한국은 전세계 어느 나라에도 뒤지지 않는 놀라운 번영을 이룰 것이라고 말했다.

오늘날 토지공개념을 주장하는 것은 과거의 조준·이색 논쟁과 같은 세력 싸움이 아니다. 토지공개념을 주장하면, 마치 못 가진 자들이 가진 자의 것을 침해한다는 인상을 갖게 되고, 그래서 기득권층과 개혁 세력의 대립으로 보는 경향이 있지만, 오늘날 토지 문제의 심각성은 그런 세력 싸움 차원이 아니라, 장기적으로 보면, 공존공생(共存共生)이냐 공도동망(共倒同亡)이냐를 선택하는 갈림길이다.

32 세금 투명하게 징수하기

> **세법(稅法)**
> 세법(稅法)'은 조세를 부과하고 징수하는 제반 업무를 뜻한다.

> 농지 제도가 문란하므로 세법(稅法) 또한 문란하다. 토지와 농작물 세금에서 손실되는 것이 많으므로 국가의 세입(稅入)이 얼마 되지 않는다.
> 서원(書員 ; 세금 기록원)이 들판으로 조사를 나갈 때, 수령이 그를 불러서 부드러운 말로 타이르기도 하고, 위엄 있는 말로 겁을 주기도 하여, 수령의 간절한 성의가 전해진다면 도움이 될 것이다.

다산은 국가의 세입 손실이 생기는 이유는 세금 징수자의 부정과 부패 때문이라고 보고 있다. 세금을 징수하는 아전이 거짓 없이, 투명하게, 정직하게 세금을 부과하고 징수해야 함을 누누이 강조하고 있다.

관리의 세금 부정 방지에 탁월한 업적을 남긴 사람으로는 청나라의 옹정제가 있다. 옹정제가 세금과 관련된 탐관오리의 비리를 척결한 일에 대해, 중국의 한 역사학자는 '옹정 황제가 관료 사회를 개혁하여 기강을 바로 잡고 부정부패를 척결한 업적은 천 년에 한번 있을 만한 쾌거였다.'고 평가했다. 옹정제의 아들, 건륭제도 아버지의 뜻을 그대로 이어받아 부정한 관리를 엄하게 다스렸다. 세금 횡령이나 착복으로 인해 사형을 당한 고위 관리가 강희제 때는 4명, 옹정제 때는 2명이었는데, 건륭제 때는 47명에 달했다고 한다.

건륭제는 부패 관리들을 극도로 혐오해서, 감형된 사람 중에 부패 관리가 끼어 있는 것을 알게 되면, 너무 화가 나서 손을 부르르 떨며 그 즉시 사형을 명하고, 감형을 결정한 관리까지도 엄격하게 처벌하였다고 한다. 이쯤 되면 나라가 공포 분위기일 것 같지만, 그렇지 않다. 청나라 300년 중에 강희에서 옹정, 건륭에 이르기까지 130년이 '강희, 건륭의 전성기'라 칭하는 번영 기간이다.

우리나라도 심각한 세입 부족 현상을 겪은 바가 있다. 정부는 세수(稅收) 부족의 주요 원인으로 경기 침체와 환율 하락을 들고 있지만, 이것 못지 않게 중요한 것이 세무 관련자들의 도덕성이다. 세금 징수자와 납부자 모두의 도덕성이 요구된다. 다산 당시에는 세금 담당자인 아전들의 정직성이 중요했지만, 요즘은 세금 납부자들의 정직성 또한 요구된다.

투명한 회계 운영

정직한 조직 운영은 투명한 회계에서부터 시작된다. 세무와 재정의 투명성을 확보할 수 있는 다양한 방법늘을 강구하고 있지만, 세부 관리를 단 한 방에 완벽하게 해결할 수 있는 비결은 존재하지 않는다고 한다. 세금 내라는 대로 다 내다가는 사업 못한다는 불평이 생기지 않게, 먼저 제도를 현실적이고 자연스럽게 정비할 필요가 있으며, 이와 함께 도덕성도 요구된다. 어떤 회계 기법도 도덕적 해이를 극복할 수 없다는 말이 있듯이, 아무리 법을 정밀하게 만들어도 어떻게든 그것을 빠져나갈 구멍을 찾아내는 것이 인간의 머리이기 때문이다.

요즘은 재무 관련 정보를 모든 조직원들에게 공개하는 '투명 경영'을 실천하는 조직들도 있다. 사내 네트워크를 통해서 직원 누구나 재무 구조를 열람할 수 있게 한다. 자신들의 수고로 벌어들인 돈이 어디에, 어떻게 쓰이는지 알고, 서로 믿으며 열심히 일하자는 취지로 공개한 것이다.

다산이 세법(稅法)에서 강조한 또 한 가지는 백성들의 원망이 없게 해야 한다는 점이다. 세금은 공평하게 부과되어야 원망이 생기지 않는다. 고액소득자는 많은 세금을 내고, 가난한 사람은 세금을 적게 내거나 면제받는 것이 세법(稅法)에서의 '공평(公平)'이다. 따라서 세금이 공평하기 위해서는 직접세 비율이 간접세보다 더 높아야 하는데, 우리나라는 다른 선진국에 비해서 간접세 비율이 월등히 높다.

간접세는 주세(酒稅), 인지세, 전화세 등과 같이 납세의무자와 조세부담자가 다른 조세다. 간접세는 조세 저항이 적고 조세 수입의 확보가 용이하다는 점 때문에 개발도상국에서 선호하는 세금 부과 방식이다. 그러나 간접세는 개인의 형편이나 누진세율(累進稅率)을 적용하지 못하기 때문에, 소득이 적은 자에게 상대적으로 높은 조세부담률이 되는 역진성(逆進性)을 띠게 되어, 조세 공평 부담의 원칙에 어긋난다는 비판을 받는다.

33 대출 제도 운용하기

곡부(穀簿)
'곡부(穀簿)'는 곡물 장부라는 뜻으로, 환곡을 관리하는 일을 가리킨다. 어려울 때 빌려주고 훗날 이자를 붙여 갚는다는 점에서 오늘날의 대출 제도와 유사하다고 할 수 있다.

> 환곡은 춘궁기에 곡식을 대여하고 가을에 약간의 이자를 붙여 거두어들이는 사창(社倉)이 변형된 것으로서, 어찌 백성들을 수탈하기 위해 이 법을 세웠을까마는, 이제 와서는 백성들의 뼈에 사무치는 병이 되고 말았다.

환곡(還穀)이란, 봄에 굶주리는 백성에게 곡식을 꾸어주고, 가을에 추수할 때 적당한 이자를 붙여 갚도록 한 구휼 제도이다. 이 제도는 고구려에서 고국천왕이 진대법(賑貸法)이라는 이름으로 맨 처음 시행하였으며, 고려에서 의창(義倉)으로 계승되었고, 조선 시대에 환곡으로 제도화되었다.

애초의 취지대로 원활하게 시행되지는 못했으며, 특히 임진왜란·병자호란으로 국가 재정이 어려워지자 환곡의 원래 기능인 빈민 구제보다는 관청의 재정 확보 수단으로 이용되면서 탐관오리에 의해 각종 폐단이 발생하였다.

"환곡을 만든 의도는 백성을 먹여 살림과 동시에 나라의 경비를 보충하기 위해서였는데, 오늘에 이르러서는 폐단이 쌓이고 문란함이 거듭되어 원래 취지에서 크게 벗어나게 되었으니, 환곡이 나라의 경비로 충당되는 것은 10분의 1에 불과하고, 10분의 9는 수령이나 아전들이 착복하고 있는 실정이다."

백성들의 뜻과 상관없이 일방적으로 곡식을 대여하기도 했고, 빌려주는 곡식에는 모래나 겨를 잔뜩 섞어 주고 갚을 때는 흰쌀로 받기도 했으며, 빌린 곡식을 제때에 갚지 못하면 그 집의 딸이나 소를 가져가 버리기도 하는 등 그 횡포가 너무도 극심했다.

다산은 이와 같은 환곡의 폐해를 가리켜, 뼈에 사무치는 병이라고 말하고 있는데, 대표적인 예를 하나 보자.

"분석(分石)은 이전부터 써오던 방법이다. 내가 강진에 유배됐을 때 처음에 주막집에 머문 적이 있었는데, 주막집 아낙네가 쌀에서 나온 겨와 쭉정이를 버리지 않고 모아 두는 것을 보았다. 내가 어디에 쓰려고 그것을 보관하느냐고 묻자, 아낙은 '새삼스럽게 그걸 몰라서 묻습니까?' 라고 말하며 실쭉실쭉 웃어댔다. 그런가 하면, 담당 아전들이 마을을 돌아다니면서 돼지에게 먹일 것이라며 겨를 있는 대로 사들인다는 소문이 있었는데, 이것 역시 분석(分石)에 쓰기 위한 것이었다. 아전들이 백성으로부터 거둬들일 때는 깨끗한 곡식을 받아 창고에 보관하지만, 밤에 몰래 창고에 들어가 곡식에 겨와 쭉정이를 반반씩 섞어서 2배로 불린 다음, 나머지 절반의 곡식은 자기 집으로 가져가는데, 이것을 가리켜 분석(分石)이라고 한다."

오늘날에는 이런 정도까지 터무니없는 일은 없겠지만, 환곡의 폐단이 전혀 없다고는 할 수 없다.

대출 제도

경제적으로 어려운 시기에 빌려 주고 적당한 이자를 붙여 훗날 갚게 한다는 점에서, 오늘날의 대출이 조선 시대의 환곡과 비슷하다.

대출로 인한 문제도 작지 않다. 이유야 어찌 됐든, 우리나라 경제 활동 인구의 5분의 1에 가까운 500만 명 정도가 신용불량자라는 사실은 대출의 폐단이 크다는 것을 말해 주는 것이다.

'경국대전'에는 '사채(私債) 이자를 지나치게 받는 자는 장(杖) 80대에 처한다.'고 했다. 하지만, 오늘날은 이자를 지나치게 받아내는 사람에게 장(杖) 80대를 때리지 않는 세상이다. 오히려 이자를 갚지 못하는 자가 장(杖) 80대에 처하는 세상이다. 신용불량자가 바로 장(杖) 80대에 처해진 사람들이다. 그 중에는 의도적인 신용불량자, 말하자면 진짜 신용불량자도 섞여 있겠지만, 최선을 다해 살아 보고자 하는데도 정말로 힘들고 어려운 지경에 이르러 신용불량자가 되었다면, 그저 절차가 합법적이라는 이유로, 그 사람의 무능에 모든 책임을 돌릴 수만은 없는 일이다.

34 인구 해결책 마련하기

호적(戶籍)

'호적(戶籍)'은 인구 실태 파악 업무이다.

> 호적은 부역과 요역을 부과하는 근원이므로, 호적이 바르게 정리되지 않고는 부역 또한 올바르게 부과될 수 없다.

호적은 부역의 부과와 밀접한 관련이 있었기 때문에 그로 인한 폐단도 무척 심했다. 다산은 "수십 년 동안 수령이 나랏일을 제대로 돌보지 않아, 아전들의 횡포와 문란함이 심각한 지경에 이르렀는데, 호적 또한 그 중의 하나다."라고 말하고 있다. 한 예를 보자.

"호적을 정리하는 해가 돌아오면, 호적 담당 아전이 마을에 공문을 보내 그 마을에 10호를 늘리겠다고 일방적으로 통고한다. 그러면 추호(酋豪)라는 마을 어른이 사람들을 모아 놓고 의논하기를 '우리 마을에 10호를 늘리게 되면, 민고와 사창으로 인한 부담이 너무 커지게 되오. 10호의 1년 부담이 100냥이며, 3년이면 300냥이나 될 것이오. 만약 이 액수의 1/3 정도를 들여서 10호가 늘어나는 것을 막을 수만 있다면 서로가 좋지 않겠소?'라고 말한다. 그러면 동네 사람들은 한결같이 '그야 이를 말입니까? 모두 어른께 맡기겠습니다. 우리는 가서 돈을 모을 것이니, 일이나 성사시켜 주십시오.'라고 한다. 그렇게 해서 100냥을 만들어오면 추호는 20냥은 자기가 가로채고, 80냥을 담당 아전에게 뇌물로 주어 10호 중 5호만 줄여 달라고 한다. 애초에 마을 사람들에게는 10호를 모두 줄이겠다고 하고서는 이런 식으로 처리하고 마니, 부담은 부담대로 지게 되고, 나머지 5호는 다른 마을로 떠넘겨 그 마을도 한바탕 고통을 겪게 된다."

고령화, 저출산

오늘날의 호적(戶籍) 업무는 과거보다 더 중요해졌다. 자원 배분과 산업 정책 수립을 위해서 인구 요인이 중요하다. 인구 문제와 관련된 가장 큰 문제는 '고령화'와 '저출산'이다. 이 둘은 본질적으로 동일한 연장선상에 있는 문제이기도 하다.

인구 전문가들은 '인구 고령화'가 야기할 사회적 충격은 천재지변(天災地變)에 가까울 것이라고 말한다. 고령화를 '지구 온난화'에 비유하면서, 서서히 진행되지만 어느 시점을 넘어서게 되면 통제 불가능한 재앙이 될 것이라고 예견한다. 고령자의 삶을 유지할 수 있는 사회 시스템이 부재하기 때문이다. 고령화에 대한 거의 유일한 대책이 연금 제도인데, 이런 연금 제도가 노동 가능 인구와 고령 인구의 불균형으로 인해 위기를 맞고 있다.

고령화는 인구 감소와 관련이 있다. 고령화를 부채질하는 것이 '출산률 하락'이다. 갈수록 자원 확보 경쟁이 치열하다 보니 출산을 기피하는 경향이 심해지고 있다. 1960년대 우리나라 여성들의 평균 자녀수는 1명당 6.0명이었던 것이 현재는 1.17명으로 세계 최저 수준이다. 한 나라의 인구가 현상을 유지하기 위해서는 출산율이 2.1명은 되어야 하는데, 우리나라는 이에 미치지 못하고 있다.

출산율 하락은 자녀 양육 부담에 따른 부부 사이의 합의로 인한 현상이기 때문에 아이를 낳도록 강요할 수만은 없지만, 반강제적으로 출산을 장려한 나라도 있다. 1960년대 중반 루마니아의 경우, 아이 안 낳는 젊은 여성들에게 세금을 부과했다. 공산당 서기장 차우셰스쿠는 '태아는 사회의 재산', '아이를 낳지 않는 사람은 국가의 영속성에 반기를 드는 배신자'라는 구호 아래, 낙태와 피임은 물론 성교육까지 금지시켰으며, 일명 '월경(月經) 경찰'로 불리는 공무원들이 직장을 돌아다니며 여성들의 임신 검사를 해서, 임신에 두세 번 실패하면 '금욕세(禁慾稅)'를 부과했다. 결국, 중산·서민층이 세금 부담을 피하기 위해 분발한 결과, 이 나라의 출산율은 1년만에 2배로 증가했다고 한다.

우리나라의 경우, 아이 낳기를 꺼려하는 가장 큰 이유는 자녀 교육 문제 때문이다. 학력이 중시되는 사회에서 좋은 학력을 취득하기 위해서는 막대한 교육비가 들어가는데, 이 비용을 감당할 형편이 안 되기 때문에 출산 포기에 이르게 된다.

따라서 자녀 양육에 대한 부담을 감소시키면 출산율은 자연스럽게 상승할 수 있다. 종합적인 출산 장려 대책을 마련하여, 출산의 '기회 비용(opportunity cost)'을 최소화해야 한다. 출산의 기회 비용이란 출산하지 않음으로써 얻을 수 있는 이익을 말한다. 임신, 출산, 양육, 가족 부양, 여성의 사회 생활에 이르기까지 제반 여건을 종합적으로 개선함으로써, 출산의 기회 비용을 최소화할 때 출산율이 상승할 수 있다.

이른바 딩크 부부(Dink ; double income no kids ; 아이를 갖지 않는 맞벌

이 부부)들이 듀크 부부(Dewk : dual employed with kids : 맞벌이를 하면서 자식도 기르는 가족)로 전환되기 위해서는 여성들의 애국심도 필요하다. 출산률 저하로 인한 인구 감소는 국가의 존망에 직결될 수 있기 때문이다.

로마 멸망도 인구 감소에 기인하는 바가 크다. 제정 말기, 로마의 인구는 약 100만 명 정도로 감소했는데, 이것은 로마 여성들이 출산과 육아의 수고를 담당하지 않으려고 한 결과다. 결국, 로마의 국경을 용병이 지키게 되었고, 이것이 로마 멸망의 한 원인이 되었다.

2005년 11월에, '도로가 필요한 곳에 도로를, 공원이 필요한 곳에 공원을'이라는 캐치프레이즈를 내걸고 인구·주택 총조사가 실시되었다. 이런 조사를 바탕으로 국민들의 세밀한 삶의 지도가 그려짐으로써, 출산율 하락과 청년 실업 등 인구 구조의 문제를 생산성 있게 활용할 수 있는 대책이 마련되어야 하겠다.

35 공평하게 거두기

평부(平賦)

'평부(平賦)'는 부역을 공평하게 부과한다는 뜻이다. 부역(賦役)이란 토지에 부과하는 전세(田稅)에 대비되는 개념으로, 사람에게 부과하는 의무를 말한다. 오늘날의 상황에서 보면, 각종 부과금, 납부금, 징수금 같은 것들이 해당한다고 할 수 있다.

> 부역을 공평하게 하는 것은 수령의 중요한 임무다. 조금이라도 공평치 못한 것은 올바른 다스림이 아니다.

다산은 공평하지 못한 부역의 대표적인 사례로 '계방(契房)'과 '민고(民庫)'를 들고 있다. 당시에 계방(契房)의 폐해가 이만저만이 아니어서, 계방을 혁파하지 않고는 어떤 일도 해낼 수 없다고 했다.

"계방촌으로 지정된 마을은 환곡도 배당받지 않고, 군적(軍籍)에도 오르지 않으며, 민고(民庫)에 바치는 부역도 면제된다. 수백 냥의 돈을 바쳐서 계방에 들어가기만 하면 일년 내내 마음 편하게 지낼 수가 있기 때문에 백성 입장에서는 기꺼이 계방에 들어가기를 원한다. 그러나 계방은 아무에게나 허용되지 않고, 고을이 부유하고 고을 유지들의 권세가 있어야 계방의 구성을 허가받을 수 있었으니, 가난하고 무지한 백성들이 모여 사는 마을에는 계방이 있을 리가 없다. 그래서 힘없는 마을에는 온갖 세금이 부과되어 1년에 100전을 넘지 않던 것이 수천 전에 이르게 되고, 1천 호가 담당해야 할 부역이 1백 호에 떠넘겨짐으로써, 백성들이 탄식하고 허우적거림이 마치 물고기가 썩어 문드러지는 것처럼 비참한 상황을 당하였으니, 이대로 방치하면 불쌍한 백성들은 씨도 없이 문드러지고 말 것인즉, 계방을 혁파하는 일이 무엇보다도 급선무다."

계방 외에 또 한 가지 심각한 폐단은 '민고(民庫)'였다. 민고(民庫)는 백성들로부터 정규 납세 이외에 관청의 임시비로 쓰기 위하여 거두던 곡식과 돈을 말한다. 원래 민고는 일정한 기금을 모아 그 이자를 가지고 백성들의 쓰임을 돕기 위해 만들어진 것인데, 이것이 도리어 백성을 수탈하는 방법으로 이용되었다.

"감사가 부임해 오면 이곳저곳에서 호화롭게 연회를 베풀고, 음식, 거마(車馬), 의복 등을 성대하게 꾸미고 좌우에 시종을 거느려 위엄을 보이며, 그 존귀함이 왕에 견줄 만하고 대신(大臣)에 버금간다. 허세 부리고 무식한 감사일수록 심하다. 수령은 감사에게 잘못 보여 목이 달아날까봐 감히 비용을 줄이지 못하고 그 피해를 백성들에게 돌리니, 이것이 민고(民庫)의 폐단이다. 이런 병폐가 그치지 않는다면 필경 백성들은 다 죽어 없어지고 말 것이다."

안중지정

'안중지정(眼中之釘)'이라는 말이 있다. 눈에 박힌 못이라는 뜻으로서, 나에게 해를 끼치는 눈엣가시와 같은 사람을 비유한 말이다. 당나라 말기에 조재례(趙在禮)라는 악명 높은 탐관오리가 있었는데, 그는 고관대작에게 뇌물을 바치고 벼슬에 올라 백성들로부터 여한없이 착취하였다. 마침내 조재례가 다른 지방으로 전임해 가게 되자, 백성들은 춤을 추며 기뻐했다. "이젠 살았다. 마치 '눈에 박힌 못(안중지정)'이 빠진 것 같군." 이 말을 들은 조재례는 조정에 1년만 더 유임시켜 줄 것을 청원하여 유임하게 되자, 그는 즉시 '못 빼기 돈[拔釘錢(발정전)]'이라는 이름으로 1,000푼씩 납부하라는 명령을 내렸다. 미납자는 가차없이 엄벌에 처했다. 이런 어이없는 일이 종종 있었다.

"남당의 장숭(張崇)이 여주를 다스리면서 온갖 횡포를 부렸다. 한번은 그가 조정에 불려 들어가게 되자, 사람들은 '거이(저 사람이라는 뜻)는 아마 다시 돌아오지 못할 거야.'라고 말했다. 그러나 장숭은 다시 돌아왔고, 그는 '거이전'을 거두었다. 이듬해 장숭이 또다시 대궐에 들어가게 되자, 사람들은 이번에는 기쁜 기색을 숨기고 아무 말도 하지 않고 서로 수염을 쓸어내리며[捋鬚(날수)] 좋아했다. 그러나 장숭은 또 다시 돌아와 '날수전'을 징수했다."

오늘날에도 공평성을 결여한 부과와 징수들이 없지 않다. 힘 있는 사람이 자신은 부과 대상에서 빠져나가는 상황이 있다면 그것은 '계방'이며, 지도자가 자신을 위해 사람들로부터 징수하게 하는 것이 있다면 그것은 '민고'와 같은 것이다. 종종 문제가 되고 있는 '특혜'도 계방이나 민고와 같은 것들이라고 할 수 있다.

36 농업 중시하기

권농(勸農)
'권농(勸農)'이란 농사를 권장하는 것이다. 예부터 농업은 우리 민족의 생업이었고, 농자천하지대본(農者天下之大本)이라 하여 농업이 중시되었다.

> 농사는 백성들의 이익이므로, 옛 왕들이 권장했던 바이다. 백성들이 스스로 농사에 힘써 왔지만, 무지하고 어리석은 바가 있으므로, 훌륭한 수령은 부지런히 농사를 권장함으로써 업적을 남겼으니, 권농이야말로 수령된 자의 으뜸가는 책무인 것이다.

다산은 다양한 농작물을 경작하라고 가르친다. "쌀 보리 등 곡식 농사뿐만이 아니라, 원예와 목축, 누에치기 같은 일도 권장해야 한다."라고 하였는데, 특히 뽕나무 심기를 강조했다.

"농사는 양식 마련의 근본이며, 뽕나무는 의복 생활의 근본인데, 백성들이 의복을 마련하는 일이 원활하지 않으니, 백성들로 하여금 뽕나무를 심게 하여, 누에치고 길쌈하는 일을 장려하는 것은 수령의 중요한 임무이다. 범충선(范忠宣)이 양성현에 부임했을 때, 사람들이 양잠과 길쌈에 소홀하여 뽕나무를 심는 사람이 별로 없었다. 그러자 범충선은 가벼운 죄를 지은 사람을 너그럽게 용서해 주고 그 대신에 집에 뽕나무를 심게 하였다. 죄의 경중에 따라 심어야 할 뽕나무 수를 정해 준 다음, 시간이 지난 후, 그 사람이 심은 나무가 잘 자랐는가를 살펴서 그에 따라 죄를 완전히 사면해 주었다. 이런 정책으로 인해 사람들이 많은 혜택을 받게 되었으며, 범충선이 그 고을을 떠난 후에까지도 사람들이 그의 업적을 잊지 못하고, 그의 정책으로 만들어진 뽕밭을 범충선의 벼슬 이름을 따서 '저작림(著作林)'이라고 불렀다."

우리나라의 농업은 많이 황폐화되었다. 우루과이라운드, 도하라운드(DDA ; 도하개발 아젠다)와 같은 개방화의 물결로 인해 농작물 수입이 자유화됨으로써, 농민들은 막대한 피해를 입었다. "부부가 40마지기(8,000평) 벼농사를 지어서 1년에 700만 원도 못 번다는 게 말이 됩니까?" 어떤 농부의 하소연이다. 11월 11일은, 농업이 국민경제의 근간임을 인식시키고, 농업인의 긍지와 자부심을 고취하기 위해 제정한 '농업인의 날'이다. 하지만, 이날은 수입 밀가루로 만든 빼빼로의 날로 더 잘 알려져 있다.

세종 임금은 "내가 궁중에서 나고 자랐으므로, 민생의 어려움을 다 알지 못한다."라고 말하고, 가뭄이 극심하자 벼농사 상황을 살펴보기 위해 직접 도성 밖으로 나갔다. 일산(日傘 ; 햇빛 가리개)과 부채도 사용하지 않았다. '오늘 보니 눈물이 날 지경'이라며, 점심도 들지 않았다. 농사 걱정에 10여 일 동안 앉아서 밤을 새우다가 병이 나기도 했다.

제7편

규범 교육

예전육조 | 禮典六條

'예전(禮典) 육조'에서는 제사, 손님 접대, 교화, 사회 질서, 교육, 시험 제도 등의 여섯 가지를 기록하고 있다. 오늘날 사회 문화 규범을 익히고 교육과 학문을 중시하는 것과 관련된다. 지도자는 구성원이나 대중들로 하여금 소식의 문화를 학습하고 사회 규범을 수용하도록 이끌어야 할 책임이 있다. 사회화가 잘 이루어질 때 사회 조직이 굳건한 바탕 위에서 그 기능을 다할 수 있기 때문이다. 예전(禮典)의 임무는 가시적인 성과로 측정되는 것 이상의 가치가 있다. 예전(禮典)이 잘 되어 있는 사회나 조직이 행복지수가 높다고 할 수 있다.

37 올바른 제사의식 지니기

> **제사(祭祀)**
> '제사(祭祀)'는 수령이 주관해야 할 제례 의식을 말한다. 제사(祭祀)는 조선 시대의 대표적인 유교적 생활 규범이었는데, 오늘날의 관점에서 보면, 지도자의 종교적인 태도를 가리킨다고 할 수 있다.

> 혹시 고을에 음사(淫祀)와 같은 잘못된 관습이 전해 내려오고 있다면, 수령은 마땅히 백성들을 깨우쳐 타일러서 이를 철폐하도록 해야 한다.

　제사를 대하는 태도는 단순한 삶의 윤리나 생활 규범 이상의 의미, 즉 종교적 의미를 지니고 있었기 때문에, 지도자가 어떤 제사 의식을 지니고 있느냐가 구성원이나 대중에게 큰 영향을 미칠 수 있다.
　다산은 음사(淫祀)를 철폐해야 한다고 말한다. 음사(淫祀)란 귀신을 떠받들어 제사 지내는 것이다. 즉, 미신적 관습이나 우상 숭배와 같은 악습을 철폐해야 한다는 뜻이다.
　"이율곡(李栗谷)은 일월성신(日月星辰)에게 지내는 제사와 도교의 제사에 쓸 제문을 써 달라는 부탁을 거절했으며, 신조 때의 대신인 약포(藥圃)는 무당들이 쓸 향의 지급을 거절하였는데, 이는 다 군자의 올바른 판단이다. 음사(淫祀)에 속하는 것은 옛날부터 시행되어온 관례라고 해도 답습해서는 안 된다. 정언황(丁彦璜)은 안동 부사로 있을 때 음사를 철폐하였다. 그 지역 사람들은 고려 때부터 신라 공주의 오금잠(검정 쇠붙이로 만든 비녀)을 신으로 떠받들어 오며, 신통력이 있다고 믿어왔다. 그 전에 김효원(金孝元)이 수령으로 있을 때 사당을 불태워 그 악습을 없애버렸는데도, 그 후에 백성들이 또다시 음사에 빠져, 매년 5월 5일이 되면 무당과 광대들 수십 명이 집단을 이루어 그 물건을 숭배하면서 온 고을을 돌아다녔다. 그런데도 수령들이 이 악습을 나서서 막지 못하였는데, 정언황이 부임하여 사람들을 불러 모아 놓고 그들의 눈앞에서 요사스런 비녀와 옷 등을 불살라 버리자, 마침내 악습이 그쳤다."

소격서 논쟁

지도자의 종교 및 제사 의식이 얼마나 중요한가는 조선 시대 중종과 조광조의 '소격서(昭格署)' 논쟁을 통해서 여실히 알 수 있다.

소격서(昭格署)는 조선 시대에 도교(道敎)의 보존과 의식 절차를 위해 설치한 예조(禮曹)의 부속 기관이다. 조광조 등 신진 개혁 세력은 소격서를 철폐하여 옛 성인들의 성리학적 규범에 맞게 제도를 개혁해야 한다고 주장했다. 영의정 정광필, 좌의정 신용개 등 주요 대신들도 소격서 폐지를 주장했다. 하지만, 중종은 소격서를 폐지하는 것은 자신의 뜻이 꺾이는 일이라고 생각하고, 왕권 강화라는 명목으로 소격서를 유지하려고 했다.

그러자, 조광조는 소격서 폐지를 망설이는 중종을 연산군의 폐정에 빗대어 비판하며 밤중까지 물러가지 않고 끈질기게 폐지를 주장하였고, 대간(大諫)들은 사표를 제출하고 정무를 보지 않게 되어 과거시험마저 시행하기가 어렵게 되었다. 하는 수 없이 중종은 소격서 철폐에 동의하였다.

그러나 이것으로 문제가 끝나지 않았다. 이 일로 인해 중종은 조광조에 대해 좋지 않은 감정을 품게 되었고, 기묘사화(己卯士禍)로 조광조가 실각하여 능주로 유배되었을 때, 사약을 내리라는 상소를 주저하지 않고 받아들여, 유배 한 달 만에 조광조를 죽이고 말았다. 그리고 나서 다시 소격서를 복구했다. 소격서를 복구하여 손상된 왕권과 권위를 회복하고자 한 것이다.

사실, 소격서(昭格署)는 별것 아닌 기구였다고 한다. 하지만, 별것도 아닌 것에 집착한 결과는 컸다. 잘못된 제사 의식이 일을 그르쳤다. 실제로 왕권을 위협한 것은 연산군을 몰아내고 중종을 옹립한 반정공신 세력이었고, 중종이 이들을 견제하려면 조광조 등의 개혁세력을 끝까지 끌어안고 가야했는데, 엉뚱한 소격서 문제로 관계가 틀어져 버린 것이다. 제사 의식의 차이가 천재 개혁사상가의 죽음의 빌미를 제공한 것이다.

존 템플턴

지도자가 올바른 제사 의식을 지님으로써 바람직한 결과를 창출한 대표적인 예로 존 템플턴이 있다. 템플턴은 투자의 범위를 전세계로 확대해 '글로벌 펀드'라는 새로운 분야를 개척한 인물로서, '월스트리트의 살아 있는 전설'로 통한다.

템플턴은 자신이 투자의 세계에서 성공할 수 있었던 요인을 신앙심 때문이라고 말한다. 그는 기독교인이므로, 영적인 제사 의식, 즉 기도의 중요성을 강조했다. 주주 총회나 이사회 등의 회의를 할 때면 항상 기도와 함께 시작한다. 그렇게 함으로써 회의가 더욱 생산적이고 의미 있는 결과를 도출할 수 있었다고 한다.

"우리 스스로는 보잘것없지만, 하나님의 품안에서 쓸모 있는 도구가 되고, 또 그분의 뜻을 전달하고자 애쓴다면, 우리는 더욱 많은 일을 해낼 수 있을 것입니다. 기도는 하나님께서 우리로 하여금 그분의 지혜와 사랑을 전달하는 데 유용하게 쓰일 수 있도록 해달라고 하는 것이어야만 합니다. 이렇게 기도를 드린다면 기도와 함께 시작하는 모든 일은 더욱 성공적인 결실을 맺게 될 것입니다. 주식 투자도 마찬가지입니다. 우리는 어제 매수한 특정 주식이 오늘 오르게 해달라고 기도하지 않습니다. 왜냐하면, 하나님은 그런 방식으로 일하시지 않기 때문입니다. 대신에, 오늘 내리는 결정이 지혜로운 것이 되게 해 달라고 기도하며, 주식과 관련된 논의를 하면서 현명한 대화를 나눌 수 있게 해달라고 기도합니다."

96세를 일기로 세상을 떠난 템플턴은 60년 동안 기업을 운영하면서, 그 자신은 물론이고 그가 운영했던 수십 개의 회사 중에서 어느 한 곳도 소송을 당하지 않았다고 한다. 지도자가 올바른 영적인 태도를 지니면 그 유익함이 모든 사람에게 혜택으로 돌아간다.

21세기는 개인의 영성이 조직으로 흘러들어가는 시대라고 한다. 그래서 '영성(靈性) 리더십'이라는 말도 생겼다. 그런데 우리나라 지도자 중에는 다산이 말하는 음사(淫祀)에 얽매인 사람이 적지 않다. 조직의 운명을 좌우할 중대한 일이나 선거를 앞두고 있는 상황에서 미신이나 운수 점에 의지하는 것이 그것이다. 여기서 벗어나야 진정한 리더십을 획득할 수 있다.

38 절도 있게 접대하기

> **빈객(賓客)**
> '빈객(賓客)'은 공적인 손님을 맞아 음식을 접대하는 것을 가리킨다. 지나치지도 않고 부족하지도 않게 손님을 대접하는 것이 빈객(賓客)의 예법이다.

> 빈(賓)이라는 것은 오례(五禮) 중의 하나로서, 손님에게 지나치게 후(厚)하게 음식을 대접하는 것은 낭비이며, 그렇다고 지나치게 박(薄)하게 대접하는 것은 즐거운 기분이 들지 않는다. 그래서 옛 선왕들은 후하게 대접하면서도 그 도를 지나치지 않게 하였고, 박하되 부족함이 없게 대접하는 것을 절도에 맞는 예법으로 정했으니, 수령은 그와 같은 예법을 만든 취지를 잘 살펴야 한다.

옛날에는 손님을 맞아 잔치를 베푸는 일에도 예법이 있었다. 손님의 지위 고하에 따라 그릇의 수가 정해져 있었다. 이 법식을 어기면 예의에 어긋나는 것으로 알고 오히려 불편해 했으며, 자기가 대접받는 음식이 그릇 하나라도 넘치면 두려워하고 멈칫거리며 감히 편안한 마음으로 받지 못했다.

"진나라의 조문자(趙文子)가 정나라에 사신으로 가서 접대를 받게 되었을 때, 오헌(五獻)의 변두(籩豆 ; 변은 마른 반찬을 담는 그릇, 두는 물기 있는 음식을 담는 그릇)로 된 음식상이 나오자, 조문자는 끝내 사양하고 일헌(一獻)의 음식상을 받았다. 또한, 노나라의 계손숙(季孫宿)도 진나라에 가서 대접받을 때, 잔칫상의 변(籩)의 수효를 늘리자, '하급 신하로서 합당치 않은 일입니다.' 라고 끝내 사양하였다. 이것은 명분과 예법을 어기지 않기 위함이 아니었겠는가? 그런데 오늘날에 군현에서 감사를 접대하는 규모를 보면, 아무런 법도도 없이 호화로운 진수성찬을 차리기에만 급급하여 정해진 기준의 10배의 음식을 차리기도 한다. 이렇듯 무절제가 범람하고 횡행하고 있다."

이처럼, 옛 법도에서는 자기가 대접받는 음식이 그릇 하나라도 넘치면 두려워하고 멈칫거리며 감히 편한 마음으로 받지 못했다. 정선(鄭瑄)은 과도한 접대는 자손에게 재앙이 된다고까지 말하고 있다.

고려 말기의 충신 최영 장군의 접대 이야기가 있다. 당시 고려의 대신들은 서로 번갈아 가며 집으로 초대하여 바둑을 두고 음식을 대접하며 친목을 나누는 관례가 있었다. 성화에 못 이겨 최영도 대신들을 집으로 초대했다. "저는 평소에 먹는 대로 대접하고자 합니다. 사랑방으로 드시지요." 점심 때가 한참을 지나 일행이 주린 배를 문지르며 불평할 때 비로소 음식이 들어왔다. 모두들 쓴웃음을 지었다. 상 위에는 기장과 쌀을 섞은 잡곡밥과 잡채가 전부였다. 그러나 워낙 배가 고팠는지라 밥을 맛있게 먹은 사람들이 여기저기서 더 달라고 했다.

중국의 주룽지 총리도 다산의 생각과 비슷하다. 원래 중국은 접대 문화를 중시해서 한 번 식사하는 데, 10가지 국, 8가지 냉채에 후식까지 하면 20여 가지의 음식이 나오며 접대 시간도 2-3시간이 소요된다. 이런 문화인데도 불구하고, 어떤 대기업의 개업 연회에 초청받은 주룽지는 호텔 입구에 서서 호화스러운 연회장을 잠시 바라보다가, 그를 귀빈석에 모시려는 주최측의 안내를 물리치고 보통 자리에 앉아 보통 식사를 가져오게 해서 그것을 먹었다. 그러자 참석자들은 슬그머니 자리를 뜨기 시작했고, 손님들도 잘 차려진 식사를 놔두고 보통 식사를 했다. 주룽지는 시 정부 공무원들이 참석하는 공공 파티나 연회는 사채일탕(4가지의 요리와 국 1가지)으로 규정을 정했다.

지도자는 대접해야 할 상황이 있고, 대접받는 상황이 있다. 접대는 매너(manner)의 문제다. '과공(過恭)은 비례(非禮)'라는 말은 접대에도 적용되는 매너의 기본이다. 지나치는 것은 예의에 어긋난다. 지도자는 조직의 풍토와 여건에 맞게 세련된 접대 문화를 만드는 일에도 일가견이 있어야 한다. 품위 있는 접대가 사람 관계를 돈독히 하기 때문에, 요즘처럼 관계가 중시되는 사회에서는 지도자의 빈객(賓客)의 감각이 조직의 성패를 좌우할 수도 있다.

드라마 '대장금'에서 장금이가 중국 사신을 접대하는 장면이 있다. 장금이는 사신의 개인적 체질까지 파악해서 그에게 소갈(消渴 ; 당뇨병)이 있다는 것을 알고, 호화로운 육식 음식을 피하고 완전 푸릇푸릇한 채식 위주로 음식상을 만들었다. 잠시 오해를 받아 위험한 처지에 놓였지만, 좋은 뜻은 끝내 알려지게 되는 법이다. 목숨의 위협을 받아가면서까지 최선의 음식을 준비하는 것이야말로 접대의 모범이라고 할 만하다.

39 스스로 직위를 구하지 않기

| 교민(教民) |
| '교민(教民)'은 백성을 가르치는 것을 말한다. 사람의 도리를 가르치는 교화(教化)가 교민(教民)이다. |

> 백성을 다스리는 일의 목적은 교민에 있을 뿐이니, 토지 제도를 바르게 하는 것도 장차 교화를 위함이요, 부역을 공평하게 하는 것도 장차 교화를 위함이요, 목민관이 있어야 하는 것도 교화하기 위함이요, 법으로 타일러 경계하고 벌을 내리는 것도 교화를 위함인 것이다.

다산은 다스림의 궁극적인 목적은 교화(教化)에 있다고 말하며, 교화가 없으면 좋은 정치가 아니라고 하였다.

다산은 교화를 위한 구체적인 방안으로 두 가지를 제시하였다. 첫째, 향약(鄕約)이다. 향약(鄕約)의 4가지 강령은 덕업상권(德業相勸 ; 좋은 일을 서로 권장함), 과실상규(過失相規 ; 잘못을 서로 바로잡음), 예속상교(禮俗相交 ; 예의로써 서로 교제함), 환난상휼(患難相恤 ; 어려움은 서로 도와줌)이다. 조선 시대 중종 때, 조광조의 주장에 따라 전국적으로 향약을 실시하였는데, 임진왜란 이후에 성격이 변모되고 흐지부지되었었다.

둘째, 조상들의 말과 행실의 권장이다. 조상들의 바람직한 행실이 담긴 대표적인 책인 '삼강행실도'를 한글로 번역하여 부녀자와 소년, 소녀들에게 가르쳐, 의미를 이해하고 행실이 출중한 사람은 임금께 보고하여 상을 내리게 하였다.

다산이 교화를 위해 특히 강조한 것은 형제간의 우애다. 다산이 우애를 강조한 이유는, 우애하는 것이 효도하는 것보다 더 어렵기 때문이었다. "내가 마을에서 지내면서 보았더니, 불효하는 사람은 많지 않았지만, 형제간에 우애하지 않는 집은 사방에 널려 있었다. 형은 재산이 늘어나 전답을 새로 사들이는데, 아우는 몹시 가난하여 먹을 것조차 없어서 형에게 와서 도와 달라고 사정사정하지만, 형으로부터 쌀 한 그릇 얻어 가지 못하는 경우가 있었는데, 차마 눈뜨고 볼 수 없었다." 그래서 효도하면서 우애하지 않는 사람은 있어도, 우애하면서 효도하지 않는 사람은 없다고 한다.

교화의 중요성

오늘날에는 지도자의 능력을 평가할 때, 물질적·가시적인 성과를 워낙 중시하기 때문에 교화를 위해 정성을 쏟는 지도자가 많지 않은 것 같다. 현실적 성과도 중요하지만, 다산이 지적했듯이, 그런 모든 활동의 궁극적 목적이 교화에 있음을 인식해야 한다.

"후한 때 노공(魯恭)이 중모령(中牟令)으로 다스리고 있었는데, 어떤 사람이 소를 빌려다 쓰고는 돌려주지 않자, 소 주인이 소송을 제기했다. 노공이 소를 반환해 주도록 판결했으나, 그 사람은 막무가내로 듣지 않앉다. 이에 노공이 '내 교화가 미치는 못하는구나.' 하고 탄식하며 스스로 벼슬에서 물러나려고 하자, 사람들이 모두 나서서 만류하였다. 비로소 그 사람이 자신의 잘못을 뉘우치고 소를 주인에게 돌려 준 다음, 스스로 옥에 갇혔다."

백성을 교화하지 못하면 차라리 자리에서 물러나겠다는 자세가 귀중하다. 업무에서 실패한 책임이 아니라, 교화를 잘못한 책임을 인식하는 지도자가 필요하다. 업무적 성과와 백성 교화를 똑같이 중시할 때, 균형 잡힌 리더십을 확보할 수 있다.

"하남을 다스리던 윤원안(尹袁安)이 아전을 시켜 고을을 살펴보도록 했다. 아전이 순찰하던 중에, 꿩 곁에 앉아 있는 한 아이를 발견하고 '얘야, 너는 어찌하여 그 꿩을 잡지 않느냐?' 하고 물었더니, 아이가 '태어난 지 얼마 안 되는 어린 새끼입니다.' 라고 대답했다. 아전은 '어린아이가 인(仁)을 지닐 만큼 교화가 이루어졌으니, 기이한 일이다.' 라고 하였다."

교화가 이루어지면 사회가 맑아진다. 이제 막 태어난 새끼는 잡아서는 안 된다는 윤리를, 삶의 현장에서 실천할 수 있다면 교화에 성공한 것이다. 아리스토텔레스가 그의 '정치학' 에서 '정치인은 시민들에게 도덕적 특징, 즉 도덕관과 도덕적 행위의 실천을 장려하는 문제에 가장 큰 노력을 기울여야 한다.' 라고 말한 것도 지도자는 교화를 중시해야 함을 강조한 것이다.

40 실제적 배움 중시하기

흥학(興學)
'흥학(興學)'은 학문과 교육을 부흥시킨다는 뜻이다. 배움을 일으키는 것이 흥학(興學)이다.

> 글을 배운다는 것이 단지 소학 교육을 받는 것을 가리키고 있다. 그러나 흥학(興學)은 단순히 글을 가르치는 것 이상이다.

다산이 배움이란 단지 한자를 가르치는 소학 교육만을 뜻하는 것은 아니라고 한 말 속에는 성리학적 세계관에 대한 비판이 담겨 있다.

성리학도 조선 초기에는 고려의 폐단을 극복할 수 있는 새로운 사회 이념이었고 사회 발전 방향에 부합하는 사상이었지만, 17세기 이후 변화된 시대상에 걸맞은 사회 운영 원리로서는 한계를 드러냈다. 성리학의 이념은 변화된 사회상을 담아낼 수 없었으며, 시대 상황을 통제할 능력을 상실한 것이다. 다산이 글만 배우는 것이 배움의 전부가 아니라고 한 이유가 여기에 있다.

다산은 배움이란 단순히 글만 배우는 것에 국한되지 않고, 실용적인 것들을 익히는 것, 시대 상황에서 필요한 것들을 배우는 것이라고 생각하였다. 변화된 시대상에 적응하고 변화를 이끌어가는 것이 올바른 배움이라고 생각한 것이다.

그래서 다산은 '실학'이 필요하다고 보았다. 다산의 실학이야말로 당시 시대 상황의 변화에 대한 적응의 산물이었다. 벌써 200년 전에, 다산은 변화의 의미를 선명하게 깨닫고 있었던 것이다. 이처럼, 다산의 배움은 '변화에 대한 적응'을 바탕으로 하고 있다.

벤치마킹

지도자는 배움의 자세가 중요하다. 지도자는 영원한 학습자다. 지도자가 배움과 학습을 소홀히 하면 유연성을 잃고 굳어진다. 굳어지면 독단과 독선에 빠진다. 특히 변화에 적응하기 위해서는 배움이 중요하다.

누구나 변화가 중요하다고 생각하지만, 인간의 본능은 변화에 저항하는 경향이 강하다. 익숙한 것에서 편안함을 느끼는 속성이 있기 때문이다. 지속적인 배움의 자세가 있을 때, 변화에 대한 거부감이 줄어들 수 있다. 헨리 포드는 "안정성이라는 것은 시냇물에 떠내려가는 죽은 물고기와 같다. 우리가 아는 유일한 안정성은 변화뿐이다."라고 했으며, 잭 웰치 역시 "훗날 내가 새로운 것에 대해 배우기를 그만두고 과거에 대해 떠벌리고 다닌다면, 그 때야말로 내가 GE에서 사라져야 할 시간이다."라고 했다. 조직에서 해고당하는 가장 확실한 방법은 자신의 직무나 업종에 관련된 새로운 지식이나 기술을 습득하지 않는 것이라고 한다.

그래서 오늘날의 조직은 '벤치마킹(benchmarking)'을 중시한다. 벤치마킹이란 다른 조직의 우수한 기법이나 방식을 모방하여 도입하는 것을 말한다. 벤치마킹의 이론적 바탕은 '업(業)의 개념'이다. 사업에는 저마다 독특한 본질과 특성이 있는데, 그 업의 특성을 찾아 역량을 집중하는 것이 경영의 핵심이므로, 그 분야에서 세계적인 노하우를 가진 기업을 벤치마킹해야 한다는 것이다. 어디선가 누군가는 더 좋은 아이디어를 가지고 있다는 데에 벤치마킹의 필요성이 있는 것이다.

> 흥학을 위해 힘써야 할 일은 훌륭한 스승을 모시는 일이다. 배운다는 것은 스승에게서 배운다는 것을 뜻한다. 스승이 있고 나서야 배움이 이뤄진다.

배우기 위해서는 배움을 전수해 줄 사람, 즉 스승이 필요하다. 이와 같은 스승을 흔히 '멘토'라고 한다. 멘토(Mento)는 오딧세이의 친구다. 그리스의 오딧세이는 트로이 전쟁에 출정하면서 자신의 아들 텔레마코스를 지켜 주고 양육할 보호자이자 스승으로서 자신의 친구인 멘토를 선택했다. 10년 동안, 멘토는 '스승, 조언자, 친구, 대리인, 상담자'로서의 역할을 잘 수행했다.

이처럼, '멘토'는 정글 세계를 통과하는 데 도움이 되는 스승, 안내인, 후견인 같은 사람이다. 멘토는 칭찬·격려·질책하며, 숙달시키며 자신감을 심어준다. 멘토링이 효과적으로 이루어지기 위해서는 어느 정도 제도화되어야 한다. 이를테면, 대화 및 논의의 주제, 만남의 횟수와 주기 등이 사전에 계획되어야 한다.

위대한 능력을 발휘한 사람들은 한결같이 스승의 중요성을 말한다. 아이작 뉴튼이 "나는 거인들의 어깨 위에 서 있다."라고 한 말이나, 피카소가 "다른 사람을 베껴라, 그러나 자신을 베끼지는 말라."라고 한 것도 스승의 중요성을 말한 것이다.

똑똑한 인재만이 스승이 될 수 있는 것은 아니다. '삼인행이면 필유아사(三人行 必有我師)'라는 말이 있듯이, 세 사람이 함께 하면 그 중에 내가 배울 만한 사람이 있다. 디지털 시대에는 특히 그렇다. 변화하려면 시대를 읽어야 하는데, 그러기 위해서는 젊은 사람들의 말에도 귀기울일 필요가 있다. 이들이 디지털 시대의 고객이고 주역이기 때문이다. 그래서 젊은 세대 중에서 사람을 뽑아 정기적으로 조언을 듣는 이른바 '역멘토링(reverse mentoring)'을 통해 시대의 특징과 흐름을 파악한 지도자들도 있다.

배움을 중시할 때 큰 업적을 남길 수 있다. 세종대왕이 위대한 것은 배움의 중요성을 인식하고 스스로 학습하는 지도자였기 때문이다. 이와 같은 세종의 통치방식이 '학습 경영', '지식 경영'이다.

학습은 지도자의 에너지원이다. 지도자는 배움을 통해 끊임없이 새로운 생각과 방법, 도전의 불꽃을 일으킬 수 있으며, 환경의 변화에 적응하는 방법을 발견할 수 있다. 조직이 배움을 소홀히 함으로써 발생하는 위기 상황은 감당할 길이 없다. 학습형 조직이야말로 새로운 상황과 환경에 민감하게 반응할 수 있는 최선의 조직이다.

41 위계질서 확립하기

> **변등(辨等)**
> '변등(辨等)'은 등급을 가린다는 뜻이다. 신분 및 지위의 등급을 구분하여 상하간의 위계질서를 확립하는 것이 변등(辨等)이다.

> 변등(辨等)은 백성을 안정시키고 뜻을 굳게 정하기 위해 중요한 것이다. 등급의 층위가 명확하지 못하고 지위와 계급의 위계 질서가 바로잡히지 않으면, 백성들의 마음이 어수선해지고 기강이 서지 않게 된다.

다산은 '예기(禮記)'에 나와 있는 말을 인용하여, '임금과 신하 사이, 윗사람과 아랫사람 사이에는 예(禮)로써 그 위계를 세워야 한다.' 라고 하였다.

위계질서 확립은 전근대적 신분 사회의 유물이 아닌가 하는 생각을 할 수 있다. 변등(辨等)은 물론 신분 질서를 지지하는 말이다. 다산이 시대를 뛰어넘는 탁월한 사상을 보여줬지만, 조선의 신분 체제만은 뛰어넘지 못했다. 이 점은 박지원, 박제가 등 다른 실학 사상가들도 마찬가지였다.

그렇다고 현대 사회에서 변등(辨等)이 전혀 무가치한 것은 아니다. 오늘날은 만민 평등 시대이므로 신분의 구별은 없지만, 위계질서의 확립은 필요하다. 가정에 위계질서가 없으면 콩가루 집안이라고 하는데, 조직도 마찬가지다. 가정이나 사회나 조직은 크든 작든 위계질서가 있어야 기강이 바로 설 수 있다.

현대적 의미의 위계질서 확립은 윗사람이 아랫사람을 통제할 수 있는 권위와 권한이 유지되어야 한다는 뜻이다. 조직이 질서를 유지하기 위해서는 강제성 있는 통제와 규제가 필요하다. 모든 것을 자율 의사에 맡긴다면 조직은 절제를 잃게 된다. 이런 상황을 피하기 위해서는 지도자가 질서와 규율을 유지하는 역할을 감당해야 한다.

다산은 위계질서의 확립을 위해 '천하를 다스리는 4가지 법도'를 말하고 있다.

"다스리는 사람에게는 네 가지의 큰 도리가 있었으니, 첫째, 친족을 사랑하는 것, 즉 친친(親親)이요, 둘째, 존귀한 사람을 존귀하게 예우하는 것, 즉 존존(尊尊)이요, 셋째, 윗사람을 어른 대접해 드리는 것, 즉 장장(長長)이요, 넷째, 어진 사람을 어질게 대하는 것, 즉 현현(賢賢)이다. 친친은 인(仁)이며, 존존은 의(義)며, 장장은 예(禮)며, 현현은 지(知)다."

결국, 위계질서를 확립한다는 것은 천하를 다스리는 네 가지 법도인 '인의예지(仁義禮智)'를 확립하자는 것이다. 오늘날은 과거보다 인의예지(仁義禮智)가 더 필요한 시대라고 할 수 있다. 지도자는 위계질서를 확립하고 기강을 바로잡고, 인의예지를 가르쳐야 한다.

42 시험 제도 마련하기

과예(課藝)

'과예(課藝)'는 과거제도를 운용하는 것을 말한다. 오늘날로 말하면, 행정고시를 비롯한 공무원 채용 시험이 여기에 해당되며, 범위를 조금 넓혀 생각하면, 학생의 입학 시험, 조직체의 채용 시험 등에도 적용될 수 있다.

> 과거제도란, 먼저 천거를 통해서 사람을 소개받고, 그리고 나서 그 사람들을 대상으로 시험을 치러 합격자를 뽑는 것이다.

다산은 과거제도를 개선해야 한다고 말한다.

과거제도의 역사를 보자. 과거제도는 고려 광종 때, 후주 사람 쌍기가 우리나라에 머물면서 중국의 제도를 전수해 준 것이다. 광종은 왕권 강화의 목적으로 과거제도를 실시했는데, 제출된 시험 답안지를 쌍기가 채점해서 합격 여부와 등수를 정하였고, 광종이 친히 합격자를 발표하였다. 원래 중국의 과거제도는 먼저 사람을 추천 받아 그들을 대상으로 시험을 치렀는데, 어찌된 일인지 쌍기는 추천의 과정을 생략하였고, 그 후로도 계속 추천 없이 시험을 치르는 형식이 되어 버렸다.

이와 같은 과거제도의 불합리성을 지적한 사람은 조선조 중종 때의 개혁가 조광조다. 그는 시험을 치르는 것만으로는 유능한 인재를 발탁하기가 어렵다고 주장하며, 추천에 의해 관리를 뽑는 '현량과'를 실시하였다. 숨어 있는 인재를 널리 중용한다는 현량과의 원래 취지와는 달리, 서울 근교의 문벌 출신들을 임용함으로써 조광조가 자신의 세력 기반을 마련하고자 했다는 비판을 받기도 하지만, 아무튼 조광조는 학문과 덕행을 겸비한 군자를 등용하기 위해서는 종래의 과거제도만으로는 충분치 못하기 때문에, 천거(薦擧)제를 보완해서 새로운 인재를 등용하고자 한 것이다. 그러나 조광조의 개혁은 당시의 공신 세력에 의해 꺾이고 말았다. 기묘사화로 조광조가 유배됨으로써 현량과도 폐지되었고, 그 후로 아무도 과거제도를 개혁해보고자 하는 노력을 기울이지 않았다.

그러다가 300여 년 후, 이번에는 다산이 과거제도의 문제점을 제기하였다. 다산 역시 조광조와 비슷한 생각이다. 사상적 뿌리는 다르지만, 방법론은 일치한다. 조광조는 성리학적 이념에 투철한 덕치주의를 위해 과거제도를 개혁하고자 했지만, 다산은 이미 시대적 소임을 다한 성리학적 세계관에 함몰된 주입식 지식 위주의 시험 제도를 타파하고 시대 흐름과 변화에 적응할 수 있는 실용적 사고 능력을 가진 사람을 선발하기 위해, 역시 과거제도를 개선해야 한다고 하였다. 간단히 말하면, 시험 성적만으로는 인재를 발탁할 수 없다는 논리다.

다산의 이런 생각은 오늘날에 더욱 힘을 얻어가고 있다. 대부분의 채용 시험에서 시험 성적 외에 다양한 자료를 선발 기준으로 삼고 있다. 대학 입학 시험에서도 시험 성적 외에, 학교장 추천서, 자기 소개서, 학업계획서, 적성검사, 논술, 구술 심층 면접, 특기 적성 등 여러 가지 요소를 평가 기준으로 삼고 있으며, 기업의 입사 시험도 대학 때의 학점 외에, 토익(Toeic) 점수, 직무 적성 검사, 면접, 집단 토론, 역할 연기 등 다양한 방법을 활용하고 있다.

시험 제도가 잘 되어야 훌륭한 인재를 발탁할 수 있다. 시험 제도가 잘못되면, 많은 사람들이 고통당한다. 보편타당하고 효율적인 시험 제도가 마련되어야 하는 이유가 여기에 있다.

다산은 "과거제도의 규정이 확고하지 않으면 선비들의 마음을 집중시켜 학문에 힘쓰게 하기가 어렵기 때문에, 과예의 정책이 원활하게 이루어질 리 없다."라고 하였다. 입시 제도가 오락가락 하면 학생이 마음을 정해 집중하기 어렵고, 기관의 시험 제도가 둘쭉날쭉하면 짜임새 있는 준비를 하기 어렵다는 뜻으로 이해할 수 있다. 이런 시험 제도에서는 정말로 유능한 인재를 놓치게 될 가능성이 많다.

사람을 선발하는 것은 지도자의 중요한 임무다. 꼭 필요한 사람, 가장 적합한 사람, 가장 능력 있는 사람을 선발하기 위한 제도를 마련하는 것이 중요하다. 탁월한 인재를 얼마나 확보하느냐에 따라 기관이나 조직의 존망이 결정되는 경우가 많으므로, 시험 제도가 중요하다.

제8편

국방

병전육조 | 兵典六條

'병전(兵典) 육조'는 국방, 군사에 대한 여섯 가지 내용이다. 오늘 날에도 끊임없이 전쟁이 일어나고 있다. 쿠웨이트 해방 전쟁이라 불리는 사막폭풍 작전, 코소보 해방 전쟁, 아프가니스탄의 탈레반 과 알 카에나 세서 선생, 이라크의 사남 후세인 제거 선생 등 지구 촌 어디에선가는 오늘도 전쟁을 하고 있다. 전쟁에 휩싸이지 않기 위해서는 평소에 국방에 대한 인식이 투철해야 한다. 국방에 관한 '유비무환(有備無患)' 이상 가는 진리가 없다. 지도자는 자신의 업무가 무엇이든 간에 국방에 대한 철학과 인식이 정립되어 있어 야 한다.

43 병역 기피자 없게 하기

> **첨정(簽丁)**
> '첨정(簽丁)'은 병역의 의무가 있는 장정의 인적 사항을 장부에 기록하는 것이다. 요즘 말로 하면, 병적 기록부를 작성하는 일과 비슷하다. 군역(軍役)의 부과와 징집 등의 병무 행정을 올바르게 실시하는 것이 첨정(簽丁)이다.

> 백성을 군적에 편입시켜 군포를 거두는 법이 백성들에게는 뼈를 자르는 아픔이 되고 있으니, 이 법을 바르게 시행하지 않으면 백성들은 다 죽고 말 것이다.

군역(軍役)은 오늘날의 국방의 의무다. 군역의 성격이나 방식은 시대에 따라 조금씩 변천해 왔다.

군역은 원래 16-60세의 평민 남자가 직접 병사로 근무하든가, 아니면 베를 납부해서 병사들의 뒷바라지를 하는 일이었다. 조선 전기에는 모든 평민에게 군역의 의무를 부과하였는데, 이들은 정규 군인으로 활동할 정군(正軍)과 정군의 경제적 뒷받침을 맡을 봉족(奉足)으로 구분되었으며, 정군 하나에 봉족 몇 명씩을 배정하여 하나의 군호(軍戶)가 되게 하였다. 봉족(세조 때부터는 보인(保人)이라고 함)은 매월 면포 1필씩을 군비로 지급함으로써 군역의 의무를 수행하는 것으로 하였다. 임진왜란 후에는 실역(實役)을 지지 않는 대가로, 1년에 2필씩의 군포(軍布)를 냄으로써 군역을 치르는 것으로 하였고, 병조(兵曹)에서는 이를 국가 재정에 충당하였다.

　이와 같은 군포가 백성들에게 뼈를 자르는 아픔이 된 이유는 군포를 거두는 과정에서 숱한 비리가 행해졌기 때문이다. 군포를 담당하는 아전들은 수단과 방법을 가리지 않고 백성들을 군적에 편입시켰다. 군포가 무서워서 마을을 떠나 유랑자처럼 도망가면 친척에게 군포를 내게 했으며, 친척이 떠나가면 이웃 사람에게 대신 내게 했다. 60살이 넘은 노인이나 갓난아기도 군적에 올려 군포를 거두었고, 심지어 죽은 사람에게까지 군포를 거두기도 했다. 이와 같은 군역의 폐단이 농민 봉기의 주된 원인이 되었다.

> 먼저 계방을 타파하고, 서원, 역촌, 부호(富豪) 등 군역을 피할 수 있는 구멍을 샅샅이 뒤져야 한다.

　다산은 특히 병역 기피자가 없게 하라는 것을 강조하고 있다. 군역을 피할 수 있는 근거지를 샅샅이 뒤지라는 말은 요즘 말로, 병역 기피자가 없게 하라는 뜻이다.

　다산이 병역 기피자가 없게 하라고 한 이유를, 전쟁학적 측면에서 생각한다면, 전쟁에서는 수적 우위가 중요하기 때문이기도 하다. 전문가들은, 군사 전략의 첫 번째 원칙은 확실한 수적 우위를 지키는 일이라고 이구동성으로 말한다. 유능한 장군이라 하더라도 병력이 2배인 적과 싸워 이긴다는 것은 거의 불가능하다고 한다. 손자병법에서는 '수적 열세는 더 힘이 센 적에게 주는 전리품밖에 안 된다.'라고 했으며, 나폴레옹 역시 '수적으로 열세에 있는 군대는 총공격을 삼가야 한다.'라고 했다. 실제로 나폴레옹은 라이프찌히 전투에서 16만 명의 병력으로 28만 명의 적을 이길 수 없었다.

영국의 공학자 란체스터는 이와 같은 수적 우세의 중요성을 공식으로 설명했다. '어떤 세력의 전투력은 갖고 있는 힘의 제곱과 비례한다.'는 N-제곱 법칙이다. 즉, 2천 명의 군대는 1천 명의 군대에 비해 2배가 아닌 4배의 힘을 갖는다는 것이다. A의 2천 명과 B의 1천 명이 동일한 무기를 갖고 서로 공격한다고 가정하면, A가 한 사람을 잃을 때 B는 2사람을 잃게 되는 것이다.

따라서 병역 기피자로 인한 국방력 누수를 철저히 막아야 한다. 요즘에 양심이나 종교를 내세워 병역을 거부하는 경우가 있다. 대법원은 종교적 이유로 입영을 거부한 양심적 병역 거부자들에게 유죄 확정 판결을 내렸다. 병역 거부자들이 내세우는 이유는 반전(反戰) 평화다. 자신들의 병역 거부는 평화를 실현하기 위한 진지한 성찰에서 나온 것이라고 말하면서, 군사훈련을 제외한 다른 방식의 복무를 통해 의무를 이행하려고 하는데, 병역법이 그런 기회를 주지 않는다고 말했다.

평화를 바라는 것은 누구나 마찬가지다. 군대에 가는 사람도 평화를 유지하러 가는 것이지, 전쟁할 목적으로 가는 것은 아닐 것이다. 병역 의무를 이행하는 것은, 병역 거부자들이 말하는 것처럼 국가 폭력에 동참하는 것이 아니라, 국가 평화를 위한 의무임을 이해해야 한다.

44 군사 훈련 강화하기

연졸(練卒)

'연졸(練卒)'은 군사를 훈련시키는 것을 말한다.

> 연졸(練卒)은 군사력 준비의 가장 중요한 임무다.
> 오직 깃발과 북으로만 전진과 후퇴, 공격과 정지, 흩어지고 모이는 것을 연습시키되, 정해진 규례를 숙달시켜, 대장은 한 마디의 말을 하지 않고도 모든 군사를 일사분란하게 움직일 수 있는 것이니, 이렇듯 깃발과 북의 신호가 중요한 것이다.

국방을 위해 군사를 훈련시키는 것의 중요성은 두말할 필요가 없다. 조선 시대의 임금들은 군사 훈련의 중요성을 인식하고, 왕이 친히 농한기에 군사들을 동원하여 훈련시키는 데에 참여하기도 하였다.

옛날에 군사 훈련의 중요한 도구는 깃발과 북이었다. 깃발은 시각을, 북과 징은 청각을 이용한 것인데, 중요한 것은 숙달이다. 예를 들어, 깃발을 앞으로 내밀면 전진을, 뒤로 향하게 하면 후퇴를 나타냈으며, 북은 보통 돌격 상황에 사용된다. 북을 급하게 치면 돌격 속도를 높이고, 천천히 치면 돌격 속도를 늦췄다. 반대로 징은 정지 또는 후퇴를 나타냈다. 징을 한 번 울리면 공격을 늦추고, 두 번이면 전투를 중지하고, 세 번이면 뒤로 돌아서고, 네 번이면 후퇴한다. 깃발, 북, 징을 사용하기 전에, 병사들을 주목시키기 위해 먼저 '뿌우' 하는 소리의 각(角)을 불었다. 이와 같은 방법으로 수만 명의 군사를 질서정연하게 통제하였으며, 엄격한 군율과 훈련으로 단련된 군대일수록 마치 한 명 다루듯이 할 수 있었던 것이다.

유디티-실

군인은 훈련에 살고 훈련에 죽는다는 말이 있다. 강하고 용맹스러운 부대일수록 군사 훈련에 철저하다.

우리나라의 '해군 특수전 부대'도 훈련을 통해 강력한 전투력을 보유한 부대다. 통상 '유디티-실(UDT ; 수중 폭파대. SEAL ; 육해공 전전후 작전을 의미하는 Sea, Air, Land의 약자)'로 불리는 해군 특수전 부대의 전투력은 일반 군 전투력의 10배 이상이라고 한다. 고무 보트를 이용한 해상 침투, 헬기를 이용한 공중침투, 은밀한 수중 침투 기술은 이들의 전공 분야다. 개인화기와 잠수기구 등 30kg이 넘는 장비를 휴대한 채, 수백m를 잠수하여 적을 타격하는 기술은 오직 유디티-실만이 가능하다고 한다. 1996년과 98년 동해안에 북한의 잠수정이 출현했을 때에도 수중 침투를 통해 이들이 최초로 잠수정에 진입했다.

이들의 전력은 외국 특수부대와 비교해도 손색이 없다고 한다. '훈련과 팀워크 만큼은 세계 최고 수준'이라는 자부심이 있는데, 미국의 네이비-실(NAVY SEAL) 관계자들조차 유디티-실의 기량에 혀를 내두를 정도다.

　이와 같은 막강한 전투력을 보유하게 된 것은 상상을 초월하는 훈련의 결과다. 유디티-실의 요원이 되기 위해 반드시 통과해야 하는 24주의 훈련 과정은 말 그대로 지옥 훈련이라고 한다. 극한 상황에서의 생존 능력을 시험하기 위해 1주일 동안 단 한 시간도 잠을 재우지 않는 훈련, 갯벌과 시궁창 훈련, 장거리 구보, 봉 체조 등이 1주일 내내 끊임없이 계속된다. 식사도 갯벌에서 70kg짜리 고무보트를 머리에 인 채 실시한다. 전체 입교자들 중 탈락하지 않고 끝까지 남는 생존자는 40% 정도이다.

　다산은 형식적으로 훈련해서는 안 된다고 했으며, 훈련이 잘 되기 위해서는 군율(軍律)이 바로 서야 한다고 말했다. "군영 내에서는 엄격한 군율을 적용하여야 하며, 군율이 흐트러짐으로써 훈련 효과를 떨어뜨리는 폐단을 막아야 한다."

　군율(軍律)은 군기(軍紀)다. 군기가 얼마나 중요한가는 패튼 장군의 말을 들어보면 알 수 있다.

　"군기가 깊이 들어 있으면, 그것은 전투에 대한 긴장감이나 죽음에 대한 공포보다 더욱 강하게 인간에게 작용한다. 군기란 군인이라는 자긍심과 임무에 대한 신중한 관심, 상호 존경과 신뢰에 근거한다. 군기를 강화시키거나 유지시키지 못하는 지휘관은 잠재적인 살인자다. 군기란 병사들의 사기 진작에 필수적인 요소이며, 최상의 전투력을 발휘하는 데 결정적 역할을 하는 것이다."

45 무기 관리하기

수병(修兵)
'수병(修兵)'은 각종 무기와 병기를 관리하는 것이다.

> 병기(兵器)는 설령 백 년 동안 사용하지 않게 될지라도, 단 하루라도 갖추어져 있지 않으면 안 되므로, 병기를 구비하고 관리하는 것은 수령의 직무이다.

전쟁에서 군인이 중요한 것은 두말할 나위도 없거니와, 무기의 중요성 또한 이에 못지않다. 특히 현대전에서는 무기와 장비의 중요성이 더욱 커지고 있다. 그래서 전쟁은 무기가 한다는 말도 있다.

1950년 6월25일, 북한의 남침으로 서울이 3일만에 함락된 주된 요인도 무기 때문이었다. 국군의 57mm 대전차포 3발이 북한의 T-34 전차를 명중시켰을 때, 국군은 환호성을 올렸다. 하지만, 그것도 잠깐, 파괴된 줄로만 알았던 T-34 전차는 오히려 노출된 국군 진지에 포와 기관총을 무수히 발사하여 국군 전사자가 속출하였으며, 살아남은 국군은 뿔뿔이 흩어지고 말았다. 공포의 T-34 전차는 순식간에 38 방어선을 뚫고 3일

만에 수도 서울을 함락시키고 말았다. 또한, 상공에는 야크(Yak)기를 침투시켜 서울 상공을 마음대로 누빔으로써, 시민들을 공포에 떨게 했다. 전투기와 전차가 단 한 대도 없었던 국군은 속수무책 밀릴 수밖에 없었다.

엑스칼리버

　무기의 위력을 말할 때, 흔히 '엑스칼리버(Excalibur)'를 말한다. 엑스칼리버는 6세기 영국에서 활약한 아더 왕의 전설에 등장하는 칼이다. 이 칼은 아더가 왕이 되었을 때 호수의 요정이 준 것이다. 호수 속에서 요정의 손이 쓰윽 나와서 아더에게 칼을 주고 다시 쓰윽 들어갔다고 한다. 그 위력이 엄청나서 5백여 명의 적을 엑스칼리버 하나로 베어버렸다. 엑스칼리버를 방어할 수 있는 무기는 존재하지 않았으며, 로마 황제를 자칭하던 루셔스도 엑스칼리버에 의해 머리부터 허리까지 두 동강이 나고 말았다. 아더 왕은 엑스칼리버의 위력으로 게르만 민족을 바다로 몰아내고 영국을 통일하였다. 엑스칼리버는 힘의 상징이었다.

　전설에 등장하는 무기여서 별로 실감나지는 않겠지만, 무기 관리의 핵심은 엑스칼리버를 준비하는 일이다. 엑스칼리버를 마련해 놓아야 나라의 안전이 지켜진다.

　임진왜란 때 이순신 장군의 엑스칼리버는 거북선이었다. 사천 해전에 처음으로 모습을 드러낸 거북선은 단 2척에 불과했지만, 일거에 전장의 판도를 뒤바꾼 고성능 신무기였다. 함대를 헤치고 서서히 등장하는 거북선을 보고, 왜군은 한편으로 놀라고, 한편으로 너무 신기해서 구경하느라 넋을 잃고 있었다. 거북선 양측 옆구리가 열리면서 대포가 불쑥불쑥 나와 일제히 포문을 열기 시작하자, 비로소 거북선을 향해 조총을 발사했다. 하지만, 계란으로 바위치기처럼 거북선은 끄덕하지 않았다. 그러자 왜군은 직접 거북선에 기어올랐다. 그러나 다음 순간, 마치 '얼음, 땡' 놀이나 하는 것처럼, 거북선에 기어올라온 왜적은 그 자리에서 꼼짝도 못하고 말았다. 거북선을 덮어놓은 젖은 가마니 안에 감추어 있던 뾰족뾰족한 송곳이 그들의 발목을 꼬옥 붙잡았기 때문이다. 반신반의했던 조선 수군들조차 거북선의 위력에 놀랐다.

　이처럼, 무기가 중요하다. 무기가 전쟁의 승패를 결정한다. 상대를 압도할 수 있는 고성능 엑스칼리버가 있을 때 나라의 안전이 보다 더 견고해진다. 손자병법에서, 최상의 전쟁은 적의 계획을 사전에 분쇄하는 것이라고 하였는데, 무기 관리가 잘 되어 있는 것이 적의 계획을 사전에 분쇄하는 하나의 방편이 될 수 있다.

46 전술·전략 개발하기

권무(勸武)
'권무(勸武)'는 무예를 권장하는 것을 말한다. 현대적 관점에서 본다면, 기본적인 전투 기술을 익히는 것 이상으로, 다양한 전술·전략을 개발하는 것으로 적용할 수 있다.

> 우리의 민족성이 온화하고 유순하여 무예를 즐기지 않는 경향이 있다. 기껏 활쏘기 정도나 하고 있는데, 오늘날에는 그것마저 소홀히 하고 있으니, 무예를 권장하는 일이 급선무이다.

우리나라는 원래 무예에 능한 나라였다. 240권의 방대한 병법서인 '무비지(武備志)'를 쓴 명나라의 모원의(茅元儀)는 중국의 병법서 2천여 권을 뒤져보아도 제대로 갖추어진 검법이 없었는데, 그것을 조선에서 찾았다고 말하며, '조선세법(朝鮮勢法)'이라는 검법을 소개하였다. 조선세법은 검술의 격자지법(擊刺之法)을 최초로 완전하게 체계화한 것이라고 한다. 또한, 우리 민족은 말을 타고 달리면서 활을 쏘아 맞출 수 있는 특이한 민족이기도 하다.

권무(勸武)를 현대적으로 적용한다면, 다양한 전술·전략을 개발하고 보급해서 전투 역량을 극대화하는 것으로 이해할 수 있다. 활쏘기만이 무예의 전부가 아니라는 다산의 말은 각개 전투와 사격술만이 국방력의 전부가 아니라는 말과 통한다. 진보된 무예를 익히는 것이 필요하다. 그것이 새로운 전·전략이다.

이순신 장군의 승리 요인도 뛰어난 전술·전략에서 비롯되었다. 이순신 장군의 전략은 명량해전과 한산대첩에서 특히 빛을 발했다. 명량해전은 전남 해남군의 우수영과 진도 사이에 있는 좁은 해협인 울돌목에서, 13척의 배를 가지고 133척의 왜선을 물리친 기념비적인 전투다. 이순신 장군이 백의종군에서 복권되어 다시 3도 수군통제사가 되었을 때, 선조는 수군(水軍)을 포기하고 권율 도원수가 이끄는 육군에 합류하라는 교지를 내렸다. 이에 대해, 이순신 장군은 "아직 12척의 배가 남아 있고, 신(臣) 이순신이 살아 있습니다."라는 말로 결사항쟁의 뜻을 밝히고, '죽고자 하면 살 것이요, 살고자 하면 죽을 것이다(必死卽生 必生卽死).'라는 유명한 연설로 부하들을 독려하였다.

그렇다고 이순신 장군이 무모하게 덤벼든 것이 아니다. 이순신 장군은 치밀한 전술·전략으로 승리의 수순을 내다보고 있었다. 장군은 울돌목의 좁은 지형과 거센 물살을 이용하는 전술과 피난하는 민간 선박을 전선(戰船)처럼 꾸미고 소수의 군사를 시켜 산허리를 돌게 하여 많은 병력이 있는 것처럼 위장하는 전술을 썼으며, 울돌목의 빠른 조류가 하루에 4번 바뀐다는 사실과 울돌목의 폭이 120m밖에 안 되는 것을 활용해서 해중철쇄를 설치했다. 이순신 장군이 맨 앞장 서서 왜군의 함대를 유인한 뒤 해중철쇄를 감아올림으로써 적을 자중지란에 빠뜨린 다음, 집중 포격해 승리를 거둔 것이다. 명량해전은 '한 사람이 길목을 지키면 천 명을 두렵게 할 수 있다(一夫當逕 足懼千夫).'는 지략의 승리였다.

한산도 대첩의 경우는 어떤가? 한산도 대첩에서, 이순신 장군은 전쟁의 개념을 바꾸었다. 당시의 육박전과 백병전의 개념을 포격전의 개념으로 바꾼 것이 학익진(鶴翼陣) 전법이다. 학익진은 학 날개 전법이라는 뜻이다. 이순신 장군은 견내량에 있던 왜군을 전략상 유리한 한산도 앞바다로 유인해내기 위해 판옥선(板屋船) 5, 6척으로 하여금 적의 선봉을 급습하도록 했다. 적선이 한꺼번에 쫓아 나오자 아군 함선은 거짓 후퇴하여, 계획대로 적이 한산도 앞바다에 이르자 미리 약속한 신호에 따라 모든 배가 일시에 북을 울리며 뱃길을 돌리고 호각을 불면서 학익진(鶴翼陣)을 펴고 일제히 왜군을 향하여 진격하여 적선 66척을 격파하고 불살랐다.

원래, 학익진은 육지에서 사용하는 전법으로서, 바다에서는 사용하지 않는다고 한다. 바다의 날씨와 파도 등 미묘한 변수가 많아서 함대의 속도와 방향을 원하는 대로 움직이기가 쉽지 않기 때문이다. 드라마 '불멸의 이순신'에서 학익진을 펼친 조선 수군을 보고, 와키자카가 '저게 뭐냐'고 웃어제낀 것도 육지에서만 쓸 수 있는 학익진을 어떻게 바다에서 쓰냐는 뜻이었다. 하지만, 바로 여기에서 이순신 장군의 전술·전략을 감상할 수 있다. 일본의 함선은 빠르게 갈 수는 있지만 몸체를 틀려면 빙 돌아가야 하는 구조로 설계된 반면에, 조선의 판옥선은 속도는 떨어지지만 배의 몸체가 평평해서 원하는 방향으로 쉽게 전환이 가능하다는 점에 착안해서 학익진을 쓴 것이다. 한산도 대첩이 세계 3대 해전으로 평가받는 이유는 이런 전술·전략 때문이다.

47 비상사태에 대처하기

응변(應變)
'응변(應變)'은 변란에 대응하는 것이다. 비상사태, 위기 상황에 대비하고 대응하는 것이 응변(應變)이다.

> 나랏일을 하다 보면 생각지도 않은 사건이 자주 일어나므로, 그런 변고에 대처할 방법을 미리 생각해 두어야 한다.
> 뜻밖의 사건이 발생하면 놀라거나 동요하지 말고 사건의 귀추를 조용히 살펴봄으로써 변란에 대처해야 한다.

다산은 비상사태에 대한 대응 방법을 강구해 두라고 한다. 비상사태가 발생하여 급박한 상황에 처할지라도 당황하지 말고 귀추를 조용히 살펴보라고 한다. 비상사태에 지혜롭게 대처한 대표적인 사례는 고려시대 서희에게서 찾아 볼 수 있다.

993년, 거란의 소손녕이 80만 대군을 이끌고 고려를 침입하였다. 고려는 거란에 대한 대응책을 의논하기 위해 회의를 소집했다. 대신들은 투항론(投降論)과 할지론(割地論)으로 의견이 나뉘었다. 투항론은 거란의 요구대로 무조건 항복하자는 주장이며, 할지론은 평양 이북의 땅을 거란에게 주고 화친을 도모하자는 주장이다.

  성종(成宗)이 할지론을 채택하기로 마음을 정해갈 때, 서희가 나서서 단호하게 반대했다. 서희는 사건의 귀추를 조용히 생각해 봄으로써, 소손녕의 의도를 정확히 파악하고 있었기 때문이다. 서희는 소손녕이 청천강 이남으로 더 이상 진격하지 않고 있는 점, 실제적인 전투는 벌이지 않고 80만 대군을 내세우며 항복을 독촉하고 있는 점 등으로 미루어, 소손녕의 의도가 전쟁을 벌이는 것에 있다기보다는 항복을 원한다는 점을 파악하고, 이 위기를 협상을 통해 극복할 수 있다고 판단한 것이다.

  서희는 위기의 상황에서 동요하지 않고 귀추를 살펴보고 대응했기 때문에, 담판을 통해 오히려 강동 6주의 땅을 회복하는 쾌거를 이루었다.

  비상사태에 지혜롭게 대처하기 위해서는 '360도 세계관'이 필요하다. 북극의 사냥꾼들은 동물 가죽으로 담요를 만들어 그것을 도약대로 삼아 전후 좌우를 살핀다고 한다. 펼쳐놓은 담요 위에 사냥꾼 한 사람을 세운 다음, 다른 사냥꾼들이 담요 가장자리를 잡고 위로 튕겨 들어올려서 주변 먼 곳까지 관찰하여 순록(馴鹿)을 찾아내는 방법이다. 이와 같이, 전후좌우의 모든 상황을 고려하는 것이 360도 세계관이다. 비상 상황에서 어느 한 부분에 집착하면 실수를 초래한다. 전체적인 모든 상황을 고려해서 판단해야 한다.

존슨앤존슨

  또한, 비상사태가 발생했을 경우, 지도자는 백성을 안심시켜야 한다. 다산은 "백성들이 불안해하고 두려워하면 수령은 믿음을 보여 백성을 안심시킴으로써, 백성들이 잠 못 이루고 전전긍긍하는 일이 없게 해야 한다."라고 말한다.

기업의 예이기는 하지만, 존슨앤존슨(J&J)은 비상 상황에서 사람들을 안심시키는 것이 얼마나 중요한가를 잘 보여주었다. 1982년, 존슨앤존슨에서 생산하는 타이레놀을 복용한 환자 7명이 사망하는 사건이 발생했다. 누군가가 타이레놀 캡슐을 열고 그 안에 청산가리를 투여해 놓았기 때문이다. 35%였던 시장점유율이 7%까지 떨어졌다. 존슨앤존슨의 몰락은 명약관화했다.

하지만, 이 엄청난 비상사태 앞에서 존슨앤존슨은 매우 신속하고도 책임감 있는 대응 태도를 취하였다. 미국식품의약국은 시카고에 배포된 타이레놀을 회수하도록 권고했지만, 당시 CEO였던 짐 버크는 막대한 손실에도 불구하고 당국의 권고를 넘어 미국 전역에 배포된 타이레놀 전량을 즉각 회수하였다. 사과문을 발표하고, 피해 보상금을 지급하고, 제품 제조 과정을 공개하고, 이물질 주입이 불가능하도록 제품 포장을 개선하고, 그리고 나서 이제 안심하고 타이레놀을 복용할 수 있음을 홍보하였다.

사람들은 존슨앤존슨의 신속하고도 철저한 태도를 보고 한편으로 감동하였고, 한편으로 안심하였다. 매출은 이전 상태로 회복되었으며, 오히려 이 사건을 통해서 존슨앤존슨은 윤리 경영의 대명사, 위기 관리(crisis management : CM)의 효시가 되었다.

48 적의 침략 물리치기

어구(禦寇)
'어구(禦寇)'는 외적의 침략을 물리친다는 뜻이다.

> 외적이 침입했을 때는, 수령은 마땅히 자기의 관할 지역을 방어해야 하는데, 그 책임은 장수와 다를 바 없다.
> 방어만 할 뿐, 공격을 하지 않아서 적이 마음대로 우리 땅을 들락거리게 하는 것은 적에게 궁궐로 가는 길을 열어주는 것이나 마찬가지니, 쫓아가 공격하는 것을 어찌 그만둘 수 있겠는가.

다산은 공격 받았을 때 방어만 해서는 안 된다고 말하고 있다. '쫓아가 공격하는 것을 어찌 그만둘 수 있겠는가.'라고 단호하게 말한다. 적의 공격에 대비해서, 방어 전략과는 별도로 공격 수단이 준비되어 있어야 한다는 것이 다산의 주장이다.

적을 공격할 대책이 없다는 것이 곧 그들이 우리를 공격할 빌미가 될 수 있다. 적의 심장부에 치명적인 타격을 가함으로써, 단숨에 초토화시키는 필승 전략이 마련되어 있지 않다면, 아직 국가 안전을 속단하기는 이르다. 어떤 경우에도 침략자들의 안전을 담보해 주어서는 안 된다.

다산의 생각은 유토피아인들의 생각과도 일치한다. 흔히 이상향이라고 일컫는 '유토피아(Utopia)'에서도 국가를 수호하는 전쟁에 관한 한, 다산과 같은 생각이다. 유토피아인들은 전쟁 범죄자를 처단하기 전에는 전쟁을 끝내지 않는다.

"유토피아인들은 전쟁을 가장 불명예스럽게 여겨 증오합니다. 유토피아인들은 정기적으로 군사 훈련을 받지만, 그것은 국가의 안전을 지키기 위한 목적입니다. 그러나 이웃 나라에서 그들의 시민을 공격하여 피해를 입히면, 즉각 선전포고를 하고 그 범죄자를 처단하기 전에는 전쟁을 끝내지 않습니다."

조선 시대 태종의 태도도 이와 유사하다. 태종은 세종 즉위년에, 이종무에게 대마도(쓰시마)를 정벌하라는 명령을 내렸다. 왜선 수백 척이 몰려 왔다는 정보를 접한 태종이 다시는 왜구가 우리 땅을 넘보지 않도록 하기 위해서였다. 이종무는 227척의 함선에, 1만7천여 명의 군사와 65일간 먹을 식량을 싣고, 거제도를 떠나 대마도로 향했다. 조선 수군은 해류를 타고 단 하루 만에 대한해협을 건너 대마도에 닿았다.

97%가 산악으로 이루어진 자연적 입지를 믿고, 대마도 도주가 항복하지 않자, 이종무는 129척의 왜선과 2천여 호의 집을 불태웠으며, 왜적 120여 명을 죽이고 수십 명을 포로로 잡았다. 그러자 항복하였다. 태종이 이종무에게 지시했다. "예로부터 군사를 일으켜 적을 치는 것은 그 죄를 꾸짖기 위함이지, 사람을 죽이기 위함은 아니다. 은덕을 저버리고 노략질을 일삼는 자들은 단호하게 처벌하되, 우리의 덕의(德義)를 사모하는 백성들은 해치지 말라." 이 지침에 따라 이종무는 대마도를 정벌한 지 열흘 만에 철군하였다.

유토피아인이나 태종이나 다산의 공통적인 생각은 적의 공격을 받으면 끝까지 적을 공격해야 한다는 것이다. 공격하는 것은 물론 위험 부담이 따르지만, 그러나 정말로 위험한 것은 공격하지 않는 것이다. 2차 대전 때, 미국의 패튼(Patton) 장군은 "어떤 전쟁에서건 가장 안전한 방법이 가장 위험한 전략이다." 라는 소신을 가지고 공격 위주의 전략을 펼침으로써, 북아프리카 튀니지 전선에서 독일의 전설적인 전차 부대인 롬멜 부대를 격파하는 혁혁한 전과를 올렸다.

> 나라에 대한 뜨거운 충성심과 대장부의 늠름한 지조로 전쟁에서 공을 세우는 것이 최우선이며, 부득이 전세가 불리할 때에는 있는 힘을 다해 싸우다가 죽음으로 끝을 맺는 것이 삼강오륜의 도리를 다하는 본분이다.

다산은 죽음으로써 나라를 지킬 것을 강조하였다. 아메리카 인디언 전사들 사이에 '오늘은 죽기에 좋은 날' 이라는 말이 있다. 항상 충실한 삶을 살아온 사람이 지금 당장 죽어도 여한이 없다는 뜻으로 하는 말이다. 나라를 지키기 위해 전쟁터에 나서는 사람의 고백으로, 이 말만큼 화려한 수식어는 없을 것 같다.

전쟁에서 이기기 위한 조건은 두 가지다. 하나는 평소에 미리 미리 대비해 두는 것이고, 또 하나는 전쟁이 발발했을 때 기꺼이 목숨을 바치는 것이다.

나라를 지키기 위해 죽어야 한다는 말을 패튼 장군이 들으면 노발대발할지 모른다. 패튼 장군은 "어떤 놈이건 간에 전쟁에서 죽고 난 뒤에 조국을 위해 죽었노라고 하는 놈은 필요 없다. 적을 죽이고 그놈에게 조국을 위해 죽었노라고 말하게 하라."라고 했다. 이 말의 의미는 전쟁에서 패배하는 것은 수용할 수도, 용납할 수도, 용서할 수도 없다는 뜻이다. 패튼은 "어떻게든 이겨라. 이기는 것 외에 전쟁에서 할 일은 없다."라고 말한다. 이기기 위해서 살아야 한다면 살아야 하고, 이기기 위해서 죽어야 한다면 죽어야 한다. 죽든지 살든지 이겨야 하는 것이 전쟁이다. 전쟁에서의 선택은 오직 이기는 것뿐이다. 개인이나 조직 간의 관계에서는 '윈윈(win win)'이 성립할 수 있지만, 전쟁에서 '윈윈'은 없다. 하나의 '윈'만이 존재한다.

제9편

법률

형전육조 | 刑典六條

'형전(刑典) 육조'는 소송, 재판, 형벌, 감옥, 치안 등 법률과 관련된 여섯 가지 내용이다. 법을 알아야 세상을 안다는 말이 있다. 법이 바로 서야 나라가 바로 선다고도 한다. 세상에 법이 필요한 이유는 경제 원리 때문이다. 재화는 부족한데, 이를 필요로 하는 수요자는 많은 상황, 즉 희소성의 원리가 적용되는 상황에서는 관용에 의한 덕치(德治)로는 한계가 있기 때문에, 법률의 강제성에 의지할 수밖에 없다. 법이 개입되는 상황은 인간의 존재 방식이나 이해관계에 첨예한 대립이 있는 경우가 대부분이다. 법이 어떻게 행사되느냐에 따라 개인의 삶의 모습이 크게 좌우된다. 그래서 법이 중요하다. 지도자는 법률 정의 실현에 앞장서 대중의 삶을 보호해야 할 책임이 있는 사람이다.

49 사실 밝히기

청송(聽訟)

'청송(聽訟)'이란 재판을 하기 위해 송사(訟事)의 내용을 살피는 것을 말한다. 요즘 말로 하면, 사실심리를 가리킨다고 할 수 있다. 사실심리(事實審理)란, 법 적용의 기초가 되는 사실을 조사하고 밝히는 일이다.

> 청송(聽訟)의 근본은 성의에 있고, 성의의 근본은 신독(愼獨)에 있다. 청송을 순리에 맞게 매끄럽게 처리하기 위해서는 천부적인 재능이 있어야 하는데, 재능에만 의지하는 것은 자칫 위험하므로, 마음을 다하여 사건의 내용을 속속들이 파헤치는 것이 자세가 더 확실한 방법이다.

다산은 먼저, 지도자가 성의(誠意)와 신독(愼獨)을 행함으로써, 세상이 저절로 평안해지고 나아가 소송 사건이 생기지 않게 하라고 말하고 있다. 가장 최선은 백성을 교화하여 소송이 생기지 않게 하는 것이라는 뜻이다.

그리고 사실을 낱낱이 밝히기 위한 두 가지 조건을 들고 있다. 하나는 천부적인 재능이다. 숨겨진 계략을 캐내고 감추어진 행적을 밝혀내기 위해서는 천부적인 재능과 지혜가 필요하다고 하였다. 또 하나는 철저한 조사다. '풀만 베고 뿌리를 남겨 두면 해마다 다시 돋아나는 법'이므로, 대강 헤아려 골치 아픈 사건을 종결하려고 하지 말고 근원부터 속속들이 밝혀내야 한다고 강조하였다.

다산은 사실을 철저하게 밝힘으로써, 힘없는 백성들이 언제든지 법에 의뢰하여 억울함에서 벗어날 수 있게 해야 한다고 강조했다.

"진실이 막히고 가려지면 백성들은 원통하고 답답할 수밖에 없다. 백성들이 수령 대하기가 하늘만큼이나 멀게 되면, 원통한 일로 인해 고통당해도 하소연할 곳이 없다. 더욱이 관청의 아전과 관리들이 호통하고 꾸짖으니, 마음 약한 백성들은 입도 제대로 열지 못하고 기가 꺾이고 만다. 그러므로 억울한 백성들이 관청을 자기 부모 집 드나들 듯 하게 하는 것이 훌륭한 수령의 행할 바이다."

지혜롭게 사실을 밝힌 사례 하나를 보자.

"황패(黃覇)가 중국 영천의 태수가 되어 다스렸다. 어떤 부잣집에 형제 부부가 같이 살았는데, 형과 아우의 처(妻)가 비슷한 시기에 각각 임신을 하게 되었는데, 형의 부인은 그만 유산이 되고 말았다. 그런데 형의 부인은 이 사실을 숨기고 있다가 아랫동서가 아들을 낳자 그 아이를 가져다가 자기 자식이라고 우기는 희한한 사건이 발생했다. 3년이 지나도록 사건의 판결을 내리지 못하였는데, 황패가 부임하여 그 아이를 데려 오게 한 다음, 두 여자의 가운데 놓고 서로 가져가도록 하자, 맏동서가 먼저 가져갔다. 하지만, 맏동서는 동작은 빨랐으나 아기를 잡아채는 손길이 몹시 거친 데 비해, 아랫동서는 행여 다칠까 조심하는 마음 때문에 동작이 민첩하지 못했다. 황패는 '네가 집안의 재물에 눈이 어두워 아이를 가로채려고 하였으니, 어찌 아이를 보살피고자 하는 마음이 있겠느냐!'라고 하면서, 맏동서를 처벌하였다."

50 신중 · 신속하게 판결하기

단옥(斷獄)
'단옥(斷獄)'이란 죄의 유무(有無)와 경중(輕重)을 결정하는 판결을 뜻한다

> 단옥(斷獄)의 요체는 밝게 살피고 신중하게 처리하는 데에 있다. 사람의 생사가 달려 있는 문제인데, 어찌 밝게 살피지 않을 수 있으며, 신중하게 처리하지 않을 수 있겠는가?

조선 시대에는 소송이 폭주하였기 때문에, 연일 밀려오는 소송 때문에 수령이 다른 업무를 보지 못할 정도였다고 한다. 오늘날에는 판결은 당연히 사법관이 처리하지만, 조선 당시에는 업무 분화가 이뤄지지 않았기 때문에, 행정관인 수령이 사법관의 일까지 담당하고 있었다. 소송 절차가 행정과 사법으로 분리된 것은 1895년 갑오경장 때부터다.

요즘은 변호사 제도가 있기 때문에 억울함을 피할 수 있는 길이 있지만, 조선 시대에는 그것이 여의치 않았다. 조선 초기에는 오늘날의 변호사와 같은 외지부(外知部)가 있어서 소송을 관장하는 한성부 근처에서 법률 자문을 하고, 소장(訴狀)을 대신 작성해 주기도 하는 등 소송을 도

왔으며, 승소하면 일정한 이익을 챙겼다. 그러자 조정에서는 소송이 많아진 이유를, 이익을 노려 소송을 부추기는 외지부 때문이라고 생각하고, 성종 때부터는 외지부를 강도(強盜)로 간주하여 이들을 신고하는 사람에게는 강도를 신고한 것과 똑같은 포상금을 지급함으로써, 외지부는 17세기 이후 역사 속에서 사라졌다. 우리나라의 법률 발전이 더디어진 이유 중의 하나라고 할 수 있다. 결국, 수령이 밝고 신중하게 판결하지 않으면 백성은 보호받을 길이 없게 될 것이다.

올바른 판결로 억울한 사람을 많이 구제해 주어 후손이 잘 된 사례가 있다. "우정국(于定國)의 부친은 늘 밝고 신중하게 옥사를 처리했기 때문에, 우정국의 부친이 판결을 내리면 처벌을 받은 사람도 원한을 품지 않았다. 한번은 우정국의 부친의 집 대문이 부서져서 고치게 되었는데, 이 때 그는 말하기를 '대문을 더 높여서 사마(駟馬 ; 네 마리의 말이 끄는 수레)가 끄는 수레가 드나들 수 있도록 하라. 내가 옥사를 처리함에 있어서 일찍이 억울한 사람을 만들지 않았으니, 내 자손 중에서 틀림없이 크게 성공한 사람이 나올 것이다.'라고 하였다. 과연 그 후에 그의 아들 우정국이 승상(丞相) 자리에 올랐다."

다산이 강조한 또 한 가지는 관용(寬容)과 감형(減刑)이다. 다산은 우두머리 괴수는 목베고 관련자들은 너그럽게 용서하는 관용의 태도가 필요하다고 하였다.

"금나라 때 석고(石皐)가 정주의 태수로 일했는데, 난폭한 자들이 반란을 선동하여 수천 명의 무고한 백성들이 연루되었다. 사람들이 반란자들의 이름을 적어와 고발했을 때, 석고는 이름을 적은 문서를 받아들고 대청으로 올라가면서 넘어지는 척하면서 그 문서를 화로에 빠뜨려 태워버렸다. 그리고는 우두머리만을 처벌하고 다른 사람들은 풀어주었다."

판결은 신중해야 하지만 또한 신속해야 한다. 다산은 신속하게 판결해야 함을 여러 차례 강조했다. "세월을 지체하지 않고, 현명한 판단으로 즉시 처리하는 것은 맑은 바람이 구름 낀 하늘을 말끔히 씻어내는 것과 같다. 옥사의 처리에는 정해진 기한이 있으니, 죽을 지경에 이르도록 방치해 두는 것은 법에 맞지 않는다."

'경국대전'에 '옥사의 판결은 대사(大事 ; 사형에 해당하는 사건)의 경우는 그 기한이 30일, 중사(中事 ; 유배형에 해당하는 사건)의 경우는 20일, 소사(小事 ; 태형이나 장형에 해당하는 사건)의 경우는 10일'로 규정되어 있는 것도 옥사를 신속하게 처리하기 위함이다. 현재 우리 헌법도 '모든 국민은 신속한 재판을 받을 권리를 가진다(헌법 제27조 3항).'라고 되어 있지만, 실제로 소송에 들어가면 세월 잡아먹는 것에 지쳐서 포기하고 마는 사례가 허다하다고 한다.

오늘날에는 외부적인 요인으로 판결이 잘못되는 경우도 있다. 외부적인 요인의 첫째는 '유전무죄(有錢無罪), 무전유죄(無錢有罪)'라 일컫는 돈이고, 둘째는 '유권무죄(有權無罪), 무권유죄(無權有罪)'라 칭하는 권력이다. 실제로 우리나라 정·관·재계의 힘있는 인사들은 설령 감옥에 가도 끝까지 복역하지 않고 도중에 풀려나는 경우가 많다고 한다. 전직 국회의원, 1급 이상 공직자, 100대 기업 사장 등 고위층 18명의 복역 기간을 조사한 결과, 단 한 명만이 만기 출옥한 것으로 나타났다.

51 형벌 남용하지 않기

신형(愼刑)

'신형(愼形)'은 형벌을 신중하게 가해야 한다는 뜻이다. 청송(聽公), 단옥(斷獄)에 근거하여 실제적인 형벌이 부과되는데, 이 때 형벌을 과도하게 남용해서는 안 된다는 것이 신형(愼刑)이다.

> 백성의 잘못을 바로잡는 데에 있어 형벌은 최후 수단이다. 옛날의 어진 수령들은 가능하면 형벌을 완화하고자 하였으니, 그 행적이 아름답고 향기로운 자취로 역사의 기록에 남아 빛나고 있다.

조선 시대에는 크게 다섯 종류의 형벌이 있었다. 태(笞), 장(杖), 도(徒), 유(流), 사(死)의 5형(五刑)이 그것이다.

'태형(笞刑)'은 가장 가벼운 형벌로서, 회초리로 볼기짝을 때렸기 때문에 볼기형이라고도 했다. 10대에서 50대 이내로 때렸으며, 가벼운 경범죄에 적용되었다. '장형(杖刑)'은 곤장형인데, 죄인의 볼기를 60대에서 100대까지 때리는 형이다. 태형보다 훨씬 무거운 형벌로서 강간죄, 강도 상해죄 등에 적용되었는데, 심하면 죽음에 이르기도 했다.

'도형(徒刑)'은 감옥에 가두어 복역하는 것으로서 오늘날의 징역형과 비슷하다. 주로 절도죄에 대해서 1년에서 3년까지 복역하게 하면서, 소금 굽기 · 쇠 다루기 등과 같은 힘든 일을 강제로 시키는 형벌이다. '유형(流刑)'은 죄인을 귀양보내는 유배형으로서, 죄의 정도에 따라 500리 간격으로 차등을 두었다. 왕에게 미움을 받은 신하들이 주로 유배형을 당했는데, 산간 벽지나 무인도에서 몇 개월에서 몇 년까지 머물렀다. 다산은 18년간 유배 생활을 했다.

가장 무서운 벌은 물론 사형(死刑)이다. 사형 집행 방법으로는 사약, 교수형, 참수형, 장살형 등이 있었다. 살인죄를 진 사람이나 반역자들에게 주로 가해졌다. 조선은 농본주의 국가로서 노동력을 중시했기 때문에, 무고한 평민을 죽였을 경우에는 사형에 처하게 된다. 노비를 살인했을 때는 태형으로 볼기를 맞거나 노비 주인에게 돈을 주었다. 군, 현의 수령은 장형(杖刑) 이하, 관찰사는 유형(流刑) 이하의 사건만을 처리하게 하였으며, 사형(死刑)은 삼복제(三覆制)라 하여 국왕의 재결에 의해서만 집행할 수 있게 하였다.

형벌권을 남용할 경우에는 엄중한 처벌을 가했고, 중앙에서 각 지방에 율사를 파견하여 관찰사의 사법 업무를 보좌케 하였다. 그러나 조선 후기에 접어들어, 당쟁이 격화되고 세도 정치로 인한 부패가 만연하면서 법치 질서도 문란해져 형벌을 남용하는 경우가 빈번했다.

악형 금지

다산은 특히 악형에 해당하는 형벌의 남용을 금하였다. "감정적인 분노심으로 형벌을 남용하는 것은 큰 죄가 된다. 경솔하게 악형(惡刑)을 가해서는 안 된다."라고 하였는데, 악형은 오늘날의 고문과 비슷하다고 할 수 있다.

악형을 가장 많이 없앤 임금은 세종대왕이다. 대표적인 것이 태배형

(笞背刑)이다. 이것은 몽둥이로 등을 때리는 형벌로서 자칫 목숨을 앗아가기 십상이었다. 세종은 "사람 몸의 다섯 가지 내장은 모두가 등에 가까운데, 관리들이 백성을 고문하고 곤장을 칠 때에는 대체로 등을 때려 목숨을 해친다. 그러므로 이후로는 등에 태형을 가하는 것을 금지하니, 만에 하나라도 어기는 자가 있다면 죄를 주리라."라고 하였다.

숙종도 "임금은 우레 같은 권위로 백성의 생사를 좌우할 수 있으나, 사람에게 형벌을 가함에 있어서는 사사로운 감정에 따라 행하지 않고 공적인 법도에 따라 행하고 있다. 그런데 도리어 지방의 관리들은 임금이 백성을 불쌍히 여기는 마음은 아랑곳하지 않고, 형벌을 가하는 것을 법대로 하지 않으며, 자그마한 미움이나 분노만으로도 큰 곤장을 만들어 마음대로 때려 죽이니, 사람의 목숨을 지푸라기처럼 가볍게 여긴다. 이런 무리들은 단 한 명도 관직에 등용하지 않도록 하여, 삼가 두려워하고 조심하게 하라."라고 유시를 내렸다.

52 죄수에게 온정 베풀기

휼수(恤囚)

'휼수(恤囚)'는 옥에 갇힌 죄수를 보살피는 것을 말한다. 옥에 갇힌 죄인을 불쌍히 여기는 것이 휼수(恤囚)다.

> 감옥은 이승의 지옥과 다를 바 없으니, 어진 사람은 옥에 갇힌 죄수의 고통을 헤아릴 줄 알아야 한다.

조선 시대 법률의 특징을 한 마디로 말하면 '휼형주의(恤刑主義)'다. 휼형주의는 조상들의 오랜 공동체 생활 체험을 통해 생성되고 다듬어진 고유의 형벌 이념으로서, 죄인을 법에 따라 엄중하게 처벌하되, 용서해 줄 여지가 있으면 적극적으로 용서한다는 태도다. 예를 들어, 죄수의 부모가 죽으면 휴가를 보내 장례를 치르게 하고, 죄수가 임신한 상태면 아기를 낳을 때까지 처벌을 미루거나, 병들었을 때에는 병을 치료한 다음에 처벌을 받게 하는 등, 민본 정치에 입각한 인권 보장 조치가 휼형주의다.

조선 시대 형사 법전에는 휼수(恤囚)의 규정을 두어 죄수의 인권 보장을 위한 법적 제도를 마련하였으며, 역대 임금들은 어진 정치의 상징으로 '휼형(恤刑)'을 중시하였다. 성종(成宗) 임금은 백성이 형벌을 받는 것을 불쌍히 여기는 글인 휼형교(恤刑敎)를 지어 관리들을 일깨우기도 했다.

세종대왕도 휼수(恤囚)의 감옥 행정을 펼치라고 하교(下敎)하였다.

"감옥은 죄를 징계하는 곳일 뿐, 사람을 죽음에 이르게 하는 곳은 아닌데도 불구하고 극심한 추위와 무더위, 배고픔과 질병으로 인해 목숨을 잃는 자들이 속출하고 있다. 그러므로 수령은 감옥의 관리들에게 옥안을 깨끗하게 하고 질병은 즉시 치료해 주도록 지시해야 하며, 죄수를 부양해 줄 가족이 없는 경우는 관청에서 옷이나 식량 등을 지급해 주어야 한다. 이렇게 행하기를 소홀히 하고 게을리 하는 자는 엄격하게 다스리도록 하라."

다산 역시 죄수에게 온정을 베풀어야 한다고 말한다.

"감옥 생활의 고통은 이루 다 말할 수 없다. 그 중에서 가장 고통스러운 것으로 다섯 가지 고통이 있으니, 첫째는 형틀의 고통이요, 둘째가 토색질 당하는 고통이요, 셋째가 질병의 고통이요, 넷째가 춥고 배고픈 고통이요, 다섯째가 오래 갇혀 있는 고통이다. 이 다섯 가지 고통이 하나의 줄기라면, 여기로부터 수많은 가지가 뻗고 잎이 돋아나듯이 그 고통이 심하다. 이를테면, 사형수는 이내 곧 죽임을 당하게 될 터인데도 이런 고통까지 겪어야 하니 그것이 슬픈 일이요, 죄가 가벼운 죄수는 그 죄에 비해 너무 무거운 고통을 당하게 되고, 죄 없이 들어온 억울한 죄수는 모함으로 이런 고통을 당해야 하니, 이것들은 한결같이 슬픈 일이다. 목민관으로서 어찌 이런 사정을 살피지 않을 수 있겠는가?"

당시 감옥에서는 온갖 횡포와 포학함이 자행되었는데, 다산은 이것을 "암흑이 점차로 온 땅을 뒤덮으며 또 하나의 세계를 이루었으니, 이는 바깥 세상에서는 살필 수가 없는 것이다."라고 하였다.

다산은 죄수들에게 편의를 제공하여 좋은 효과를 거둔 중국의 사례를 제시하였다.

"당나라의 여원응(呂元膺)이 기주의 자사로 있었는데, 감옥에 있는 죄인 한 사람이 '내일이 설날인데, 부모님께 인사를 드리지 못하니, 이런 불효가 어디 있겠습니까.' 라고 하면서 눈물을 흘렸다. 여원응이 이런 사정을 불쌍하게 생각하여 죄수들의 수갑을 풀어 집으로 돌려보내며 정해진 날짜 안에 돌아오게 하려고 하자, 옥졸들이 '아니 되옵니다.' 라고 반대했다. 여원응은 '내가 진심으로 은혜를 베풀었는데, 저들이 나를 저버릴 리가 있겠느냐.' 하고는 죄수들을 집으로 돌려보냈는데, 모두가 기일 내에 돌아왔다. 그 후로 도둑의 무리들이 스스로 부끄러움을 느껴 이 지역에서 모두 사라져버렸다."

휴마이타 교도소

범죄자에게 온정을 베푸는 모습이 범죄자는 마땅히 처벌받아야 한다는 법 감정에 맞지 않을 수 있지만, 오늘날에도 이와 같은 휼수(恤囚)를 통해 재소자를 교화하여 좋은 효과를 거두고 있는 교도소가 있다.

휴마이타 교도소는 아파키(Apac) 프로그램이라는 재소자 교정 프로그램을 근간으로 하여 브라질 교도 선교협의회가 운영한다. 일반 교도소에서 휴마이타 교도소로 이송되기 위해서는 면접 과정을 거치는데, 이 과정을 통과하여 교도소에 도착하면, 즉시 손목의 수갑을 풀어준다. 그리고 "이 교도소에서 당신의 마음은 사랑이라는 이름의 수갑에 채워지고 당신을 감시하는 사람은 예수님입니다."라고 말해준다. 이후로 다시는 수갑이 사용되지 않는다. 죄수들은 명찰을 달고 있을 뿐, 죄수복이 없다. 방 열쇠도 재소자들이 관리한다. 이들은 기도하고 묵상하며, 토론, 고전문학, 음악, 미술, 기술 연마 등의 수업을 받는다. 여기서 모범수로 인정받으면 반 개방 상태의 자유를 누리며, 나중에는 교도소 밖의 일터에 나갈 수도 있게 된다.

이 교도소는 3가지 원칙에 따라 운영되는데, 첫째, 그리스도의 신앙이 재활의 기초를 이루며, 둘째, 재소자들은 서로에게 책임감을 가지며, 셋째, 새로운 삶을 살도록 가족 간의 유대 관계를 중요시한다는 것이 그것이다. 114년 형을 선고받고 복역 중인 한 재소자는 규정에 잘 적응해 68년 형으로 감형 받았고, 다시 30년으로 감형 받아 9년 후에는 출소할 것으로 기대하고 있는데, 3년 전에 결혼하여 어엿한 가장으로 모범적인 생활을 하고 있다. 다른 교도소의 경우, 평균 80%의 재범률을 나타내는 데 비해, 휴마이타 교도소의 재범률은 3.5%다.

우리나라에는 29개의 교도소가 있는데, 콩나물 교도소라고 할 만큼 정원 초과 상태라고 한다. 교정과 선도를 위한 민간 단체의 노력도 한계에 부딪혀 있다. 이런 상태에서 민영교도소 설치 법안이 국회를 통과하여, 정부는 재단법인 아가페와 기독교 교도소 운영 위탁 계약을 체결했다. 경기도 여주에 문을 여는 '한국 기독교 교도소'는 재소자들로 하여금 자신의 삶과 가족에 대한 중요성을 깨닫게 하고, 사회 구성원으로서의 역할을 감당하게 함으로써, 삶의 절망을 희망으로 바꾸는 공동체를 이루어가고자 한다.

53 세력자의 횡포 막기

금포(禁暴)

'금포(禁暴)'는 세력 있는 자들의 횡포를 막는다는 뜻이다.

> 목민관은 호강(豪强)한 자들이나 권세자들의 측근을 억누르고 세력자들의 횡포를 막음으로써, 백성들의 삶을 편안하게 해야 한다.

세력자의 횡포를 징계한 대표적인 사례는 공자(孔子)가 소정묘(少正卯)를 처단한 사건이다. 공자는 노나라의 대사구(大司寇 : 사법장관)가 된 지 7일째 되는 날, 정치를 문란시킨 소정묘를 죽여 그 시체를 3일간 궁정에 내걸었다. 공자의 제자인 자공(子貢)이 소정묘를 인망이 높은 사람으로 생각하여, 공자의 행위가 잘못된 것이 아니냐고 말하자, 공자는 소정묘는 5대악(五大惡)을 겸하고 있으므로 죽임 당함이 마땅하다고 대답하였다.

공자가 5대악으로 든 것은, 첫째, 만사에 통달해 있으면서 흉험한 짓만 하는 것, 둘째, 행동이 괴팍하고 고집스러운 것, 셋째, 말이 거짓되고 교활한 것, 넷째, 괴이한 일을 잡다하게 많이 알고 있는 것, 다섯째, 틀린 것을 교묘하게 옳은 것처럼 꾸며댄 것 등이다. 횡포를 부리고 백성을 혼미케 하는 세력을 막아야 한다는 점에서 다산의 생각과 비슷하다. 공자가 5대악을 척결 대상으로 내세웠다면, 다산은 일곱 부류의 세력자를 지목하였다. 일곱 부류는, 귀척(貴戚), 권문(權門), 금군(禁軍), 내신(內臣), 토호(土豪), 간리(奸吏), 유협(游俠) 등이다.

오늘날의 상황에서 보면, 고위층의 친인척, 비서실, 지방 유지 또는 이들의 힘을 믿고 각종 이권에 개입하는 사람들이 세력자들이다. 다산은 이들의 횡포를 가차없이 척결하고 세력을 억눌러 백성들을 편안하게 해주어야 한다고 말했다.

"김시진(金始振)이 수원 부사가 되어 다스릴 때, 얼부(孼俘 ; 남의 나라의 앞잡이 노릇을 하는 사람)인 이일선(병자호란 때 청의 앞잡이 노릇을 함)의 아우가 형인 이일선의 세력을 믿고 자기 멋대로 방자한 짓을 일삼으며, 나라의 기밀까지 서슴없이 누설하였다. 그러자 김시진이 이일선의 아우를 데려오게 하여 그 자리에서 즉시 목을 베었다. 함께 있던 관리들이 '먼저 임금께 여쭈었어야 할 일입니다.' 라고 하자, 김시진은 '문제가 생기면 내가 책임을 지면 된다. 조정에까지 부담을 지게 할 수는 없다.' 고 말했다. 이에 주위에서 보고 있던 사람들이 모두 놀라고 숙연해졌으며, 이일선이 와서 그 장면을 보고도 한 마디도 말하지 못했다."

"정언황(丁彦璜)이 평산 현감으로 있을 때, 그 지방에는 백성들을 위협하고 갈취하는 못된 무리들이 있었다. 정언황이 이들을 제압하려고 하자, 그 중 한 사람이 중앙의 권문세가들의 온갖 서찰을 내밀며 모면하려고 하였다. 정언황이 단 하나의 부탁도 들어주지 않고 더욱 강력하게 억누르자, 그 사람은 도망하여 숨어 살다가 분을 못 이겨 화병으로 죽고 말았다. 이 외에도 정언황은 80명의 토호들을 모조리 색출하여 제압하였다."

> 도박꾼들이 노름판을 벌여 사람들을 떼를 지어 모이게 하는 것을 금지해야 한다.
> 광대 놀이, 꼭두각시 놀이, 나악(儺樂) 등으로 사람들을 끌어 모아 요사스런 행위를 하는 것도 엄금해야 한다.

다산은 도박도 횡포로 간주하였다. 도박이 사람의 심성을 망치며 부모에게 심려를 끼치고 가정불화를 일으키므로 물리쳐야 한다고 했다. 오늘날에도 도박으로 인해 가정 파탄에 이르는 경우가 적지 않다. 불법 영업하는 성인 오락실과 카지노 바 등이 우후죽순으로 생겨났으며, 카지노 도박에서 헤어나지 못하는 도박 중독자들이 크게 늘어나고 있다. 인터넷 사이버 상에서도 도박이 횡행한다. 고액 당첨금을 내건 각종 복권도 합법을 빙자한 도박의 성격이 강하다.

다산은 풍기를 문란케 하는 저속한 예술 활동도 물리쳐야 한다고 했다. 인간의 심성을 온화하고 부드럽게 해주는 예술 활동은 지지하지만, 요사스런 몸짓이나 행위는 금지해야 한다고 말한다. 대중을 위해서나 예술가 자신을 위해서나 지나친 예술 표현 행위는 자제해야 한다. 특정인의 돌출 행동으로 인해 문화 집단 전체가 퇴폐 불량 집단으로 오인될 수 있기 때문이다.

54 해로운 집단 단속하기

제해(除害)

'제해(除害)'는 해로운 집단이나 사물을 없애는 것이다. 금포(禁暴)와 비슷하지만, 금포(禁暴)가 세력자의 횡포를 대상으로 한 것이라면, 제해(除害)는 백성들에게 피해를 입히는 일반적 요인을 제거하는 것이다.

> 수령은 백성들에게 해(害)가 되는 것을 제거할 소임이 있으니, 첫째가 도적이요, 둘째가 귀신붙이요, 셋째가 호랑이와 늑대이다. 이 세 가지를 제거하는 일이 백성들의 근심을 없애는 길이다.

다산이 해로운 집단으로 지목한 대상은 세 가지다.

첫째, 도적이다. 다산은 공자가 계강자(노나라에서 가장 큰 권력을 가졌던 사람)에게 '그대가 모범이 되어 탐욕을 행하지 않는다면, 도둑들은 상을 준다고 해도 도둑질을 하지 않을 것이오.'라고 한 말을 인용하여 지도자가 먼저 올바르게 행해야 한다고 했다.

"송나라 때 범순인(范純仁)이 낙양을 다스렸다. 사극장(謝克莊)이라는 관리가 낙양으로 들어오는 길에 주막에서 쉬면서 말에게 먹이를 주고 있었는데, 옆에서 한 노인이 담장 아래 앉아 따뜻한 햇볕을 쬐고 있었다. 그 때 한 사람이 급히 노인에게 와서 '할아버지네 송아지가 없어졌어요.'라고 알려줬다. 하지만, 노인은 고개도 돌리지 않고 그대로 앉아 있었다. 그러자 그 사람이 다시 한 번 '할아버지네 송아지를 누가 훔쳐갔다니까요.' 하고 말하자, 그제서야 노인은 태연하게 '틀림없이 이웃집에서 장난치려고 감추었을 게야.' 하고 말하는 것이었다. 이 장면을 보고 있던 사극장이 이상히 여겨, 노인에게 다가가 '할아버지네 송아지를 도둑 맞았다고 두 번씩이나 알려 드렸는데 아무렇지도 않은 듯이 앉아 계시니, 어찌 된 일입니까?' 하고 물었다. 노인은 웃으면서 '범공(范公)께서 이 지역을 다스리는데 누가 도둑질할 생각을 하겠소.' 라고 대답하였다. 과연 얼마 안 지나서 송아지가 노인의 집으로 돌아왔다. 사극장은 감탄하였다."

지도자가 정직하고 청렴하면 사회가 맑아질 수 있다. 오늘날 범죄를 줄이고 치안 유지에 성공한 대표적인 사람은 빌 브래튼 뉴욕경찰청장이다. '블루오션 전략'에서 소개된 빌 브래튼의 업적은 '킹핀(king pin)'과 '어항 경영(fishbowl management)'으로 설명된다. 브래튼이 뉴욕경찰청장으로 부임했을 때, 뉴욕은 살인, 폭력, 절도, 마피아 싸움, 무장 강도 등으로 혼란스럽기 짝이 없었다. 3만6천 명의 뉴욕 경찰관들은 노후화된 장비, 박봉, 위험하고 열악한 근무 조건 등으로 인해 사기가 바닥에 떨어진 상태였으며, 뉴욕 시민들 또한 치안에 대한 불만으로 가득 차 있었다.

이런 뉴욕을 브래튼은 2년도 되기 전에 미국에서 가장 안전한 도시로 만들었다. 브래튼이 재임한 2년 동안 강도, 살해, 절도가 각각 39%, 50%, 35% 하락했으며, 시민들의 경찰 신뢰도는 37%에서 73%로 상승했다. 인구수가 뉴욕보다 500만 명이나 적은 시카고보다도 범죄 건수가 적었다.

브래튼의 비결은 볼링 게임에서 '킹핀'을 맞추는 원리와 비슷하다. 킹핀이 쓰러지면 나머지 핀들도 연달아 쓰러진다. 윗사람, 즉 지도자가 킹핀이다. 킹핀이 영향력을 발휘하면 모두 변화된다는 점에 착안하여, 브래튼은 76개 구역의 경찰청장을 킹핀으로 삼아, 그들을 격려하고 동기를 부여했다. 이런 전략이 '어항 경영'이다. 어항 속의 물고기처럼 킹핀들의 활동을 투명하게 다른 사람들에게 보여주는 방법이다. 브래튼은 격주로 열리는 범죄 전략 검토 회의라는 어항 속에 킹핀인 경찰서장들로 하여금 자신들의 활동과 성과를 설명하도록 했다.

이런 방법을 통해서 지도자의 모범적인 모습이나 실적이 선명하게 드러남과 동시에, 무능과 실패 또한 숨김없이 드러나게 되었다. 브래튼 자신부터 '전기 하수도'라고 불릴 만큼 공포의 대상이었던 뉴욕 지하철을 직접 타고 다니며 스스로 모범을 보인 공로로 인해, 치안 유지에 성공할 수 있었던 것이다.

> 귀신붙이를 끌어내는 것은 무당이니, 무당을 목베고 신당을 헐어 버려야 요괴가 깃들일 곳이 없게 된다. 귀신에 의탁하여 요사스런 말로 백성을 미혹케 하는 자는 제거해 버려야 한다. 잡된 사물을 신물(神物)인 것처럼 빙자하여, 요사스런 말로 무지한 사람들을 속이는 자는 제거해야 한다.

둘째, 귀신붙이다. 귀신붙이는 미신, 우상, 잡신을 가리킨다. 다산은 무당이나 미신을 신봉하는 자에 대해 엄한 벌을 내려야 한다고 거듭해서 강조하고 있다. 무당, 신사(神師), 술객(術客), 요사스런 사람들은 백성을 행복하게 하기 위해서가 아니라, 백성의 재물을 얻어낼 목적으로 혹세무민(惑世誣民)하는 것이기 때문에 극단적인 처벌을 주장한 것이다.

"춘성군 남이웅(南以雄)은 성품이 곧고 강직하였다. 그가 법관으로 있었는데, 어떤 무당이 백성들을 현혹시키자, 그는 무당을 잡아들여 처벌하려고 하였다. 그러자 붙잡혀 온 무당이 술수를 부려 남이웅이 앉아 있는 의자를 흔들거리게 하여 그가 몸을 가눌 수가 없었다. 좌우의 아전들은 겁에 질려 얼굴이 새파래졌다. 하지만, 남이웅은 당황하지 않고 의자에서 내려와 마룻바닥에 앉았다. 그랬더니 무당이 또 요술을 부려 그의 몸을 흔들거리게 하였다. 이번에는 그가 벽에 기대어 앉자 더 이상 무당의 요술이 듣지 않았다. 남이웅은 그 무당을 곤장 쳤다."

"고려 때 권화(權和)가 청주 목사가 되어 다스렸는데, 이금(伊金)이라는 요사스런 자가 자칭 미륵불이라 칭하면서 백성들을 미혹케 하였다. 그는 '신당에 제사 지내는 자, 말고기와 쇠고기를 먹는 자, 재산을 모두 남들에게 나누어주지 않는 자들은 한 명도 예외 없이 모두 죽을 것이다. 3월이 되면 내 말대로 될 것이다. 해와 달이 빛을 잃을 것이다. 나는 풀에 푸른 꽃을 피게 하며, 나무에 곡식의 열매를 맺게 할 수 있으며, 한 번 파종하여 두 차례 수확할 수 있게 할 수 있다.'라고 외쳐댔다. 이금이 가는 곳마다 무지한 백성들이 그 말을 믿고 쌀, 비단, 금, 은 따위를 시주하였으며, 심지어 수령이 환영을 나오기도 했다. 이금이 청주에 들어오자, 권화는 즉시 우두머리 다섯 명을 붙잡아 묶은 다음, 도당(都堂)에 보고하고 나서 그들을 모두 참수(斬首)했다."

우리나라는 미신의 배경 위에 서 있는 나라처럼 생각하지만, 실상 과거에는 지금보다 더 철저하게 무속을 배격한 면이 있다. 시종일관 관용과 애민을 부르짖어온 다산이 귀신붙이에 대해서만은 '제거해야 한다'고 강력하게 말하고 있는 뜻을 헤아려야 한다. 다산의 통찰과 철학, 박학다식함은 백성을 위해서나 나라를 위해서나 미신은 백해무익함을 내다보고 있었기 때문에 그렇게 말한 것이다. 미신·귀신을 이토록 철저하게 배격한 다산의 충정을, 오늘의 지도자들도 귀담아 들을 필요가 있다.

깨진 창의 원리

'깨진 창(broken window)의 원리'가 있다. 어느 집의 유리창이 깨졌다. 왜 깨졌는지는 중요하지 않다. 하지만, 그것을 그대로 방치해 두는 것이 문제다. 아무도 신경 쓰지 않고 바꿔 끼우지 않으니까, 이번엔 옆집의 유리창이 깨진다. 이젠 누군가가 고의로 깬 것이다. 또 그 옆집 유리창도 깨진다. 유리창만 깨지는 것이 아니라 울타리도 망가지고 대문도 헐리고 집이 털린다. 무서워서 사람들이 마을을 떠나가고 동네는 황폐해진다. 이처럼, 초기에 적절한 대응을 하지 않을 경우 심각한 결과를 초래한다는 것이 깨진 창의 원리다.

지도자는 깨진 유리창을 그냥 지나치지 않는 사람이다. 지도자는 방관자가 아니다. 책임진 사람이다. 지도자가 나서서 고쳐야 한다. 그렇지 않으면 끝내 삶의 터전이 황폐해질 수 있다. 도적, 귀신붙이가 깨진 한 장의 유리창일 수 있다.

제10편

환경 산업

공전육조 | 工典六條

'공전(工典) 육조'는 산림, 수자원, 건물 관리, 도로, 도구 제작 등의 여섯 가지 일을 다룬다. 오늘날의 상황에서 보면, 환경, 건설 및 제조업을 비롯한 산업 등이 여기에 해당한다고 할 수 있다. 산업 발달은 문명의 진보를 이루어 인간의 일상적인 삶을 편리하고 유익하게 하는 주된 요인이다. 그런가 하면, 오늘날에는 환경보다 우월한 가치가 없을 정도로 환경을 중시한다. 그린 시스템, 환경마크 등 제품 제작에서도 환경 규제를 강화하고 있으며, 단순한 환경 보존을 넘어 '환경 경영'을 중시한다. 그런데 환경은 산업 경제와 이율배반적인 관계일 때가 많기 때문에 지혜로운 정책 집행이 필요하다.

55 산림 가꾸기

산림(山林)
'산림(山林)'은 조림 정책, 임업 정책을 뜻한다.

> 산림은 나라의 공부(貢賦 ; 나라에 바치는 물건과 세금)가 나오는 곳이므로, 옛 임금은 산림 정책을 중시하였다.

산림은 탄소 저장 탱크로서 '지구의 녹색 외투'라고 일컬어질 만큼 인간의 생존에 중대한 역할을 담당한다.

조선 시대에는 산림을 중시한 임금들이 많이 있었다. 태종은 남산 일대에 100만 그루를 식목하였고, 세종은 서울의 사산(四山 ; 백악산·인왕산·남산·낙산)에 잣나무와 상수리나무를 심었으며, 송충이 피해 지역에는 밤을 심었다. 세조 때에는 칠수(漆樹)를 식목하였고, 성종 때에는 제주도에 비자나무와 오동나무를 심었다. 최대 규모의 조림 사업은 정조 13년(1789)에서 순조 2년(1802)에 이르는 14년간에 파종 식재한 것인데, 소나무 550만 그루, 송자(松子) 75석, 잣 93석, 상수리 종자 1,700석, 가래나무 84석, 도토리 19석, 단풍나무씨 2두(斗), 밤 7석, 호두 6두 등에 이르렀다.

조선 시대에는 송금법(松禁法)을 시행하였는데, '금산(禁山)', '봉산(封山)' 제도를 통해 산림을 육성하였다. 금산(禁山)은 도읍의 경관 유지와 국용 목재 확보를 위해, 주로 서울 주위의 산을 지정하여 벌채와 경작을 금지한 산이며, 봉산(封山)은 임진왜란 발발 이후 선박 자재를 확보하기 위해서 선박의 재료로 쓸 수 있는 소나무의 벌목을 금지하도록 한 산이다. 금산이 자연 경관의 기능이 강조된 것이라면, 봉산은 자원으로서의 기능이 강조되었다고 볼 수 있다.

그러나 이와 같은 송금제도는 정치가 문란해지고 상품 경제가 발달하면서 한계에 부딪히게 되었다. 목재 수요가 급증하게 되자 벌채 운반이 손쉬운 곳에 지정되었던 봉산(封山)의 경제적 가치가 증가하게 되었고, 경제적 이익을 얻고자 하는 지역민들의 불법 벌목과 관리들의 부정부패가 행해짐으로써 봉산 설정의 소기의 목적을 달성할 수 없게 되었다.

조선 후기에 이르면서 산림의 황폐화는 더욱 심각해졌다. 어느 정도였는가 하면, 흥선대원군이 경복궁 근정전(勤政殿)을 중건할 때, 중심 기둥 4개 중 1개만이 소나무이고, 나머지 3개는 전나무를 사용했다고 한다. 결국, 소나무 기둥 1개를 제외한 3개의 전나무 기둥이 부러져버림으로써, 썩어 내려앉기 일보 직전에서 교체되었다. 국가의 총력을 기울인 근정전 건립에 쓸 소나무조차 구하지 못할 정도였던 것이다.

오늘날에도, 산림과 산림 자원이 무분별한 개발로 인해 훼손되고 있다. 도로나 주택 건설 등이 산림 파괴의 직접적 원인이다. 한 그루 나무만한 건축이 없다고 하였는데, 사람들은 나무 가꾸기보다는 집 짓기에 여념이 없다.

지리산 국립 공원의 경우도 관광객 유치를 위해 터널을 비롯한 각종

도로 건설로 인해 산 전체가 491개의 조각으로 잘려져 있다고 한다. 도로를 건설하면 잘려진 산림의 끝자락에서는 바람, 빛, 기온, 습도, 토양 온도 등이 달라지는 이른바 '가장자리 효과(edge effect)'가 발생한다. 가장자리 효과란, 벌채된 지역에 인접한 삼림도 벌채된 것과 다름 없는 영향을 받는 것을 말한다. 숲이 여러 조각으로 잘릴수록 가장자리 효과가 커지며, 이는 곧 생태계 파괴나 산사태와 같은 자연재해로 이어진다.

산림 강국

산림 가꾸기를 잘한 나라들은 한결같이 복지 수준이 높다. 스칸디나비아 3국인 노르웨이, 스웨덴, 핀란드의 경우, 지속적인 산림 육성을 통해 아름다운 경관을 조성하였으며, 경제적 가치도 막대하다. 이들 3개국에 공통되는 삼림 정책의 원칙이 있다.

'첫째, 될 수 있는 한 삼림 면적을 감소시키지 않는다. 둘째, 유령림(幼齡林, young stand ; 어린나무 숲)은 벌채하지 않는다. 셋째, 어떤 원인으로든지 삼림에 피해가 있으면 일정기간 안에 복구한다. 넷째, 삼림 정책을 수행하는 기관에는 반드시 삼림 소유자가 참여한다.'

독일의 숲 문화도 역사가 깊다. 산림이 전국토의 30%에 불과하지만, 독일은 대단히 체계적인 영림계획서, 산림입지도 등을 바탕으로 100년 이상 계속하여 '산림 경영'을 실시해 오고 있다. 현재 우리나라 대학에서 배우는 임학의 기초가 대부분 독일에서 비롯된 것이라고 한다.

스위스는 세계 최고의 숲을 가진 나라다. 국토의 70% 이상이 험악한 산악 지대이므로, 산악 지대의 비율만 놓고 보면 우리나라와 비슷하지만, 관리 상태는 비교가 되지 않는다. 숲의 규모만 해도 우리나라보다 6배 이상이다. '생활이 숲이고 숲이 곧 생활'인 나라다.

나무 심는 사람

 장지오노의 '나무 심는 사람'이라는 단편 에니메이션 영화를 보면, 나무에 정성을 쏟으면 나무는 대우받은 것 이상으로 인간에게 유익함을 되돌려준다는 것을 알 수 있다. 부피에라는 이름의 한 노인이 폐허가 된 황무지에 떡갈나무와 너도밤나무와 10만 개의 도토리를 심었다. 싹이 나온 것은 2만 그루에 불과했지만, 노인은 살아 있는 한 최대한 많은 나무를 심겠다는 의지로 묵묵히 나무 심기를 계속하였다. 10년 후, 그 곳은 맑은 시내와 녹음이 우거진 숲으로 변화되었다. 아무도 살지 않던 그 곳에 젊은 부부가 네 쌍이나 들어와 살게 되었고, 마을이 되살아났다. 한 사람이 나무를 소중하게 여기자, 나무가 죽음의 땅을 생명의 땅으로 바꾸어 놓은 것이다.

 대규모 조림 사업을 전개했던 정조의 나무 사랑 이야기가 재미있다. 벼슬 받은 소나무 이야기다. 정조 임금이 남한산성 동문 밖을 행차하다가 잠시 암자에 앉아 쉬고 있었는데, 정조의 눈에 마치 일산(日傘)을 펼친 것처럼 절묘하게 생긴 소나무 한 그루가 들어왔다. 그 모습에 연신 감탄하던 정조는 "저 소나무가 하도 절묘하여 과인이 정3품의 벼슬을 내릴 것이니, 나무 기둥에다가 옥관자(玉貫子 ; 망건에 달아 줄을 꿰어 거는 작은 고리를 관자라고 함.)를 붙여주도록 하시오."라고 했다.

56 수자원 관리하기

> **천택(川澤)**
> '천택(川澤)'은 치수(治水) 정책을 가리킨다. 농경과 홍수 예방 등을 위한 수리, 관개, 치수 정책에 대한 내용이 천택(川澤)이다. 오늘날의 수자원 관리가 여기에 해당된다.

> 물과 저수지는 농사를 짓는 근본이므로, 성왕들은 천택(川澤)의 정책을 중히 여겼다.
> 수령의 임무 중에서 농사일이 잘 되게 하는 것보다 더 중요한 일은 없으며, 농사에 힘쓰는 일 중에서 물을 다스리는 것보다 더 중요한 일은 없다.

우리나라는 예로부터 벼농사 위주의 농경 문화를 이뤄왔기 때문에, 한해(旱害)와 수해(水害)에 대비한 수리 관개 사업에 적극적으로 임하여, 상당한 수준의 제방 축조와 수리 기술을 발달시켰다. 일본 '고사기(古事記)'에 백제인의 수리 토목 기술이 바다를 건너 일본에까지 전파되었다는 기록이 전해진다.

다산은 '천하에 가장 아까운 것은 유용한 것을 활용하지 않는 것'이라고 한 성호 이익의 말을 인용하여, 물을 허비하지 말 것을 강조하고 있다.

"온 들판이 마르고 곡물이 시들어 가는데도 냇물이 바다로 흘러가게 내버려두고 있으니, 어찌 아깝지 않겠는가. 수령은 도랑을 파고 물을 끌어들여 관개함으로써 백성들이 공전(公田)을 경작할 수 있게 하는 것이 훌륭한 정치다."

물을 흘려보내지 않기 위해서는 제방, 댐, 저수지 등을 건설하는 것이 필요하다. 조선 시대는 중농정책을 근간으로 했기 때문에, 저수지와 제방을 만드는 일이 대단히 중요한 일이었다. 댐과 제방을 축조하고 보수 공사를 독려하기 위하여 권농관(勸農官) 제도를 두었으며, 제언대장(堤堰臺帳)을 만들어 비치하였고, 댐 시설을 조사하고 관장하는 제언사(堤堰司)를 설립했다. 본격적인 수리 사업은 태종 때에 있었던 벽골지 수축 사업으로 시작된 이래, 역대 임금 때마다 계속되었다.

물 부족

정부가 2001년에 수립한 '수자원 장기 종합 계획'에 따르면, 우리나라는 물 부족이 예상된다. UN도 우리나라를 '물 부족 국가'로 분류하였다. 정부와 UN의 '물 부족' 의미는 다소 차이가 있다. UN의 물 부족 분류 기준은 강수량과 인구 밀도의 관계에서 나온 것이므로 물의 절약과는 별로 상관이 없다. 국민 1인당 이용할 수 있는 수자원 총량이 연간 1,700m3 이하라는 의미의 물 부족이다. 우리나라의 연간 강수량은 1,283mm로 세계 평균 강수량의 1.3배이므로, 강수량은 부족한 편이 아니지만, 인구밀도가 워낙 높아서 1인당 강수량은 세계 평균의 약 10%에 불과하기 때문에, 아무리 물을 절약한다고 해도 물 부족 국가를 벗어날 수 없다.

그러나 정부에서 말하는 물 부족은, 극심한 가뭄이 발생했을 때 공급할 수 있는 물의 양이 수요를 따르지 못한다는 의미이다. 이것은 물 보존과 관리가 잘 되면 극복할 수 있는 상황이다. 우리나라는 연간 강수량의 3분의 2가 6-9월에 쏟아져 내리는 집중 호우형이기 때문에, 여름철에 유실되는 수자원의 비(非)이용량이 대단히 많다. 이때, 물을 저장하여 부족한 때에 대비해야 하므로, 댐·제방 시설이 충분해야 한다.

현재 상태에서 우리나라의 물 사정이 비관적인 것은 아니다. UN이 분류한 물 기근(water-scarcity), 물 부족(water-stressed), 물 풍요(relative sufficency) 국가 중에서 중간은 유지하고 있는 상태이고, 우리 국민의 1인당 하루 평균 물 사용량은 395리터로, 국민소득에 비해서는 세계 최고 수준이다. 우리나라의 평균 물값은 m3당 240원으로, 외국의 1/3-1/6 수준인 것도 물이 과소비 되는 요인일 수 있다. 그러나 2025년 무렵이 되면 세계 인구의 80억 명 정도가 물 부족을 겪게 되고, 30억 명 정도가 물 기근을 겪게 될 것이라고 한다. 우리나라도 이런 상황으로부터 안전하지 못하기 때문에, 가용 수자원을 충분히 확보해야 한다.

오늘날의 수자원 관리는 '이수(利水), 치수(治水), 환경(環境)' 면에서 균형 있게 이뤄져야 한다. 이수(利水)는 물을 자원으로 활용하는 것이며, 치수(治水)는 범람이나 홍수 같은 자연 현상을 통제하는 것이다. 수자원의 양과 질을 어떻게 충족시킬 수 있느냐가 관건이다. 또한, 최근 청계천 복원 사업에서 보듯이 환경 친화적인 수자원 관리가 이루어져야 한다.

57 건물 환경 개선하기

> **선해(繕廨)**
>
> '선해(繕廨)'는 관아를 수리하고 보수하는 일을 가리킨다. 관아(官衙)는 나랏일을 행하는 건축물로서, 오늘날의 관공서, 관청 건물을 뜻하며, 넓게는 일반 사무실 건물을 가리킨다고 볼 수 있다. 건물이나 사무실 관리를 잘 해야 한다는 것이 선해(繕廨)다.

> 관청 건물이 낡고 닳아, 천장에서 비가 새고 벽면이 터져 바람이 들어오는 데도 수리하지 않고 방치하는 것은 수령의 큰 잘못이다. 한가롭게 경관을 즐길 만한 누각이나 정자가 없어서는 안 된다. 관아의 청사(廳舍)를 잘 다듬은 다음, 화초와 식목을 재배하는 것은 깨끗한 선비가 행할 바이다.

조선 시대의 지방 관아 건물에는, 현감이 직무를 하던 '아사(衙舍)', 동쪽에 위치하여 지방의 일반 행정 업무와 재판 등이 행해지던 '동헌(東軒)', 손님의 숙박 및 관리와 사신 접대에 사용되는 '객사(客舍)' 등이 있었는데, 이런 관아는 임금의 존엄과 위엄을 드러내기도 했으므로, 단순한 건물로서의 기능 이상의 의미를 지니고 있었다.

다산은 두 가지 측면에서 건물 환경 개선을 강조하고 있다.

하나는 안전과 관련이 있다. 관청 건물이 자기 것이 아니라고 해서, 관청 건물을 보수할 생각을 하지 않는 것은 건물은 어떻게 되든 자신의 자리만 지키려고 하는 이기적인 태도라고 지적하였다. 오늘날에도 안전을 소홀히 하여 큰 사고를 당하는 경우가 종종 있다.

건물 환경을 중시한 또 하나의 이유는 여유 공간의 필요성이다.

"다스리는 처소(處所)에는 거닐며 조망할 만한 곳이 마땅히 있어야 한다. 마음이 어수선하고 생각이 혼란스러울 때는 쉬면서 기분을 전환할 수 있어야 한다. 주위를 거닐며 정신을 새롭게 한 후에라야, 번거로운 일들을 간명하게 처리하고 어수선한 일의 갈피를 잡을 수 있으며, 막힌 것이 뚫리고 침체된 것이 회복되게 마련이다."

정신적·육체적 에너지 충전을 위한 휴식 시설이 있을 때, 일의 능률도 오른다. 여유 공간·복지 공간·미적 공간 등을 창출함으로써, 구성원과 대중의 여유 있는 삶을 위해 노력하는 것도 중요한 업적이 된다.

"진나라의 반안인(潘安仁)이 하양 지방의 현령으로 다스릴 때, 건물마다 집집마다 복숭아나무와 오얏나무를 많이 심게 하였다. 이에 백성들이 노래하기를, '반사또님 다스림이 자랑스럽네. 하양의 온 마을이 꽃으로 덮였네.'라고 하였다."

58 방위 시설 구축하기

| 수성(修城)
'수성(修城)'은 전란에 대비하여 성곽을 쌓아 관리하는 것을 말한다. 성을 쌓아 국방을 튼튼히 해서 백성을 보호하는 일이 수성(修城)이다.

성을 쌓고 해자(垓字 ; 성 둘레에 도랑처럼 판 연못)를 파서 국방을 튼튼히 함과 동시에 백성을 보호하는 일이 수령의 임무다.

병자호란 때, 인조 임금이 남한산성 밑에서 청 태종에게 무릎을 꿇고 군신의 예를 갖추는 수치스런 일이 있었는데, 다산은 그와 같은 역사를 통해 성곽 건설의 중요성을 잘 알고 있었다.

조선 시대에는 한양(서울)에 '도성(都城)'이 있었다. 한양 도성은 동대문(흥인문)-광화문-남대문(숭례문)-서소문-서대문-자하문-북대문(숙정문)-동소문을 연결하는 성이다. 경복궁을 중심으로 한양을 동서남북에서 둘러싸고 있다. 도성이 함락되면 나라 전체가 적의 손에 넘어가기 때문에 도성은 가장 중요한 성이었다. 그래서 당시에는 도성의 일부가 무너지는 것은 나라의 일부가 무너지는 것으로 간주하고 도성을 중시하였다.

하지만 실제로 도성은 자주 무너져 내렸다. 한양 도성은 태조 때 처음 수축하였으나 2/3 이상이 토성(土城)이었으며, 청계천의 좁은 수구(水口)로 인해 장마철에는 동대문 일대가 침수되는 등 피해가 컸다. 그러자 세종 때 전국의 인부 32만여 명을 동원하여 청계천의 수구를 증설하고 토성을 석성(石城)으로 개축하였다. 이렇게 하여 완전한 성곽의 위용을 드러냈으나, 성을 쌓는 동안에 사망자가 천여 명에 이를 정도로 희생이 컸다. 도성은 나라를 지키겠다는 피와 눈물의 산물이었다.

엄청난 희생을 통해 이룩한 도성이지만, 끊임없이 관리 보수하지 않으면 황폐해지게 마련이다. '성곽은 나라의 금포(襟袍, 옷깃과 앞섶)로서 밖을 막고 안을 호위하는 것'인데, 장마와 침식으로 인해 무너진 곳이 많고 일반 민중들이 마음대로 넘나들어 매우 허술하게 되었으며, 더욱이 누루하치의 만주족 세력이 크게 확장된 상황에서 그에 대한 대비책으로, 인조 때 또다시 축성론(築城論)이 대두하였다. 서울을 중심으로 한 도성보다는 그 외곽인 '남한산성(南漢山城)'과 '강화성(江華城)'을 축성해야 한다는 의견과 도성으로 충분히 방어가 가능하다는 주장이 맞섰다.

남한산성은 신라 문무왕 때 쌓은 주장성(晝長城)의 옛터 위에 선조 때에도 축성하였던 산성으로, 북한산성과 함께 수도를 남북으로 방위하는 산성이었으며, 강화성은 고려 때 몽골의 침입에 대비하여 만든, 왕비와 왕자 등 왕가 일족을 위한 최후의 피난처였다. 결국, 인조는 먼저 강화성을 다시 수축하고 이듬해에는 남한산성을 수축하여, 유사시 임금이 나라일을 돌볼 수 있도록 만반의 준비를 갖추고자 하였다. 이때가 인조 2년이다.

그로부터 12년 후, 인조 14년에 병자호란이 발발하였다. 조정은 우왕

좌왕하였고, 남한산성으로 피신하여 어렵게 46일 동안 저항하던 인조는 강화성으로 피란 갔던 빈궁과 왕자 이하 200여 명이 청군에게 잡히어 남한산성 밑으로 호송되어 오자, 더 이상 버틸 기력을 잃고 삼전도에 내려와 청 태종에게 군신의 예를 갖추는, 이른바 삼전도의 굴욕을 치르게 된 것이다.

화성

다산은 자신이 직접 성을 수축하기도 했다. 수원 '화성(華城)'이 그것이다. 정조는 아버지 사도세자의 묘를 수원 화산으로 옮기면서 이곳에 화성행궁과 함께 화성을 축성하게 하였다. 정조는 신진 학자 정약용에게 화성을 위한 새로운 축성 방식을 연구할 것을 지시하였는데, 당시 홍문관에 근무하던 정약용은 기존의 조선 성제(城制)의 장단점을 검토하고 중국 성제의 강점을 연구하는 한편, 중국을 통해 입수한 서양 과학 기술 서적을 탐구하면서 신도시 화성에 걸맞은 새로운 성곽을 고안하는 데 심혈을 기울인 결과, 화성 건설 계획인 '성설(城說)'을 정조에게 올리게 되었고, 정조는 정약용의 계획을 한 치도 수정하지 않고 그대로 시행하게 하였다.

화성은 군사적 기능과 상업적 기능을 함께 갖추고 있으며, 적의 화기(火器) 공격을 방어할 수 있는 시설을 갖추는 등 과학적이고 실용적인 구조로 '성곽의 꽃, 동양 성곽의 백미'로 인정받아, 유네스코 세계유산 위원회 1차 총회에서 세계문화유산으로 등록되었다.

화성은 정조의 효심과 다산의 기술력의 결합으로 이루어진 명작이지만, 그 근본이 국토 방위에 있음은 두말할 나위가 없다. 서울 도성, 남한산성, 수원 화성의 교훈은 방위 시설을 튼튼하게 구축해야 한다는 것이다. 오늘날의 상황에서 보면, 경계 초소, 군사기지 등 국방과 관련된 시설을 갖추는 것이 수성(修城)이다.

방위 시설의 중요성

옛 임금들은 늘 국가 방위를 생각하였다. 영조 임금은 "도성을 버리고 강화도나 남한산성으로 가면 도민들은 모두 어육(魚肉)이 될 것이니, 내가 어떻게 도민을 버리고 가겠는가."라고 말하며, 도성을 버리고 피난하는 것보다는 도성을 지키겠다는 굳은 의지를 가지고 서울 도성의 수축을 명령하였으며, 직접 북한산성에 올라 도성 축성 장면을 독려하기도 하였다. 이 때, 대신들이 성곽 건설을 반대하는 뜻으로 영조가 성에 오르는 것을 막으려고 하자, 그들을 갈아치우게 하였다. 영조 때는 병자호란을 치른 지 이미 100년이 지났고, 그 사이에 특별한 전란이 없는 평화 시기였음에도 불구하고, 나라가 침략받을 수 있다는 것을 현실적으로 인식하고 있었기 때문에 성곽 건설에 힘썼던 것이다.

병자호란 때 청나라에 굴복했을 때, 청나라는 왕자인 소현세자와 봉림대군을 붙잡아 갔지만, 그것보다도 그들이 조선에 요구한 핵심적인 것은 성을 쌓지 말라는 것이었다. '조선은 서울의 도성은 물론 다른 성곽에 대해서도 신구(新舊)를 막론하고 성을 수축할 수 없다.'고 조약으로 못 박았다. 그렇게 방치된 도성을 영·정조 때에 다시 한 번 수축했지만, 계속적인 보존 개선 노력이 결여되었기 때문에 우리나라의 성은 황폐해져 갔다.

우리나라가 일본의 식민지로 전락한 것은 서울 도성의 붕괴와 그 맥을 같이 한다. 조선 5백 년 동안 국토방위의 상징이었던 서울 도성은 새로운 문물의 등장으로 그 빛을 잃게 되어, 훼손·철거당할 운명에 처했다. 한성전기회사가 전차 궤도 설치권을 얻어, 서대문과 청량리 사이에 전차를 개통함에 따라 도성의 일부가 철거되었고, 일본은 '성벽처리위원회'라는 이상한 기관을 만들어, 일본 왕자의 조선 방문에 때를 맞춰 철도 개설을 위해 남대문 부근의 도성까지 모조리 철거하였다.

다산이 수성(修城)을 말한 지 100년도 지나기 전에, 서울 도성의 기능은 완전히 상실되었고, 나라의 기능도 함께 정지되었다. 옛 임금들이 도성이 무너지는 것을 나라가 무너지는 것으로 알고 경계했던 그 이유가 그대로 증명된 셈이다.

오늘날에도 수성(修城)은 중요하다. 우리 국토에 대해 시비를 걸고 분쟁을 일으키려는 주변국이 엄연히 존재하고 있는 현실을 직시하면 더욱 그렇다. 그들은 온갖 연구와 조사를 짜 맞춰서 자국민들을 세뇌시키고 분쟁화를 시도하고 있다. 이런 계략을 분쇄하는 우리의 대응 노력도 필요하지만, 상대방이 끝내 합리적인 이성을 되찾지 못할 경우에는 실상 힘의 대결밖에 남지 않는다. 제2차 세계대전의 시발점이 사라예보 뒷골목의 한 발의 총성에서 비롯되었음을 기억한다면, 우리가 처한 상황도 그에 못지않게 중대하다는 것을 지도자들이 인식해야 한다.

59 도로 구비하기

도로(道路)

'도로(道路)'는 교량, 항만, 교통 정책을 가리킨다. 도로(道路)는 '길'이다. 길은 중요하다. '비단길, 초원길' 등에서 알 수 있듯이, 길은 곧 문명의 역사다.

> 도로를 만들고 수리하여 이용할 수 있게 하는 것이 훌륭한 수령의 임무이다. 차가운 날씨에 물을 건널 수 있게 교량(橋梁)을 설치하고, 나루터에 항상 배가 있게 하고, 역에 이정표가 빠진 곳이 없으면, 장사꾼들과 여행하는 나그네들이 모두 좋아할 것이다.

조선시대의 도로(道路)는 '역(驛)'과 '역로(驛路)'를 중심으로 운영되었다. 역은 공문서의 전달과 물품 수송을 돕기 위한 기관으로서, 역에는 찰방이라는 관리를 배치하였다. 역과 역을 연결하는 도로가 역로(驛路)다. 역로는 역의 기능을 수행하는 도로로서, 백성들이 왕래하는 교통로였으며, 서울과 지방의 행정 중심지나 군사 기지를 연결하는 정치적·군사적 목적의 통신 교통로로 이용되었다. 역로는 백성을 통치하기 위한 수단으로서의 기능이 강했으며, 운송 수단으로서의 기능은 조운(漕運 ; 배로 물건을 실어 나름.) 쪽이 더 컸다.

조선시대의 역로는 41개 노선이 있었는데, 이들은 대로(大路), 중로(中路), 소로(小路)의 3종류로 구분되었다. 서울을 중심으로 한 경기 일원의 도로와 중국과의 사신 내왕이 빈번한 서울-의주 간의 의주로 등이 대로에 속했다. 그리고 역로에는 30리마다 역의 보조 기관으로서, 관리의 숙박소인 원(院)을 설치하는 것을 원칙으로 했는데, 이태원·조치원·장호원·사리원 등이 그 예이다.

그러나 조선의 도로 상태는 보잘것없었다. 조선을 4차례 다녀간 영국인 비숍은 조선의 도로 상태에 대해, "인천에서 오류동을 거쳐 서울로 들어오는데 하루 낮이 걸린다. 수레가 다닐 수 있는 길의 폭이 겨우 1-2m밖에 안 되고, 강을 건너 마포에서 서울로 들어오는데, 길은 수리를 한 흔적이 없고, 움푹질퍽한 돌투성이에 온갖 오물의 집적소다."라고 기록하였다. 조선 사회는 상공업보다는 자급자족의 농업 사회였으므로, 도로의 사회·경제적 기능보다는 행정·군사적 기능이 강조되었기 때문에 도로 발전이 미미한 상태였다.

그러다가 갑오경장 이후에 근대적 도로가 발달하였다. 일제가 조선을 점령하기 위해 가장 먼저 착수한 일도 교통 통신망의 구축이었다. 일제는 치도국(治道局)을 설치하고 치도 7개년 계획을 수립하여 전국의 간선 도로 및 군(郡)과 군(郡)을 연결하는 도로를 개설하였으며, 농산물이 풍부한 지역에는 '신작로' 사업을 추진하였다. 이와 같은 도로 건설은 산업 경제에도 영향을 미쳤지만, 그것보다는 일제의 식민지 통치와 대륙 침략에 따르는 군수물자 수송에 주로 이용되었다.

근대적인 철도는 경인 철도를 시작으로, 경부·경의 철도가 개설되었다. 특히 경부 철도는 일본의 대륙 진출 야욕에 의해 1903년에 착공되어 불과 1년 반만에 250마일을 연결한 공사로서, 수많은 조선인 노동자가 희생되고 주변 민가가 약탈당했다.

　현대에 이르러 도로는 더욱 발달하여 근대화를 상징하는 '경부고속도로'가 개통되었다. 박정희 대통령이 서독의 자동차 전용 고속도로인 아우토반(Autobahn)을 달리면서 우리나라에도 원활한 물류 소통을 위한 고속도로가 필요함을 인식하고, 1970년, 착공 2년 반만에 서울-부산 간, 428km의 노선을 개통하였다.

　그리고 2004년 4월에는 건국 이래 최대의 국책 사업인 고속철도(KTX)가 개통됨에 따라, 우리나라는 프랑스, 일본, 독일, 스페인 등과 함께 초고속철도 국가 대열에 합류했다.

　이처럼, 도로는 근대화와 함께 눈부신 발전을 거듭해 왔다. 통치자들은 한결같이 도로 건설을 정치 공약으로 내세웠으며, 어느 곳에 도로가 건설된다는 소식은 곧 그곳의 경제 발전을 상징하게 되었다.

친환경적 도로 건설

　그럼에도 불구하고, 오늘날에는 도로 건설이 무작정 미덕이라고만은 할 수 없게 되었다. 도로 건설은 환경 파괴와 직결되기 때문이다. 도로(道路)는 다산이 앞에서 말한 산림(山林)과는 '양날의 칼'의 관계다. 산림을 중시하다 보면 도로 건설을 자제해야 하고, 도로를 중시하다 보면 부득이 산림이 파괴될 수 있기 때문이다. 다산 당시에는 웬만큼 도로를 건설한다고 해도 산림에 별 영향을 주지 않았겠지만, 오늘날에는 사정이 달라졌다. 너무 많은 도로를 건설하는 게 아닌가 싶을 정도로 도처에 길을 만들고 있다. 우리나라의 총 도로 길이는 2005년도에 10만km를 넘어섰다.

　도로 건설은 변화된 환경에 적응하지 못하는 생물을 멸종케 하고 생태계의 유기적 연관성을 단절시킴으로써, 생물 다양성을 깨뜨리게 되고 생태계의 안정을 해칠 수 있다. 또한, 대규모로 산을 깎아내림으로써 자연 경관을 훼손하고 산사태의 위험을 초래하게 된다. 그리고 새로운 도로 건설에 사용되는 땅은 기존 도로는 7%에 불과하여 기존 도로 활용률이 떨어지고 폐도가 발생하게 되며, 경지 정리된 우량 농경지가 도로로 대량 편입되는 등 토지 이용의 비효율성을 초래한다.

따라서 '어떤 도로를 어떻게 건설할 것인가' 가 중요해졌다. 앞으로의 도로 건설은 환경친화적인 도로 개념을 바탕으로 해야 한다. 사업 시행 전에 야생 동물의 이동 경로를 파악하여 이동이 빈번한 곳에 동물의 이동 통로인 에코브리지(Eco-bridge)를 설치한다거나 훼손된 산비탈면을 녹화하여 자연경관을 회복하는 사면(斜面) 녹화를 하는 것, 그리고 완충 녹지대와 방음벽, 방음둑을 조성하고, 자투리 농지와 폐도를 재활용하는 것 등도 하나의 방법이다.

도로 수요를 잘못 예측하여 많은 돈을 들여 만든 도로가 제대로 활용되지 못하는 경우도 있기 때문에, 도로 담당자들의 지혜로운 판단이 요구된다. 어느 신문 기자가 오늘날의 도로 건설이 지나치다고 말하면서 "다산의 목민심서를 열심히 읽었기 때문이냐?"라고 반문한 말이 의미 있게 들리는 것도 이 때문이다.

60 도구 제작하기

장작(匠作)

'장작(匠作)'은 여러 가지 도구와 용기를 제작하는 일이다. 오늘날의 공업, 특히 각종 기계나 생활 도구, 물건 등을 제작하는 산업과 관련된다.

> 뛰어난 기술자들을 모두 모아 놓고 번거롭게 물건 제작을 일삼는 것은 탐욕 때문이다. 온갖 기술을 다 갖추고 있어도 필수적인 것이 아니면 일체 제작하지 않는 것이 청렴한 선비의 태도이다. 설령 물건과 도구를 제작하는 일이 있더라도, 이익을 밝히는 탐욕스러운 마음이 도구에까지 묻어나게 해서는 안 된다.

다산은 탐욕을 위해 물건을 많이 만들어서는 안 되며, 꼭 필요한 것이 아니면 가급적 만들지 않는 것이 청렴한 수령의 태도라고 말한다. 이 말은 '장인(匠人) 정신'에 입각하여 물건을 만들어야 한다는 뜻이다. 장인 정신은 혼신의 힘을 다하여 오직 최고 품질의 물건을 만들고자 하는 태도다.

예나 지금이나 도구 제작의 핵심은 품질이다. 오늘날에도 품질 향상에 목숨을 걸다시피 하고 있다. 조직의 지도자들 치고 품질의 중요성을 말하지 않는 사람은 한 사람도 없다. 장루이민은 '첫째도 품질, 둘째도 품질, 셋째도 품질'이라고 외치며, 품질이 불량한 76대의 냉장고를 여지없이 부숴버렸다. 자신이 직접 해머를 들고 전 직원이 보는 앞에서 품질에 대한 경각심을 불러 일으켰다. 삼성전자에서도 비슷한 일이 있었다. 불량 품질의 키폰, 팩시밀리, 휴대폰 등 15만 대의 제품들을 운동장 한복판에 산더미처럼 쌓아 놓고, '품질은 나의 인격이요, 자존심!'이라는 현수막을 내걸고 불량제품 화형식을 거행하였다. 대략 500억 원 어치다. 눈앞의 금전적 이익만을 생각한다면 이렇게 할 수 없다. 오직 일류 품질의 제품을 만들겠다는 장인(匠人) 정신의 표현이라고 할 수 있다.

이와 같은 도구 제작 태도는 오늘날 '품질경영'으로 자리잡았다. 품질경영의 대표적인 예가 '6시그마(six sigma)' 운동이다. 6시그마는 불량률을 3.4ppm(parts per million ; 제품 백만 개당 불량품수) 이하로 하고자 하는 품질경영 전략이다. 1백만 번의 사업 활동 또는 제품 중에서 결함은 3.4개 이하로 한다는 뜻이다.

모든 나라가 품질 경영에 사활을 걸고 있다. 미국은 일찍부터 '국가품질상'을 제정했으며, 일본과 유럽에서도 민관 합작 품질 업그레이드 운동을 펼치고 있다. 우리나라 산업자원부는 2005년 3월 국가의 품질경영 종합 계획으로 '품질강국 코리아(Q-Korea)'를 발표했다. 품질경영 개념을 확산시킴으로써 6시그마에 비견할 만한 한국형 품질경영 이론을 개발하고자 하는 취지다. 중국의 가격과 일본의 기술이라는 '품질 협곡(峽谷)'을 극복하기 위해서는 품질경영밖에 대안이 없다고 결론을 내린다.

> 농기구와 베틀을 제작하여 백성들에게 농사를 권장하고 여자들에게 길쌈을 권장하는 것은 수령의 직무이다. 전거(田車)를 만들어 농사에 도움이 되게 하고, 병선(兵船)을 만들어 적의 침입에 대비하는 것 또한 수령의 직무이다. 벽돌 굽는 방법과 기와 굽는 방법을 가르쳐서, 백성들의 집을 기와집으로 고치게 하는 것도 수령의 좋은 정치이다.

다산은 특히 실용적인 도구 제작을 강조하였다. 농기구, 수레, 병선, 기와 등 실용적인 도구를 제작하라는 말 속에는 실사구시(實事求是), 이용후생(利用厚生)의 실학자다운 면모가 담겨 있다.

다산은 직접 실용적인 도구를 여러 가지 개발하였다. 수원화성을 수축할 때, '거중기(擧重機)'와 '녹로'를 개발했다. 거중기는 도르래를 활용해 돌을 들어올리는 장치로서, 큰 나무의 위아래로 4개씩 도르래를 매달고 물레의 일종인 녹로를 양끝에 달아 돌을 들어올리는 힘을 배가시킨 기구다. 24kg의 무게로 1만5천kg을 들어올릴 수 있었다. 이 기계 장치는 정조 임금이 다산에게 준 '기기도설(機器圖說)'이라는 책에 나온 여러 가지 기계를 검토한 후 다산이 새롭게 고안해 낸 것이다. '유형거'라는 새로운 형태의 수레도 고안하였다.

오늘날에는 이익이 된다 싶으면 불필요한 것까지도 서슴없이 만들어 낸다. 너무 많은 물건을 제작함으로써 자원이 낭비되고 환경 파괴와 오염을 부추기고 있는데, 이것은 다산의 도구 제작 태도에 맞지 않는다.

제11편

불황 위기 극복

진황육조 | 賑荒六條

'진황(賑荒) 육조'는 흉년을 이겨내기 위한 여섯 가지 일이다. 오늘날의 상황으로 본다면, 경제적 불황을 극복하는 일이다. 옛날의 흉년, 오늘날의 불황이 얼마나 고통스러운가는 경험으로도 이미 알고 있다. 흉년이나 불황과 같은 위기 상황에서 지도자의 능력이 요구된다. 다산은 진황(賑荒)의 능력이 지도자의 능력의 척도라고 말한다. "황정(荒政)은 선왕들께서도 온 심력을 기울이신 것이니, 목민을 하는 재능은 여기에서 볼 수 있으니, 황정(荒政)을 잘 펴야만 목민관으로서의 중요한 임무를 마쳤다고 할 수 있다."고 하였다. 지도자는 이력서에 기재된 경력으로 평가받는 것이 아니라, 위기 상황을 어떻게 극복해냈는가에 따라 능력을 인정받는다. 단순 이력이 아니라, 성과 경력이 중요한 것이다. 진황의 능력이 곧 성과 경력이다.

61 물자 비축하기

비자(備資)

'비자(備資)'는 물자를 비축하는 일이다. 넉넉할 때 저축해 두어야 어려움에 처했을 때 이겨낼 수 있다.

> 흉년에 백성들을 구제하는 최상의 정책은 넉넉할 때에 미리 비축해 두는 것이다. 미리 비축해 두지 않으면, 구차함을 면하기가 어렵다.

"물건이란, 귀하면 천해질 징조이며, 천하면 귀해질 징조이니, 몇 년 동안 계속 풍년이 들어 곡식이 흔해지면, 마땅히 몇 천 섬의 곡식을 사두어 기근에 대비해야 하며, 이듬해 모내기를 한 후에도 흉년 들 염려가 없다고 판단되면 그때 곡식을 내다 팔되, 자기 지방에 곡식이 넘치면 이웃 지방에 내다 팔아 서로에게 도움이 되게 해야 한다. 맹자 말씀에, '개와 돼지가 사람의 양식을 먹어 축내고 있는데도 단속하지 못하더니, 굶어 죽은 시체가 길가에 널려 있는데도 진휼할 수가 없구나.'라고 하였다. 이 말은 풍년 들었을 때 미리 비축하여 흉년 때 백성들의 굶주림을 구하지 않는 것은 칼로 사람을 찔러 죽이는 것과 다름없는 큰 잘못임을 나타낸 말이다. 백성과 국가가 함께 비축하는 일에 힘써야 하는 것이니, 비축이 없는 나라는 정책이 없는 나라이다."

　세상만사는 새옹지마(塞翁之馬)처럼 화(禍)와 복(福)이 돌고 돌기 때문에, 넉넉할 때에 궁할 때를 대비해야 하는 것이다. '귀하면 천해질 징조이며, 천하면 귀해질 징조'라는 말을 새겨두어야 한다. 달도 차면 기울 듯이, 지금 풍부하면 장차 궁핍해질 수 있으니, 이에 대비해 미리 비축해 두는 것이 중요하다.

　그래서 중시된 것이 '준비경영'이다. "경영성과가 좋다고 자만하지 말고 위기의식을 지녀야 거센 도전을 이겨낼 수 있다. 미리미리 앞날에 대비하는 준비경영을 해야 한다." 이것은 삼성의 5계명 중의 하나인 준비경영이다. 이건희 회장은 창립 이래 최고의 경영 실적을 내고 있는 삼성을 향해, '자만하지 말라, 위기의식을 가지라'고 독려했다. 1등 기업이라는 자만에 빠지지 말고, 5-10년 뒤 무엇을 먹고 살아갈지 미리 찾아야 한다는 것이다. 경영에는 '버리는' 경영이 있고, '찾는' 경영이 있는데, 준비경영은 기회 선점을 위해서 찾는 경영이다. '위기의식을 갖고 선견(先見)·선수(先手)·선제(先制) 경영에 나서는 것'이 준비경영이다.

　가정이나 기업이나 국가나 원리는 마찬가지다. 상황이 좋을 때 비축하고 찾고 대비해 두어야 한다. 물자를 비축하는 것은 유비무환을 실천하는 준비경영이다. 88 서울올림픽 이후 외국에서는 우리나라를 향해 샴페인을 너무 일찍 터뜨렸다고 했는데, 실제로 그로부터 10년이 채 지나기 전에 우리나라는 IMF라는 국가적 위기를 당하고 말았다. 좋은 때일수록 어려움에 대비하는 사람은 지혜로운 지도자다. 그렇게 대비해야만 어려움을 피해갈 수 있다. IMF의 교훈은 앞으로도 계속 적용된다.

62 넉넉한 사람이 나누기

권분(勸分)

'권분(勸分)'은 백성들에게 나누기를 권하는 것을 뜻한다. 기근이 들었을 때 넉넉한 사람들이 가난한 사람들과 나누게 하는 것이 권분(勸分)이다. 오늘날의 자선금, 재해의연금, 각종 기부 행위 등이 권분(勸分)에 해당한다.

> 권분(勸分)이란 스스로 자원하여 나누어주는 것을 권장하는 것이니, 넉넉한 사람들이 스스로 나누어주게 되면, 관청(官)의 힘이 크게 덜어질 것이다.

권분(勸分)은 말 그대로 나눔을 권하는 것으로서, 이것을 흔히 '나눔경영'이라고 말한다. 최근 들어 나눔경영의 목소리가 부쩍 커졌다. 기업 이윤을 직원이나 사회와 나누자는 분위기가 확산되었으며, 대기업이 앞장서서 나눔경영을 실천하고자 노력하고 있다.

"모든 성과는 고객과 사회의 도움이 있기에 가능했음을 인식하고, 화합과 상생의 시대를 맞아 이웃과 함께 성과를 누리는 나눔경영을 확대해 나가야 한다." 이 말은 삼성 이건희 회장의 말이다. "임직원이 직접 참여하는 사회 공헌 활동이 몸에 밸 때, 포스코는 진정 국민의 사랑을 받을 수 있다." 이 말은 포스코 이구택 회장의 말이다.

이에 반해, 어떤 대기업 회장이 "미쳤습니까? 사회에 환원하려고 돈 벌게?"라고 말했다는 보도가 있었던 것처럼, 여전히 이윤 확보에 집착하는 기업인들도 많이 있지만, 우리 사회의 나눔의 분위기도 이전과는 많이 달라진 것 같다.

외국의 경우, 나눔경영은 하나의 상식이다. 알 만한 유명한 기업인들은 한결같이 '미친' 기업인이다. 그들은 돈을 버는 이유가 사회에 환원하기 위해서인 것처럼, 열심히 벌어서 남에게 주어버린다. 마치 프로 낚시꾼이 낚은 물고기를 다시 물에 놓아줘 버리는 것처럼, 그들은 벌어들인 돈을 다시 풀어버린다. 그것이 서로에게 유익하다고 믿기 때문이다.

마이크로소프트의 빌 게이츠 회장은 지금까지 번 돈의 절반을 자선사업에 내놓았고, 앞으로도 대부분 사회에 환원할 것이라고 공언하고 있다. 스타벅스의 하워드 슐츠 회장은 "나는 고독한 승리를 원하지 않습니다. 많은 승리자들과 함께 환호하며 결승점에 도달하고 싶습니다."라고 말한다. CNN 창립자 테드 터너도 "돈이 많아도 어디에 써야 할지를 모르는 사람들이 의외로 많습니다. 쓸 줄을 모르는 사람에게는 아무리 재산이 많아도 의미가 없습니다."라고 한다. 이들이 돈을 버는 이유는 좋은 일에 쓰기 위해서다.

유일한 회장

나눔을 실천하는 방법은 여러 가지이지만, 출발점은 하나다. '부유해진 후에도 근본을 잊지 않는다.'는 정신에서 비롯된 것이 나눔경영이다. 나눔은 남을 위한 일이지만, 궁극적으로는 자신을 위한 일이기도 하다. 나눔경영은 '너와 내가 함께 산다'는 동반자적인 상생경영의 표현인 것이다.

경주 교동의 최씨 집안은 조선시대 이래로 12대째 만석꾼의 부자로 이어져 왔다고 하는데, 이 집의 가훈을 보면, '재산은 만 석 이상 모으지 말라. 만 석이 넘으면 사회에 환원하라. 나그네를 후하게 대접하라. 사방 100리 안에 굶어 죽는 사람이 없게 하라.'라고 되어 있다. 오래오래 부유하게 사는 비결은 다름 아닌 나누는 일이다. 나눔은 남을 위한 일이지만, 궁극적으로 자신과 후손과 사회를 위한 일이다.

유한양행의 창업주인 고 유일한(柳一韓) 회장은 나눔경영의 표본이다. 유일한 회장은 '질병으로 신음하는 동포들에게 좋은 약을 제공해 우리 민족의 생활 문화를 향상시키겠다.'는 취지로 유한양행을 설립하였으며, 대한상공회의소 초대 회장을 역임할 때에는 많은 불이익을 당하면서까지 숱한 정경유착의 유혹을 물리쳤다. '좋은 제품을 정성껏 만들어 국가와 동포를 위해 봉사하고 양심적인 인재를 양성하며 기업을 계속 키워 일자리를 만들고 정직하게 납세하며 남은 것은 기업을 키워준 국가와 사회에 환원한다.'는 기업가 정신으로, 원래 '유일형'이었던 이름을 조국을 잊지 않고 살겠다는 뜻에서 '유일한(柳一韓)'으로 바꾸기까지 한 사람이다.

유일한 회장의 유언장이 공개되었을 때, 사람들은 깜짝 놀랐다. "첫째, 손녀 유일링에게는 대학 졸업 때까지 학자금으로 1만 불을 준다. 둘째, 딸 유재나에게는 유한공고 안에 있는 땅 5000평을 준다. 땅은 울타리를 치지 말고 유한동산으로 꾸며라. 셋째, 내 소유 주식은 모두 교육원조신탁기금에 기증한다. 넷째, 아내 호미리는 딸 재나가 그 노후를 잘 돌보아주기 바란다. 다섯째, 아들 유일선은 대학 졸업까지 시켰으니 자립해서 살아가라."

혈연 관계가 전혀 없는 사람에게 경영직을 물려주고, 수백억 원의 재산 전액을 사회에 기증하면서도 아내와 자식에게는, 쇠망치와도 같이 묵직하게 '자립해서 살아가라'고 말하며, 유산을 남기지 않은 것은 미치지 않고는 할 수 없다. 유산을 받은 딸 유재나 씨도 1991년 세상을 떠날 때 전재산을 공익재단인 유한 재단에 기부했다. 유일한 회장은 지도자의 사업 목적에 대한 생생한 귀감이 되었다.

노블리스 오블리제

'노블리스 오블리제(Noblesse oblige)'는 가진 자의 도덕적 의무를 뜻하는 말이다. 유럽 상류층의 의식과 행동을 지탱해 온 정신적인 뿌리가 노블리스 오블리제다. 귀족 또는 상류층으로서의 노블리스(명예)에 걸맞은 오블리제(의무)를 다해야 한다는 정신이다. 그래서 전쟁이 발발하면, 특권층 · 상류층들이 앞장 서서 참여하여 목숨을 바친다. 그들은 많이 누리는 만큼 그에 따르는 의무를 감당해야 한다고 생각한다.

다산의 권분(勸分)은 노블리스 오블리제와 일맥상통한다. 나눌 때 삶이 풍성해진다. 나눌 때 사람이 모이고, 돈이 모인다. 고인 물은 썩어 버리듯이 나누지 않는 재산은 탐욕 덩어리일 뿐이라고 한다. 그래서 청바지의 대명사 리바이는 '기부는 세상에서 가장 아름다운 소비'라고 하였다. 낚아 올린 물고기를 다시 놓아주는 낚시꾼은 많지 않다. 놓아줄 수 있는 사람이 프로 낚시꾼이며, 노블리스다.

63 규모 정하기

규모(規模)
'규모(規模)'는 진휼을 합리적으로 규모 있게 하는 것이다. 어려운 상황을 벗어나기 위해서는 규모 있게 일을 도모해야 한다.

> 진황을 할 때 유의해야 할 점 두 가지는, 첫째, 시기를 맞추는 것이요, 둘째, 규모를 정하는 것이다.
> 진황은 불에 타는 것과 물에 빠진 것을 구조하는 일과 같으므로 시기를 늦출 수 없으며, 많은 사람들에게 물자를 고루 베푸는 일이므로 반드시 규모가 있어야 하는 것이다.

다산은 어려운 상황에 처해 있을 때는 특히 '시기'와 '규모'를 고려하는 것이 중요하다고 말한다.

첫째, 시기다. 시간은 타임(time)이지만, 시기는 타이밍(timing)이다. 시기는 가장 적절한 시간을 가리킨다. '모든 일에는 때가 있다.'는 말은 시기의 중요성을 말한 것이다. '오리가 날아오를 때 방아쇠를 당겨라.'는 말처럼, 사냥감이 튀어나오는 그 순간이 바로 타이밍이다. 최적의 시기는 때로는 기다려야 할 필요도 있고, 때로는 서둘러야 할 경우도 있다. 정치든, 경제든 타이밍이 중요하다. 닉슨은 '타이밍이 모든 것이다.'라고 했다.

시기가 빠르다고 항상 좋은 것은 아니지만, 일반적으로 빨라야 할 경우가 많다. 특히, 어려움에 처해 있을 때는 빨리 대응해야 한다. 다산도 "신속하게 대책을 세우고, 시각을 다투어 기회를 잡고, 날쌘 독수리처럼 재빨리 행동해야 한다."고 하였다.

오늘날에는 빠른 대응을 더욱 중요시한다. 급변하는 사회 환경에서 스피디한 대응 능력 없이는 생존하기 어렵다. 그래서 '속도경영', 또는 '스피드(speed) 경영'은 중요한 경영 요소가 되었다. 시장을 선점하기 위해서는 빠른 의사 결정과 신속한 업무 처리가 필수적이다. 그래서 실수를 해도 좋으니, 빠르게 움직이라고 다그치기도 한다. 큰 것이 작은 것을 잡아먹는 것이 아니라, 빠른 것이 느린 것을 잡아먹는 시대이기 때문에 속도가 중요하다.

선택과 집중의 원칙

둘째, 규모다. 효과적인 자원 배분을 통하여 업무의 효율성과 생산성을 높이는 것이 규모를 정하는 일이다. 지도자는 규모를 세울 줄 알아야 한다. 규모를 세우는 기본 원칙은 '선택과 집중의 원칙'이다. 선택의 근거는 '우선순위'이며, 집중의 근거는 '핵심역량'이다. 즉, 규모란 '우선순위에 따라 선택한 다음, 핵심역량에 집중하는 것'이라고 정의할 수 있다.

'우선순위'는 원래 정보통신(IT) 용어로서, 하나의 시스템이 처리해야 할 여러 개의 작업이 있을 때 그 작업들의 처리 순서를 나타내는 말이었는데, 요즘은 삶의 모든 영역에서 우선순위를 중시한다. 찰스 휴멜은

"삶에서 만나는 온갖 딜레마들은 시간과 물질의 부족에서 오는 것이 아니라, 일의 우선순위를 잘못 선택한 데서 온다."라고 했으며, 우선순위가 얼마나 중요한지 '성공하는 사람들의 7가지 습관'의 저자 스티븐 코비는 우선순위를 효율적으로 관리할 수 있는 수첩을 만들어서 판매하기도 했다.

제아무리 급하고 어려운 상황에 놓여 있을지라도 우선 순위에 따라, 한 번에 한 단계씩 진행해야 성공할 수 있다. 덩치 큰 코끼리를 먹는 방법도 '한 번에 한 입씩'이며, 나무에 과일이 주렁주렁 열려 있어도 손이 닿는 곳부터 차례대로 따는 것이 우선순위다.

우선순위에 따라 선택했다면, 이제 핵심에 집중할 수 있어야 한다. 핵심역량(core competence)을 활용하고 강화하는 기업 경영을 '핵심역량경영'이라고 한다. 기술이나 자산이나 프로세스와 같은 핵심역량을 발굴해서 나름대로 독특한 조직 문화와 경쟁 전략을 수립해 가는 것이 핵심역량경영이다. 조직의 경쟁력은 나무의 과실과 같이 겉으로 드러나는 제품의 우열이 아니라, 눈에 보이지 않는 뿌리와 같은 핵심역량이 좌우한다. 핵심역량만 있으면 불확실한 시장 상황도 유리한 방향으로 이끌어 갈 수 있기 때문이다.

핵심역량에 집중하는 것이 중요함을 보여주는 근거로, '파레토의 법칙'으로 알려진 '80대 20의 법칙'이 있다. 80대 20의 법칙은 핵심적인 20%의 투입물이 80%의 성과물을 결정한다는 원리로서, 대부분의 사회 경제 활동에 적용된다. 예를 들어, 백화점의 하루 매출의 80%는 단골인 20%의 손님이 올리며, 기업의 20%의 품목이 전체 매출의 80%를 올린다는 것 등이다. 그러므로 20%의 핵심에 집중할 때 높은 실적을 올릴 수 있는 것이다.

이와 같이 역량을 집중해야 할 20%의 핵심 영역을 '핫 스팟(hot spot)'이라고 한다. 핫 스팟은 적은 자원의 투입으로 높은 실적을 내는 업무이다. 이와 반대로 많은 자원을 투입하지만 미미한 실적을 거두는 업무는 '콜드 스팟(cold spot)'이다. 핫스팟에 집중할 때 생산성이 높아지기 때문에, 지도자는 핫 스팟을 찾아내는 눈이 있어야 한다.

우선순위에 따라 선택하고, 핵심역량에 집중하는 선택과 집중의 원칙이 규모의 경제를 이루는 길이다. 새끼를 벼랑에서 떨어뜨려 살아남은 새끼를 키우는 것도 선택과 집중의 원칙이다. 사자가 정글의 왕이 된 것은 그들이 선택과 집중이라는 고급 원칙을 채택했기 때문이다.

선택과 집중을 통한 규모의 경제를 이루지 못하면, 마치 한 줌의 소금을 얻기 위해 모든 바닷물을 끓이고 앉아 있는 것처럼, 일은 많은데 성과는 미미하다. 어려움에 처한 상황에서는 특히 그렇다.

따라서 큰 사업이든 작은 일이든, 그것을 이룰 규모와 계획이 수립되어 있어야 한다. 모든 요소를 검토하고 논의하는 것이 규모를 세우는 일이다. 예상을 빗나가는 경우가 있을지라도 규모를 세우는 과정 자체는 필요하다. 위대한 성취들은 처음부터 끝까지 신중하게 구상되고 계획될 때 이루어졌다.

64 시스템 마련하기

설시(設施)

'설시(設施)'는 구호 시설을 확충하고 진장(賑場)을 설치하고 진휼(賑恤)을 시행하는 것을 말한다. 어려운 상황을 해결할 수 있는 만반의 시스템을 갖추는 것이 설시(設施)의 핵심이라고 할 수 있다.

> 담당 관청에 감독하는 아전을 배치하고, 가마솥과 소금과 간장과 다시마와 말린 새우 등을 갖추어 두어야 한다.
> 수령은 진패, 진인, 진기, 진두, 혼패, 진력을 만들어 황정(荒政)에 임해야 한다. 소한 10일 전에 진제의 조례와 진력 1부를 써서 모든 향에 배부한다. 소한날에 수령은 아침 일찍 패전에 나아가 첨례를 행하고, 진장으로 나가 죽을 쑤어 먹이고, 희미를 분급해야 한다. 입춘날에는 진력과 진패를 다시 고쳐 정리하며, 경칩날에는 진대를 나누어 주고, 춘분날에는 진조를 반급하며, 청명에는 진대를 반급한다.

　다산이 위에서 한 말들의 의미를 오늘날의 상황에서 낱낱이 정확하게 이해하기는 어렵지만, 이것을 통해 다산이 말하고자 하는 바는 찾아낼 수 있다. 진휼(賑恤), 즉 어려운 사람에게 베풀고 도와주는 일이 원활하게 진행되기 위해서는 그런 일을 수행할 수 있는 체제가 잘 갖추어져 있어야 한다는 점이다.

그래서 다산은 설시(設施)에서 크게 3가지 요소를 고려하였다. '진휼 담당자, 진휼 대상, 진휼 시스템'이 그것이다.

먼저, 진휼 담당자다. 어떤 일에서든 사람이 중요하다.

"세상의 모든 일은 그에 합당한 인재를 구하지 못하면 능히 그 일을 성취해내기가 어렵다. 진장(賑場)에는 도감(都監) 한 사람, 감관(監官) 두 사람, 색리(色吏) 두 사람을 배치하되, 청렴하고 신중하게 일을 처리할 수 있는 인물이어야 한다. 촌감(村監)을 파견할 때는 더욱 세심하게 골라야 한다. 촌감들은 으레 뇌물을 받고 농간을 부리기가 일쑤여서, 양식이 넉넉한 사람에게 오히려 곡식을 베풀고, 홀아비나 과부처럼 의지할 곳 없는 사람들은 구휼 대상에서 빼 놓은 채, 그들이 고통 당하는 모습을 그저 수수방관할 뿐이므로, 이런 사람에게 임무를 맡겨서는 안 된다."

어려운 상황에 빠진 사람을 도와서 헤쳐나가게 해야 할 사람이 뇌물을 받고 부정을 일삼는다면, 진휼이 제대로 이루어지지 않을 것은 자명하다. 긍휼의 마음과 헌신의 자세로 무장된 사람이 진휼의 일을 담당해야 한다.

두 번째는 진휼 대상이다.

"긍휼히 여기는 마음이 없는 사람들은 말하기를, '유랑 걸식자들은 모두가 하늘이 버린 무용지물이요, 나라에 해로운 존재들이다. 그들은 게을러서 무위도식하며 도둑질하는 버릇만 있을 뿐, 도와 줘 봤자 양식만 축내고 결국은 죽고 말 것이니, 진휼을 해도 쓸데없이 힘만 들고 아무 효과도 없다. 그럴 바에는 진휼을 하지 말고 일찌감치 죽게 내버려두는 것이 그들도 덜 비참하고 국가 입장에서도 손해가 적을 것이다.' 라고 하니, 아, 애석하도다, 이런 억지 소리가 어디 있는가. 대체로 풍년 든 해에는 유랑 걸식자가 별로 없고 거의 대부분 양민들이지만, 흉년이 들면 이런 무리들이 생겨나곤 한다. 이로 보건대, 이들도 원래는 양민이었으며, 버림받은 자들이 아니었는데, 육친이 뿔뿔이 흩어지거나 죽어 버린 데다가 이웃들도 이들을 받아 주지 않으니, 결국은 홀아비, 과부, 고아, 불구자가 되어 부평초처럼 정처 없이 떠돌다가 이 지경까지 이른 것이다. ……하늘이 이들의 게으름과 무능함을 미워해서 이런 벌을 준 것이라고 한다면, 하늘은 어찌하여 탐관오리들은 벌 주지 않고 그처럼 넉넉한 생활을 누리게 한다는 말인가. 이러므로 유랑 걸식자를 핍박하는 말들은 모두 이치에 맞지 않으며, 어질지 못한 사람들이 하는 말일 뿐이니, 수령은 마땅히 유랑 걸식자를 돌보고 어루만지는 일에 힘써야 할 것이다."

시스템 경영

세 번째로 가장 중요한 것이 진휼 시스템이다. 다른 일에서도 마찬가지지만, 어려운 상황에 처한 사람을 돕는 일은 시스템이 중요하다. 사람을 의지하는 진휼보다는 시스템 자체가 진휼하게 해야 한다.

스웨덴은 사회보장 제도가 잘 되어 있어서 어려움에 처한 사람도 항상 도움을 받을 수 있는데, 스웨덴이 이와 같은 복지국가가 된 것은 스웨덴의 민족성 때문이 아니다. 스웨덴 국민 개개인의 봉사와 관용은 뛰어난 편이 아니다. 오히려 그들은 개인주의 성향이 무척 강하다고 한다. 바이킹의 후예답게, 스웨덴에는 '혼자가 가장 강하다(Being alone is strong).'라는 말이 있는데, 이것은 누구의 도움도 빌리지 않고 혼자 책임지고 혼자 결정한다는 자아 의식의 표현이다. 그래서 스웨덴 사람은 '죽기 3초 전쯤 도와 달라고 한다.'라는 말을 한다. 이런 스웨덴이 세계 최고의 복지국가를 이룬 것은 시스템이다. 그들은 사회 복지 시스템을 만들어, 시스템이 구제한다는 생각을 가지고 있다.

그래서 오늘날에는 '시스템 경영'이 중시된다. 시스템 경영은 조직이 개인이나 특정 인맥에 의해 좌우되지 않고, 조직 자체가 변화하는 외부 환경에 자율적·능동적으로 대처해 나갈 수 있도록 체제가 마련되어 있는 것을 말한다. 조직원의 참여로 이루어진 조직 운영 제도와 방침, 절차 등 일련의 관리 과정을 체계화하여 경영하는 것이 시스템 경영이다.

"한 개인의 역량에만 의존하는 국가는 명(命)이 짧다. 아무리 재능이 뛰어난 지도자라도 그 사람이 죽고 나면 모든 게 끝나기 때문이다. 또한, 죽은 지도자의 재능이 후계자에게 계승되는 것은 극히 드물기 때문이다."

이 말은 마키아벨리가 '군주론'에서 한 말인데, '군주론'에서도 '군주'보다 조직의 역량, 즉 시스템화 되어 있는 것을 더 중시한 것이다.

오늘날의 기관이나 조직도 마찬가지다. 사람의 역량에 지나치게 의존하는 조직은 그 사람이 물러나면 내리막길을 걷는 반면, 시스템에 의한 업무 처리 능력을 갖춘 조직은 사람이 물러난 후에도 지속적인 번영을 누리는 경우가 많다. 우수한 조직의 경우, 통상적인 관리 업무는 누가 그 일을 맡아도 무리 없이 해 나갈 수 있을 만큼 시스템을 잘 갖추고 있다. 평소 시스템이 잘 갖추어져 있어야 어려움에 처해 순발력 있게 대응할 수 있는 것이다.

때로는 시스템 자체가 사람의 능력을 좌우하기도 한다. 똑같이 80점짜리 인재를 채용했는데, 어떤 조직은 50점의 성과를 내는가 하면, 어떤 조직은 120점의 성과를 거두기도 하는데, 이 차이는 조직의 시스템이 갖추어져 있느냐의 여부에 기인할 때가 많다. 효율적인 시스템 아래서 일하는 사람의 업무 능률이 훨씬 높기 때문이다.

65 대체 방안 찾기

> **보력(補力)**
> '보력(補力)'이란 힘을 보탠다는 뜻이다. 흉년에 백성들의 양식에 보탬이 되는 여러 가지 대체 방안을 모색하는 것이 보력(補力)이다.

> 벼농사가 흉작일 경우에는, 수령은 서둘러 논에 다른 작물을 파종하도록 깨우쳐 주어야 하며, 가을에는 보리를 파종하도록 한 번 더 권장해야 한다. 기근 때 양식 대용으로 쓸 수 있는 풀 중에서 좋은 품종을 골라 몇 종류씩 가져오게 하여, 이것을 널리 알리도록 해야 한다.

흉년이 들어 논농사·밭농사로는 생계 유지가 불가능할 때, 다른 대안을 찾는 것이 보력(補力)이다. 농작물 외에도 식용이 가능한 여러 가지 초목을 대체 작물로 개발할 것을 권하고 있다.

"명종 때 진휼청에서 왕께 아뢰었다. '비축된 곡식을 풀어 굶주린 백성을 진휼하는 것이 황정(荒政)의 근본이오나, 비축된 곡식이 모자랄 때는 백성이 굶어 죽는 것을 보고만 있을 수는 없는 일이옵니다. 세종대왕께서는 구황벽곡방(救荒辟穀方)을 편찬하시어 많은 백성들의 목숨을 구하셨는데, 이를테면, 솔잎은 사람의 위장을 따뜻하게 도와 줌으로써, 장수를 누리게 함이 오곡(五穀)보다 더 낫다고 하였사오니, 이것은 백성을 구휼하는 좋은 방법이옵니다. 바라옵건대, 솔잎을 먹는 방법을 널리 알리게 하소서.' 그러자, 명종 임금이 이에 따랐다."

"순조 때 심한 기근이 들었는데, 전염병까지 번져 온 나라가 무사한 곳이 없었다. 오직 보길도의 백성들은 큰 피해를 입지 않았는데, 그 이유인즉슨, 이 섬에는 칡넝쿨이 많이 있어서 백성들이 칡가루를 양식으로 삼아, 겨울부터 봄까지 먹었기 때문이다. 칡가루가 이들을 기근으로부터 구해주었고 전염병으로부터도 구해주었던 것이다. 이 섬에서 칡을 먹지 않아도 될 만큼 넉넉한 집이 딱 한 집이 있었는데, 그 집은 칡가루를 양식으로 하지 않았기 때문에, 온 가족이 전염병으로 죽고 말았다. 이것은 내가 직접 본 사실이다."

어려운 상황에서 대안을 찾는 일은 대단히 중요하다. 대안을 찾지 못하면 생존할 수 없기 때문이다. 오늘날에도 조직의 주력 사업이 불황이나 그 밖의 이유로 부진하여 생존의 기로에 서 있을 때, 대체 사업, 대체 상품을 개발하여 탈출구를 찾고 위기 상황을 벗어나는 경우가 많이 있다.

상황이 아무리 어려울지라도 어딘가에는 출구가 있다는 것이 대안 찾기의 근거다. 경제의 경우도, 아무리 어렵고 경쟁이 치열하더라도 시장의 80%는 여전히 미개척 상태라고 한다. 어떤 시장이든 성장 가능성이 있는 틈새가 있기 마련이다. 이와 같은 틈새를 발견하고 대안을 마련하는 지도자가 능력 있는 지도자다.

이렇게 보면, 대체 방안 찾기는 요즘 자주 말하는 '블루오션(blue ocean)'의 창출과도 관련이 있다. 블루오션은 경쟁이 존재하지 않는 새로운 수요의 공간, 미개척 시장을 뜻하는 말이다. 기존의 시장이 경쟁이 치열하여 유혈이 낭자한 '레드오션(red ocean)'이라면, 블루오션은 아무도 선점하지 않은 신규 시장이다. 고수익과 비약적인 성공을 위해서는 블루오션을 창출하는 것이 유리하다. 블루오션은 기존 산업의 경계선 바깥에서 완전히 새롭게 창출되기도 하지만, 대부분 기존 산업을 확장함으로써 이루어질 때가 많다. 대체 품목, 대체 상품, 대체 방안을 개발함으로써, 그 때까지 존재하지 않는 새로운 수요를 창출해 낼 수 있다.

지도자는 한 가지 것, 기존의 것, 이미 확보하고 있는 것에 집착하지 말고 끊임없이 새로운 발상을 일으켜야 한다. 히트 상품은 현재 존재하지 않는 수요의 발견으로 이루어질 때가 많기 때문이다. 그러기 위해서 지도자는 대안을 가지고 있어야 한다. 오직 한 가지 방법에만 매달려 있게 되면, 그 방법을 사용할 수 없는 상황에서는 속수무책(束手無策)이 되고 만다.

토끼가 지혜로운 것은 '교토삼굴(狡兎三窟)' 때문이다. 교토삼굴이란 영리한 토끼는 굴을 팔 때 3개의 출구를 만들어 놓기 때문에, 위험한 상황에 처해도 무사히 빠져나올 수 있다는 뜻의 고사다. 삼성의 창업자인 고 이병철 회장의 호암 경영 4원칙에는 '계획대로 되지 않을 경우를 대비해 제2, 제3의 대비책을 만들어라.'는 원칙이 있다. 이것 역시 대안 찾기에 능한 지도자가 되라는 뜻이다.

66 정책 평가하기

준사(竣事)

'준사(竣事)'는 어떤 일을 끝마친다는 뜻이다. 진황 정책을 평가하고 결산하는 끝마무리를 준사(竣事)라고 한다. 시행한 정책의 득실을 판단하는 정책 평가회, 사업 평가회와 같은 것이 준사(竣事)다.

> 진황 정책을 마무리할 때는 그 때까지 시행한 정책을 처음부터 끝까지 점검하여 잘못된 점과 개선해야 할 점을 하나하나 돌이켜 살펴야 한다.

정책을 마무리하고 결산할 때, 다산은 잘잘못을 거짓없이 드러내어 평가하라고 한다.

"수령이 두려워해야 할 것이 세 가지가 있으니, 백성과 하늘과 자신의 양심이 그것이다. 상사는 속일 수 있고 임금도 속일 수 있으나, 백성은 속일 수 없다. 그리고 하늘과 땅이 환히 보고 있으니, 하늘을 속일 수는 없다. 또, 겉으로 태연한 척, 평안한 척 해도, 잘못이 있으면 하늘을 우러러 부끄러워지므로, 자신의 마음은 속일 수가 없다. 이 세 가지를 속이지 않았다면, 진휼 정책을 평가함에 있어서 큰 허물은 없을 것이다."

거짓 통계, 거짓 평가, 거짓 보고를 하는 것은 하늘을 속이고 백성을 속이고 자신의 양심을 속이는 일이므로, 정직하게 평가해야 한다. 이렇게 정직하게 평가한 결과는 크게 두 가지다. 성공인 경우와 실패로 끝난 경우다. 각각의 경우, 어떻게 대응할 것인가가 중요하다.

이카루스 패러독스

먼저, 일이 성공했을 때에는 교만하지 않도록 주의해야 한다. 인간의 본성은 조금만 틈이 있으면 교만해지는 경향이 있다. 더욱이 사업이나 정책의 큰 성공은 그야말로 하늘을 나는 의기양양함을 느끼게 하기에 충분하다. 승리감을 누리는 것 자체가 잘못된 것은 아니지만, 그렇다고 정말로 하늘을 나는 어리석음을 범해서는 안 된다. 즉 '이카루스 패러독스(Icarus paradox)'에 빠져서는 안 된다.

그리스 신화에 나오는 이카루스는 아버지가 만들어준 깃털 날개를 붙이고 감옥을 탈출하는 데 성공했다. 그의 아버지는 밀랍(蜜蠟 ; 양초)으로 날개를 붙여놓았으므로 태양 가까이 가면 안 된다고 주의를 주었다. 그러나 하늘로 두둥실 떠오르는 순간, 이카루스는 이 세상 누구보다도 더 높이 날 수 있다는 자신감이 생겼다. 그래서 아버지의 경고를 무시하고 점점 더 높이 태양 가까이 접근하여 밀랍이 녹아내리면서 붙여 놓은 날개가 떨어져 추락하여 죽고 말았다.

하늘을 날게 한 힘이 도리어 이카루스를 죽게 했다는 점에서, 패러독스(역설)라고 할 수 있다. 성공했다고 자만하면 추락한다. 이처럼, 성공이 실패를 초래하는 결정적인 요인이 될 수 있다는 것이 이카루스 패러독스다.

사업 평가도 마찬가지다. 성공을 쉽게 속단해서는 안 된다. 이익이나 매출이 증가했다고 해서 완전한 성공이라고 할 수 없다. 이익은 이미 이

룩한 실적을 평가하는 유용한 기준이며, 매출은 미래의 고객 기반을 확보하는 중요한 수단이지만, 이익이나 매출이 많다고 해서 무조건 성공이라고 단정할 수 없다. 그저 밀랍과 같은 것으로 잠시 날개를 붙여 놓은 정도에 불과하다. 영구적인 안전판을 만든 것이 아니다. 실제로, 대니 밀러 교수는 100개가 넘는 기업들을 조사한 결과, 극적인 성공을 거둔 기업일수록 실패의 함정에 빠지게 되는 경우가 많았다고 보고하고 있다.

성공으로 가는 실패

다음은, 실패한 상황을 어떻게 처리할 것인가이다. 정책에는 시행착오나 실패가 있을 수 있다. 실패가 있었다는 것보다는 실패를 은폐하는 것이 더 큰 잘못이다. 어려운 상황을 완벽하게 해결해 내지 못했다고 해서 모든 과정들을 무의미한 것으로 간주할 수 없다.

성공했다고 교만해서는 안 되는 것과 마찬가지로 실패했다고 낙심하거나 좌절하는 것도 바람직하지 않다. 델 컴퓨터의 마이클 델은 "또 실패했습니까? 그것은 성공이 그만큼 가까워졌다는 뜻입니다."라고 말한다. 실패가 기분 좋을 리는 없지만, 성공의 비결은 실패를 피하는 것이 아니라, 실패를 통해서 배우는 데에 있는 것이다.

KFC의 창업자 커넬 샌더스(Colonel Sanders)는 실패를 이겨내는 기술이 탁월했다. 음식점을 운영하던 샌더스는 쫄딱 망하여 105달러의 사회보장기금으로 살아가고 있었다. 이 때 나이가 65세다. 하지만, 그에게는 '녹슬어 쓸모 없게 되기보다는 다 닳은 후에 없어지겠다.'는 실패의 부산물이 남아 있었다. 그래서 자신의 11가지 닭요리 기술을 기반으로 치킨 전문점을 꿈꾸었다. 자금 지원을 부탁하자, '다 늙어 가지고 무슨 사업을 한다고 그래?' 하면서 모두들 콧방귀를 뀌었다. 자신의 생각을 이해해 줄 투자자를 만나기까지 1000번이 넘는 퇴짜를 맞았다고 한다. 현재 KFC는 세계 100여 개 나라에 3만 개의 프랜차이즈 체인점을 이루고 있다. 90세에 사망하기까지 커넬 샌더스의 청년 정신은 과연 녹슬지 않았다.

에디슨 역시 마찬가지다. 그는 천연고무 실험에서 무려 50,000번 이상을 실패했다고 한다. 수많은 실험을 하고도 얻은 것이 없자, 그의 조수마저도 한탄하였다. 그때 에디슨은, "왜 지금까지 아무런 결과를 얻지 못했다고 생각하는가? 천연고무를 찾아내는 데에 50,000가지의 방법이 비효과적이라는 사실을 알아내지 않았는가?"라고 했다. 성공이란 말 그대로, 오만 가지의 실패를 다 겪고 나서 비로소 찾아오는 것이다.

멋진 실패에 상을 주고 평범한 성공에 벌을 주라는 말도 있다. 성공의 이면에는 숱한 실패의 체험이 녹아있음을 간과해서는 안 된다. 시련과 실패를 성공의 밑거름으로 받아들이는 단순한 철학이 승리의 원동력이다. 어려운 상황을 겪은 체험을 잘 평가해 두면 다음 기회에는 반드시 성공할 수 있는 것이다.

지도자는 다듬어 놓은 길, 개척된 길, 정해진 궤도를 따라 가는 사람이 아니라, 스스로 길을 만들어가는 유도탄과 같은 존재다. 유도탄은 끊임없이 궤도를 수정한다. 실패는 궤도 수정일 뿐이다.

제12편

퇴임

해관육조 | 解官六條

'해관(解官) 육조'는 수령이 벼슬에서 물러날 때의 태도와 그 뒤에 남길 치적에 대한 여섯 가지 내용이다. '해관(解官)'은 벼슬을 내어놓는다는 뜻이다. 지도자가 자리에서 물러나 보통 사람으로 돌아갈 때의 상황이 어떠해야 하는가를 교훈한 것이다. 사람은 뒷모습이 아름다워야 한다는 말은 해관(解官)의 상황에도 해당되는 말이다. 지도자는 퇴임 후에 평가받는다는 말이 있는 것처럼, 재임 때도 중요하지만, 물러난 다음이 더 중요할 수 있다. 산에 오를 때는 내려갈 때를 생각해야 하듯이, 자신이 곧 자리에서 물러나게 된다는 사실을 염두에 두고, 산에서 내려온 뒷모습이 아름답도록 늘 자신을 살펴야 하는 것이다.

67 언제든지 물러날 준비하기

체대(遞代)

'체대(遞代)'는 수령의 교체, 즉 벼슬이 갈리는 것을 말한다. 지금까지 지도자의 자리에 있던 사람이 물러나고 다른 사람이 새롭게 지도자에 자리에 오르는 것이 체대(遞代)다.

> 벼슬자리는 언젠가는 체임(遞任 ; 벼슬이 갈림)이 있게 마련이니, 체임되더라도 담담한 마음으로 자리에 연연(戀戀戀)해하지 않으면, 백성들의 존경을 받을 것이다. 옛 성인들은 벼슬을 헌신짝 버리듯 하였으니, 체임됨을 슬퍼하는 것은 수치스런 일이 아니겠는가?

지도자는 자리에서 물러나는 상황에서 의연해야 한다. 다산은 벼슬자리에 미련과 욕심을 두어서는 안 된다고 하였다.

 "'벼슬살이는 머슴살이'라는 말이 있듯이, 벼슬이란 아침에 등용되었다가 저녁에 파직 당하는 일도 있으므로, 지극히 덧없는 것이다. ······ 그래서 지혜로운 옛 수령들은 관아를 잠깐 동안 머물렀다가 떠나가는 숙소 정도로 생각하고, 날이 새면 언제든지 떠나갈 것처럼 모든 서류와 문서들을 그때그때 확실하게 정리해 놓고 행상을 간편하게 하여, 마치 가을철 송골매가 나뭇가지에 앉아 있다가 훌쩍 날아갈 듯이 했으며, 벼슬에 대한 일말의 애착도 없이, 체임의 공문이 도착하면 즉시 떠나고 벼슬자리에 미련을 두지 않았으니, 이것이 바로 청빈한 선비의 모습이다."

넬슨 만델라

'가을철 송골매가 나뭇가지에 앉아 있다가 훌쩍 날아가듯이' 지도자의 자리에서 물러난 사람으로, 넬슨 만델라가 있다. 만델라는 백인 정부를 전복하려는 음모를 꾸몄다는 혐의로 45세에 종신형을 선고받고 27년간 감옥생활을 하다가 72세의 나이로 석방된 남아프리카 공화국의 인권운동가다.

그의 석방은 350년 동안 계속 되어온 남아공 백인 정권의 아파르트헤이트(Apartheid ; 흑백차별정책)를 종식시키는 역사적 쾌거였다. 석방 4년 후에는 남아프리카 공화국 최초로 흑인 대통령 자리에 올랐다. 이제 칼자루를 쥐었으니 한번 신명나게 칼바람을 일으킬 수도 있었지만, 만델라는 백인에 대한 일체의 정치 보복을 하지 않고 오직 화합과 관용의 정치를 추구하였다.

만델라는 이것이 자신에게 맡겨진 지도자로서의 소임이라고 판단하고, 화해와 민주화의 틀이 정착되어 갈 무렵, 임기가 아직 3년이나 남아 있는 시점에서 일찌감치 대통령을 연임할 의사가 없음을 선언하고, 부통령 타보 음베키를 후계자로 지명하였다. 자신이 마음만 먹으면 대통령 자리에 얼마든지 더 있을 수 있는데도 5년의 임기만 채우고 훌쩍 자리를 떠났다.

다산은 평소에 물러날 준비를 하고 있어야 담담한 마음으로 떠날 수 있다고 말했다.

"평소에 업무 관계 서류를 잘 정리해 놓고 내일이라도 당장 떠날 준비를 해 두는 것이 지혜로운 선비의 행동이다. 이렇게 하지 않기 때문에, 체대(遞代)를 당하면, 머리를 늘어뜨리고 얼굴에는 핏기가 없고, 비에 흠뻑 젖어 축 쳐진 깃발처럼, 인형극이 끝난 후의 꼭두각시처럼, 붙잡혀 가는 포로 신세처럼 되고 만다. 밀린 장부를 정리하랴, 떠날 채비를 하랴, 어수선하고 혼란스러워 만사가 헝클어지고 뒤엉키고 만다."

리더십의 계승

지도자는 임기가 다해도 물러나야 하고, 역할을 다해도 물러나야 한다. 특히, 고위 지도자의 경우는 물러나는 일이 더욱 중요하다. 지도자의 교체는 단지 사람의 교체만을 뜻하는 것이 아니라, 만델라가 음베키의 대통령 취임을 '세대교체'라고 말한 것처럼, 지도자의 퇴장은 리더십의 교체 및 계승을 뜻하기 때문이다. 따라서 미련 없이 자리를 떠나기만 하는 것이 최선은 아니다. 다음 단계, 또는 다음 세대까지 리더십의 연속성을 확보할 수 있도록 준비해야 한다.

지도자가 은퇴한 후에도 지속적인 성장을 이루어가는 조직이 있는가 하면, 어떤 조직은 그렇지 못하고 하향곡선을 그리는 경우가 있는데, 리더십의 계승 여부가 그 원인일 때가 많다.

우수한 조직의 지도자들은 처음부터 리더십 계승 계획을 가지고 후계자를 육성한다. 미국의 제너럴일렉트릭(GE)의 경우를 보자. 잭 웰치의 선임자는 세계 최고의 CEO라고 평가받는 레지놀드 존스였다. 존스 회장은 70년대의 에너지 위기 상황 속에서 2배의 매출 신장을 이룬 스타 CEO다. 그가 GE를 이끌 차세대 리더인 잭 웰치를 키워냈다. 잭 웰치도 은퇴 예정일이 9년이나 남은 시점에서 "앞으로 제가 결정해야 할 가장 중요한 사항은 후계자를 선택하는 일입니다. 저는 거의 매일 누구를 후계자로 선정할 것인가를 고민하면서 시간을 보내고 있습니다."라고 말했다. 언제부터 리더십 계승에 대해 생각했느냐고 묻자 "처음 CEO가 되었을 때부터 그 생각을 하기 시작했습니다."라고 답했다. 그렇게 해서 자신의 후계자 제프리 이멜트를 육성해 냈다.

반면에 체대(遞代)의 실패로 조직의 운명이 완전히 바뀐 사례도 있다. 미국의 3대 자동차회사 중 하나인 크라이슬러(Chrysler)는 파산 직전에 리 아이아코카(Iacocca)라는 탁월한 지도자에 힘입어 회생하였다. 아이아코카는 회사는 소생시켰지만, 후계자를 육성하는 데까지는 힘이 미치지 못했는지, 후임자에게 CEO를 넘겨준 뒤 몇 년 만에 크라이슬러는 독일의 다임러벤츠에 합병되고 말았다.

'끝머리가 모든 것에 관을 씌운다.' 는 영국 속담처럼, 지도자는 잘 물러나야 영광을 얻는다. 지도자의 교체는 그만큼 어려운 일이다. 자리에서 무리 없이 물러나기 위해 청나라의 강희제(康熙帝)는 특별한 방법을 고안하기도 했다.

강희제는 61년의 제위 기간 동안 수많은 아들을 두었기 때문에 권력 암투가 심했다. 그것을 방지하기 위해 '황태자 밀건법(密建法)' 이라는 비밀 책봉 방식을 사용하였다. 황제가 후계자의 이름을 적어서 옥좌 윗부분에 있는 액자에 넣어 보관하였다. 황제가 죽기 전에는 어느 누구도 이것을 볼 수 없었다. 황태자로 정해진 본인도 모른다. 왕자들 사이의 골육상쟁을 막고, 후임 황제를 보호하기 위해서였다. 이렇게 해서 등장한 황제가 옹정제(擁正帝)였으며, 옹정제 역시 이 방법으로 건륭제(乾隆帝)에게 자리를 넘겨주었고, 이들 3명의 황제는 청나라의 전성기를 이끌었다. 조직이든, 국가든 지도자 교체가 잘 되어야 번성한다.

68 청렴하게 물러나기

귀장(歸裝)

'귀장(歸裝)'은 돌아가는 행장을 뜻한다. 지도자가 자리에서 물러날 때의 모습이 귀장(歸裝)이다.

> 선비가 모든 것을 벗어 던지고 초연한 모습으로 돌아가게 되면, 그의 맑고 깨끗한 성품으로 인해 비록 낡고 닳은 수레에 수척한 말을 타고 가는 모습일지라도, 사람들의 마음을 감동케 한다.
> 옷과 가재 도구는 새로 마련한 것이 없어야 하며, 자기가 맡아 다스린 지역의 토산물을 지니고 있지 않아야 청렴한 선비의 행장이다.

다산은 지도자는 물러날 때의 모습이 청렴해야 함을 강조하였다.

"조선 시대 성종 때 이약동(李約東)이 제주 목사로 다스리다가 돌아올 때, 아무것도 가지고 가지 않고, 오직 가죽 채찍 하나만 가지고 가려고 하다가, '이것 또한 제주의 물건이로군.' 하고는 관청의 문에 걸어두고 나왔다. 제주도 사람들은 이약동이 두고 간 채찍을 보물처럼 소중히 간직해 두있다가 새 목사가 부임해 올 때마나 그 자리에 내어 걸었다. 세월이 흘러 채찍마저 닳아 버리자, 채찍을 걸었던 그 자리에 이약동의 업적을 그림으로 그려 걸어 두고, 그에 대한 사모의 마음을 간직했다."

박연, 정문술 회장

　물러나는 모습이 청렴하기로는 조선 시대 박연을 빼놓을 수 없다. 박연은 50세 무렵에 세종으로부터 벼슬을 제수 받았는데, 음악적 능력이 워낙 탁월하여, 세종이 죽은 후, 문종·단종·세조를 거치며 81세의 나이에 이르기까지 벼슬을 계속했다. 그런데 그의 아들이 단종 복위사건에 연루되어, 아들은 죽음을 당하고 박연은 음악에 대한 공로를 참작하여 목숨은 건져 낙향하게 되었다.

　박연이 고향 영동으로 가기 위해 나루터에 서 있는 행장이 다산이 말하는 모습 그대로였다. 불행한 일로 인해서 관직에서 물러났다고는 하지만, 30년 넘게 벼슬을 한 사람의 행장이 고작 말 한 필과 시종 한 사람에 피리 하나뿐이었다. 박연의 제자와 후배들이 그를 전송하기 위해 강나루로 나와서 술잔을 베풀고 하직하였다. 박연이 떠나가는 배 위에서 피리 세 곡조를 부르자, 그것을 듣고 울지 않는 사람이 없었다. 이것이 '박연의 피리'로 알려진 이야기이다.

　기업인이 청렴하게 물러나기는 더 어렵다. 관직이야 단지 물러나는 것뿐이지만, 평생 피땀 흘려 가꾼 기업의 경우는 사정이 다르다. 재산에 대해 초연할 수는 없기 때문이다. 그렇기 때문에 특별히 존경스러운 사람들이 있다. 미래산업의 정문술 회장의 은퇴 모습도 그 중 하나다. 평소, '유산(遺産)은 독약'이며, '회사는 내 것이 아니라 주주와 종업원의 것'이라는 신념을 가지고 있던 정문술 회장은 은퇴를 결심하고 두 아들을 음식점으로 불러냈다고 한다. "이제 물러날 생각이다. 나는 너희들이 회사를 잘 이끌 만한 능력이 없다고 생각하지는 않는다. 하지만, 미래산업은 내 것이 아니다. 사사로이 물려줄 수가 없구나. 애비가 너희를 위해 해놓은 게 없어 미안하다." 잠깐 어두운 침묵이 흘렀다. 얼마 후, 큰 아들이 먼저 입을 열었다. "잘 결정하셨습니다." 둘째 아들도 거들었다. "아버지, 훌륭하십니다."

사업, 산업, 원업

끝이 중요하다. 나폴레옹은 '전투의 승부는 마지막 5분 동안에 결정된다.'라고 하였다. 지도자에게 있어서 마지막 5분은 물러나는 그 순간이다. 깨끗한 모습, 청렴한 모습으로 물러날 때만이 애초에 지도자에 자리에 오른 의미를 살릴 수 있으며, 유종(有終)의 미(美)를 거둘 수 있다.

정선은 말하기를, "자기의 재물을 가지고 세상의 백성에게 베푸는 것이 사업(事業)이며, 재물을 풀어 자기의 가족·친척에게 베푸는 것은 산업(産業)이며, 세상 사람들에게 피해를 입혀가면서 가족·친척을 이롭게 하는 것은 원업(冤業)이다."라고 하였다. 이 말에 비추어 보면, 정문술 회장처럼 하는 것이 사업(事業)인 것 같다. 사업하기는 참으로 어렵다. 그러나 지도자는 최소한 원업(冤業)을 해서는 안 된다. 물러나는 모습이 원업이 되어서는 안 된다.

69 유임 청원하기

원류(願留)

'원류(願留)'는 백성이 수령의 유임을 원하는 것이다. 백성들이 지도자의 유임을 청원할 만큼 공적을 남기라는 것이 원류(願留)에 담긴 뜻이다. 지도자 자신이 스스로 유임하겠다고 나서면 독재(獨裁)가 되지만, 대중이 유임을 원하는 것은 훌륭한 통치를 했다는 뜻이기 때문에, 원류(願留)는 중요한 의미가 있다.

> 백성들이 수령이 벼슬을 마치고 돌아가는 것을 진실로 애석하게 생각하여, 떠나는 길을 막아서며 유임하기를 원하는 것은 뛰어난 업적을 역사에 남김으로써 후세에 귀감이 되게 하는 것이니, 이것은 말과 얼굴의 표정만으로는 해낼 수 있는 일이 아니다.

다산은 지도자가 말과 얼굴의 겉모습이 아니라, 진정 마음으로 백성을 위할 때 그 마음이 백성에게 전해져 백성들이 따르게 된다고 하였다.

"유정원(柳正源)이 자인(慈仁)의 현감으로 다스리다가 벼슬을 그만 둘 생각을 하고, 고향에 돌아가 감사에게 세 차례에 걸쳐 사직서를 냈으나, 감사는 '백성들이 자애로운 어머니를 잃은 듯이 마음의 갈피를 잡지 못하고 있으니, 사(私)를 우선하여 공(公)을 버리는 것은 옳지 않은 듯하오.'라고 하면서 허락하지 않자, 하는 수 없이 귀임(歸任)하니, 그 지역의 백성들이 교외에까지 환영 나와 기뻐하였다."

"송나라 때 두연(杜衍)이 건주(乾州)의 수령으로 다스린 지 1년도 못 되어 그의 업적이 높이 평가받아, 봉상부(鳳翔府)를 맡게 되었다. 그러자 두 지역의 백성들이 고을의 경계에 나와서 서로 싸우며, 한쪽에서는 '이 분은 우리의 수령이신데, 너희가 왜 빼앗아 가려고 하느냐.' 라고 주장했고, 다른 쪽에서는 '이제는 우리의 수령이신데, 너희가 왜 상관하느냐.' 라고 대항했다. 또한, 이정악(李挺岳)이 서산 군수로 있으면서 현종 임금의 행차 때 일을 잘 처리하여 파주 목사를 제수 받자, 서산 사람들이 모두 모여 억울함을 호소했는데, '어찌하여 이 곳에서 빼앗아 저 곳에 주는가.' 라고 하였다."

다산은 백성들이 지방 수령의 유임을 청원하면 그것을 받아들이는 것이 백성들의 뜻에 따르는 일이라고 하였다.

"명나라 때 유백길(劉伯吉)이 탕산현을 다스리다가 친상(親喪)을 당하여 고향으로 돌아갔다. 유백길이 탈상을 마칠 무렵, 탕산현의 백성들은 대궐 아래서 기다리고 있다가 그를 다시 탕산현의 수령으로 재임(再任)시켜 줄 것을 청원하였다. 조정의 대신이 임금께 '신임 수령이 탕산에 부임해 간 지 벌써 2년이 지난 상태입니다.' 라고 아뢰자, 임금은 '신임 수령이 전임자보다 낫다면 백성들이 지금까지 옛 수령을 생각하지 않았을 것인데, 그가 떠난 지 오래되었는데도 백성들이 여전히 그를 생각하고 있는 것을 보니, 그가 신임자보다 나은 것을 알 수 있겠도다.' 하고는 유백길을 다시 탕산으로 보냈다."

70 용서 구하기

걸유(乞宥)

'걸유(乞宥)'는 백성이 수령의 잘못이나 죄에 대해 용서를 간청하는 것이다. 지도자의 잘못을 용서해 주는 것이 걸유(乞宥)다.

> 수령이 법에 어긋나는 잘못을 범했을 때, 백성들이 슬퍼하며 서로 앞장서 임금께 나아가 죄를 용서해 주기를 호소하는 것은 옛날부터 있어온 좋은 풍속이다.

다산은 세상의 공적(功績)이니 능력이니 하는 것 중에서 백성이 편안하게 잘 살게 하는 것보다 더 나은 것이 없다고 말하면서, 백성이 수령을 아끼고 사랑하며 받드는 마음이 진실로 거짓됨이 없고, 백성이 용서를 호소하며 울부짖으면, 설령 수령에게 죄가 있더라도 백성의 애틋한 충정을 받아들여 그를 용서하는 것이 좋다고 하였다.

"고두남(高斗南)이 정원 지방의 벼슬을 지내게 되었는데, 식견이 풍부하고 재능이 탁월하여 좋은 정치를 많이 남겼다. 이런 고두남이었는데, 그만 어떤 잘못을 범하여 징계를 당할 처지가 되었다. 그러자 그 지방의 어른들이 임금 앞으로 달려가 고두남이 베푼 선정(善政)과 업적을 낱낱이 아뢰자, 임금이 이를 기특하게 여겨 고두남으로 하여금 그 고을을 계속 다스리게 하였다. 고두남이 다시 임지로 돌아온 후, 그의 치적은 더욱 두드러졌다. 얼마가 지난 후, 가장 청렴한 관리들 몇 명이 천거되었을 때, 그 속에 고두남도 끼어 있었다."

황희

 작은 잘못으로 단죄하기로 하면 온전하게 남게 될 지도자가 없다. 황희 정승 역시 용서가 있었기에, 조선 역사 5백 년을 통틀어 가장 훌륭한 정승으로 남을 수 있었다. 고려가 멸망하고 조선이 건국되자, 당시의 충직한 선비들은 두 왕조를 섬길 수 없다고 하여 과거 시험에도 응시하지 않고 두문동(杜門洞) 산 속에 들어가 칩거했는데, 황희도 그 중의 한 사람이었다. 조정에서 온갖 방법으로 회유해도 이들이 뜻을 굽히지 않자, 죽음을 택하든지 조선의 신하가 되든지 택일하라는 최후 통첩과 함께, 두문동 마을을 통째로 불사르도록 했다. 그 날 밤, 두문동 선비들이 마지막 회의를 열어 "우리들 중에서 딱 한 사람은 살아서 후세 사람들에게 오늘의 이야기를 전해야 합니다."라고 했고, 그 한 사람으로 지명된 사람이 황희였다. 황희는 두문동 72명의 충신들이 모두 불에 타 죽는 상황을 뒤로 하고, 눈물을 흘리며 총총히 걸어나왔다.

 엄밀하게 말하면 황희는 변절자인지 모르지만, 그는 72명 동지들의 뜻을 받아 오직 백성을 생각하는 명재상이 될 수 있었다. 조선 왕조 실록에는 '그는 늘 원리원칙대로 행동했고, 무엇이 진정 백성을 위하는 길인지 깊이 생각했으며, 정승으로 몇 십 년을 살면서 끼니를 거르는 때가 많을 정도로 검소했다.'라고 기록하고 있다. 임금과 동료 사대부들로부터 두터운 신임을 받았으며, 백성을 위한 일이라면 물불을 가리지 않았고, 불의를 보면 참지 못하였으며, 아랫사람에게는 늘 관대해서 '허허 정승'이라는 별명이 붙어 있었다.

이런 황희에게도 잘못이 있었다. 황희의 딸이 어떤 살인 사건에 연루되어 그 사건을 은폐하기 위해 청탁과 뇌물이 오고갔음이 밝혀진 것이다. 관련자들이 파면되고 유배당했다. 실록에도 황희에 대해 '성품이 관대하고 온정에 이끌리다 보니 집안을 다스리는 데에는 단점이 있었다.'라고 기록하고 있다. 하지만, 이런 잘못에도 불구하고 세종이 그를 좌의정으로 복권시켰기 때문에, 즉 황희가 용서받았기 때문에, 오늘날 우리가 알고 있는 황희 정승이 존재할 수 있게 된 것이다.

닉슨

지도자는 다른 지도자의 잘못을 용서해 주고 자신의 잘못에 대해서도 용서받아야 할 사람이다. 미국의 리처드 닉슨 대통령도 잘못을 용서받은 지도자다.

닉슨 대통령은 워터게이트 건물 도청 사건과 그에 대한 거짓말로 인해, 미국 역사상 최초로 의회의 탄핵을 받고 재임중 대통령 자리에서 물러난 사람이다. 그런데 닉슨의 후임으로 대통령에 오른 제럴드 포드는 닉슨에 대한 형사 책임을 면제하는 사면을 실시하였다. "신사 숙녀 여러분, 미합중국 대통령, 나 제럴드 포드는 헌법 제2조 제2항의 사면의 권리에 따라, 리처드 닉슨과 그가 저질렀거나 저질렀을지 모를 모든 범죄 행위에 대해 완전하고도 자유로운, 그리고 절대적인 사면을 선언합니다."

포드가 닉슨의 잘못을 용서하자, 사람들은 견딜 수가 없었다. 이 사면 선언에 대해 미국 국민들의 분노는 극에 달했고, 일부 시위대는 "포드를 감옥으로!"라고 외쳐댔다. 정치평론가인 리처드 리브스는 '신사 숙녀 여러분, 미국의 대통령이십니다.' 라는 제목으로, 왕관을 쓰고 대통령 집무실에 앉아 있는 시골뜨기 사진을 합성해서 실었으며, 포드는 굼뜨기 짝이 없고 상상력도 없는 사람이라고 공격했다. 결국, 닉슨에게 베풀었던 용서가 포드의 정치 생명을 단축시키고 말았다.

하지만, 그로부터 20여 년이 흐른 후, 포드를 가장 혹독하게 비판했던 그 사람 리브스는 '미안해요, 대통령'이라는 제목으로 그동안 포드에 대해 품고 있었던 자신의 생각이 잘못되었음을 고백했다. "포드는 제가 생각했던 것보다 훨씬 일을 잘 했습니다. 그는 최선을 다했으며, 그가 반드시 필요하다고 생각하는 일을 했습니다. 대통령께 저의 존경과 감사를 전하고 싶습니다."

닉슨은 어떤가? 뉴욕 타임즈는 닉슨을 가리켜 '패배를 패배시킨 사람'이라고 표현했다. 닉슨은 "나는 그들에게 칼을 쥐어 주었고, 그들은 그 칼로 나를 찔렀다."고 말했는데, 그동안 칼을 쥐어준 닉슨의 잘못만 보아왔던 사람들이 비로소 그 칼로 마구 찔러댄 자신들의 잘못도 함께 보게 된 것이다. 민주당 소속인 클린턴 대통령은 대통령에 당선된 후, 가장 먼저 공화당 소속이었던 닉슨을 백악관으로 초청했다. 닉슨은 20년 만에, 움츠린 어깨를 펴고 백악관에 들어갈 수 있었고, 이듬해 사망했을 때, 그는 더 이상 추악한 대통령이 아니었다. 현대 미국을 건설한 또 한 사람의 지도자로 평가되었다.

용서받지 않고는 어느 누구도 성한 존재가 될 수 없다. 고두남도, 황희도, 닉슨도 용서받았기 때문에 온전한 지도자가 될 수 있었다. 용서하는 것은 죄를 용납하는 것이 아니다. 지도자의 행위에 대한 역사적 평가를 흐리게 하자는 것이 아니라, 사람을 받아 주는 것이다. "나는 자비가 엄격한 정의보다 풍성한 결과를 낳는다고 믿는다."이것은 링컨의 말이다. 어떤 한 사람이 다른 사람을 일방적으로 비난할 만큼, 그렇게 떳떳한 사람은 아무도 없다. 누구나 자비를 필요로 한다.

노무현 대통령이 칠레를 방문한 자리에서 기자 간담회를 하면서, "남미를 순방하면서 한국에 대해 생각을 많이 했다. 왜 한국이 성공했을까? 과거 지도자들의 실책이 더러 있었지만, 그래도 한 가지씩은 다 했고, 국가 발전에 필수 불가결한 몇 가지를 해 놓았다."라고 한 말이 보도되었다. 이처럼, 지도자가 행한 긍정적인 업적을 바라보는 태도가 용서의 자세다.

대중이 지도자를 세워주지 않으면 제아무리 능력자라도 온전할 수 없다. 우리는 지도자들을 너무 황폐하게 만들었다. 우리나라에도 지도자를 향해 '미안해요.'라고 말하는 사람이 속속 들어서야 한다는 것이 다산의 용서의 교훈이다. 한 가지씩은 다 수고한 사람들이다. 그 수고로 이 나라가 지금까지 버젓이 살아 있다. 잘못에 대해서는 안타깝고 애통해하는 마음으로 용서하고 잘못을 되풀이하지 않도록 교훈으로 삼되, 잘한 것을 기억하여 후세에 전하라는 것이 다산이 말하고자 하는 바다.

71 목숨 바쳐 소임 다하기

은졸(隱卒)

'은졸(隱卒)'은 벼슬 자리에 있는 동안 죽는 것을 뜻한다. 지도자가 직무를 수행하다가 재임 중 사망하는 것이 은졸(隱卒)이다.

> 벼슬자리에 재임하는 동안 죽음으로써 백성들이 상여를 붙잡고 애도하며 목놓아 울고, 세월이 오래 흘러가도 잊히지 않고, 그가 베푼 좋은 정치의 향기가 더욱 진해져 가는 것, 이것이 어진 수령의 끝마침이다.

"명나라 때, 증천(曾泉)이 높은 벼슬을 지내다가 좌천되어 말단 벼슬로 쫓겨가게 되었다. 그럼에도 증천은 나태한 마음을 품지 않고, 농경지를 개간하여 곡식의 수확을 늘리고, 목재를 베어 집을 짓고, 수리 시설을 정비하고, 배를 만들어 상거래를 원활하게 하는 등 많은 업적을 남겼다. 관청에는 양식이 비축되었고, 백성들은 과도한 세금 부담이 없게 되었다. 또, 시신을 수습할 관을 준비해 두어 백성들이 이용할 수 있게 하니, 관혼상제에도 부족함이 없었으며, 필요한 자금을 관청에서 융통받을 수 있었다. 이런 증천이 그만 죽게 되자, 남녀노소 할 것 없이 모두 나와 항곡(巷哭 ; 길을 걸어가면서 죽음을 슬퍼하여 우는 것)했다. 증천이 죽은 지 3년이 지났는데도 그의 이야기만 꺼내면 모두가 눈물을 흘리며 그 은혜를 사모하였다. 왕에게 그의 원래 벼슬을 회복하게 해 달라고 청원하자, 왕이 그 뜻을 따랐다."

링컨, 이순신

타인에게 베풀 수 있는 가장 숭고한 행위는 남을 위해 자신의 목숨을 내놓는 일이다. 목숨을 내놓는다는 것이 스스로 목숨을 끊는다는 뜻이 아님은 물론이다. 직무를 수행하는 과정에서 부득이 죽음을 맞이하게 된다는 뜻이다. 지도자는 남을 위해 사는 사람이라는 점에서, 목숨 바쳐 소임을 다하는 것은 리더십의 최고 경지라고 할 수 있다. 남을 위해 자신의 목숨을 내놓는 상황에 이르기는 쉽지 않기 때문이다.

미국의 링컨 대통령은 소임을 다하고 목숨을 바친 사람이다. 1860년 공화당의 후보로 나서서 대통령에 당선된 링컨은, 노예제도를 고수하는 남부의 주(州)들이 미연방에서 속속 탈퇴하는 것을 막기 위해 원치 않는 전쟁을 치를 수밖에 없었다. 이것이 미국인의 동족상잔인 남북전쟁이다. 1865년 4월 9일, 남군사령관인 리 장군의 항복으로 전쟁은 링컨의 북군이 승리했다. 남북 전쟁에서 승리한 링컨은 이제 화해와 관용의 바탕 위에서 국가 재건 계획을 수립하고, 모처럼의 휴식을 위해 4월 14일, 포드극장에서 연극을 관람하던 중, 남부인의 피격을 받고 숨졌다.

링컨이 남북 전쟁에서 승리함으로써 노예제도를 철폐하게 된 것도 역사적인 업적이지만, 은졸(隱卒)한 것은 더욱 의미가 크다. 링컨의 죽음이 미국의 분열을 막고 통합을 촉진시켰기 때문이다. 링컨이 남부인의 손에 의해 죽음으로써, 남부인들은 양심의 가책을 느끼게 되었고, 그로 인해 남북 대립의 정도가 현저하게 약화되었던 것이다. 링컨의 죽음이 국민 통합의 메시지가 된 것이다.

이순신 장군도 목숨 바쳐 소임을 다한 전형적인 모습을 보여주고 있다. 이순신 장군의 나라 사랑, 백성 사랑이 어느 정도인지는 더 말할 것이 없다. 그 사랑이 너무도 강렬했기에 오히려 견제를 받아야 했는지 모른다. 그런 사정을 잘 알고 있는 이순신 장군은 나라를 구하는 자신의 소임을 완벽하게 달성하고, 갑옷을 벗어놓고 승전고를 울리며 은졸(隱卒)함으로써, 더 이상 자신의 존재가 나라에 걸림돌이 되지 않게 하였다.

죽음은 인간이 의지적으로 선택할 수 있는 상황이 아니지만, 링컨이나 이순신 장군처럼 죽을 수만 있다면, 그렇게 죽는 것은 값지고 의미 있는 일이다.

72 사랑 남기고 떠나기

유애(遺愛)

'유애(遺愛)'는 수령이 백성들의 애모(愛慕) 속에 죽거나 떠나는 것을 말한다. 지도자가 대중이나 국민의 마음 속에 큰 사랑을 남기고 떠나는 것이 유애(遺愛)다.

> 수령이 죽은 후에까지도 백성들이 그를 생각하고 추모한다면, 그가 남긴 사랑을 능히 헤아릴 만하다.

"세조 때 김계희(金係熙)가 나주 목사가 되어 다스렸는데, 좋은 정치를 펴서 백성들에게 큰 은혜를 끼치고, 배움의 바탕을 탄탄하게 마련해 놓았다. 김계희가 나주를 떠난 후에도 백성들이 그를 잊지 못하고 늘 그리워하더니, 그가 죽었다는 소식을 듣자 마치 친상(親喪)을 당한 듯이 애통해하고, 그가 남긴 선정을 기념하기 위해 기금(基金)을 마련하였으며, 해마다 기일(忌日)이 되면 어른 아이 할 것 없이 명륜당에 모여 추모하였다."

"위경준(韋景駿)이 비현(肥縣)의 현령이 되어 다스리면서 많은 선정을 베풀다가 그 곳을 떠났다. 시간이 오래 지난 후, 위경준이 다른 지방으로 가는 길에 마침 비현을 다시 지나가게 되었다. 그러자 그 곳의 백성과 아전들이 반가워하고 기뻐하며, 서로 앞을 다투어 음식을 차려 오며 붙잡는 바람에 여러 날을 묵어 가게 되었다. 기뻐하는 사람들 중에 10살 정도밖에 안 되어 보이는 아이들이 있는 것을 본 위경준이 그 아이들에게 물었다. '내가 이곳에서 벼슬을 마치고 북쪽으로 간 때를 계산해 보면, 너희들이 세상에 태어나지도 않았을 때이고, 당연히 나의 은덕을 입은 것도 없을 터인데, 어찌하여 나를 이렇게 친절하게 대해 주는 것이냐?' 그러자 아이들이 '고을 어른들로부터 우리 지방의 공해(公廨), 학당(學堂), 관사(館舍), 제방, 교량 등은 모두가 현령님께서 이루어놓은 것이라는 말씀을 들었습니다. 그래서 저희들은 현령님이 아주 옛날 사람인 줄 알고 있었는데, 이렇게 가까이에서 뵙고 보니, 반갑고 고마운 마음이 이전보다 갑절이나 더해지는 것 같습니다.' 라고 대답하였다."

사람의 아름다운 뒷모습은 김계희나 위경준처럼 떠난 다음에도 사람들에게 큰 사랑을 남기는 유애(遺愛)의 모습이다. 사람이 한평생 다 살고 내세울 수 있는 것은 사랑한 것밖에 없다고 한다. 지도자는 사랑하는 사람이다. 이웃을, 다른 사람을 사랑하는 사람이 지도자다.

지도자가 이미 떠나고 없는데도 백성들이 그가 남긴 사랑을 못 잊어 하며 평소에 그가 가까이하던 수목까지도 아낌없이 사랑하는 것을 '감당(甘棠)의 유풍(遺風)'이라고 한다. 주나라 때에 소백(召伯)이라는 사람이 남국을 맡아 좋은 정치를 베풀었는데, 그가 떠난 후 백성들이 그의 덕행을 추모하여, 그가 쉬던 감당(甘棠 ; 팥배나무)을 끔찍이 사랑한 데서 생긴 말이다. 지도자는 자신이 어떤 감당(甘棠)을 남길 수 있는지 스스로의 모습을 돌아보며, 오직 백성을 위한 사랑의 소임을 다해야 한다.

간디, 마르틴 루터 킹

간디(Gandhi)에게 '인도의 아버지', '마하트마(Mahatma ; 위대한 영혼)' 등의 수식어가 따라다니는 것도 그가 남긴 사랑 때문이다. 벵갈 폭동이 일어났을 때, 간디는 77세의 나이임에도 불구하고, 하루에 15-18시간씩, 60일 동안 46개 마을을 방문하며 피해자들을 위로하였다. 이 일을 간디의 최대 업적으로 평가하는 사람들도 많다. 국민들에게 희망과 용기를 북돋아 주었으며, 힌두교와 이슬람교가 대립을 멈추고 화해와 통일을 이룰 것을 호소하였다. "증오는 오직 사랑으로써만 극복할 수 있습니다. 사랑이 있는 곳에 생명이 있습니다."라는 외침으로, 인도인의 가슴 속에 사랑을 남겼다.

이와 같은 사랑의 힘을 바탕으로 비폭력 운동을 전개했으며, 손수 물레를 돌리고 소금을 채취하는 등 국산품 애용 운동을 벌였다. 힌두교도 청년의 총에 맞아 세상을 떠날 때까지, 간디가 남긴 발자취는 하나의 거대한 유애(遺愛)의 행진이었다. 인도인들은 "간디가 우리에게 남긴 것은 그의 삶 자체가 보여준 메시지와 우리에게 새겨진 사랑의 추억이 전부다."라고 말하며, 그가 남긴 사랑을 기억한다.

마르틴 루터 킹 목사가 남긴 사랑을 보자.

"링컨 대통령이 노예를 해방한 지 100년이 넘었지만, 아직도 흑인들은 자유를 누리지 못하고 있습니다. 나에게는 꿈이 있습니다. 조지아 주의 붉은 언덕에서 노예의 후손들과 노예 주인의 후손들이 형제처럼 손을 맞잡고 나란히 앉게 되는 꿈입니다. 나에게는 꿈이 있습니다. 이글거리는 불의와 억압이 존재하는 미시시피 주가 자유와 정의의 오아시스가 되는 꿈입니다. 지금 나에게는 꿈이 있습니다!"

대부분의 미국인들은 킹의 꿈이 결코 실현되지 못할 것이라고 생각했지만, 킹은 초지일관 변함없이 수많은 시위와 연설을 통해 자신의 꿈을 이루어갔다. "폭력을 써서는 안 됩니다. 백인들이 우리에게 어떤 고난과 차별을 해도 우리는 그들을 사랑해야 합니다. 그들의 잘못을 용서해 줍시다."

킹의 꿈 역시 너무나 강렬했기에 반대자들은 그를 그대로 두지 못하고, 모텔 2층 발코니에 서 있는 킹을 향해 총탄을 발사했다. 마르틴 루터 킹 목사는 그렇게 죽었지만, 그의 꿈은 이루어졌다. 모든 사람들이 마르틴 루터 킹 목사가 옳다고 인정하였으며, 미국 의회는 1월 셋째주 월요일을 킹 목사의 탄생을 기념하는 국경일로 지정하여, 킹 목사가 남긴 사랑을 마음껏 추모할 수 있게 하였다.

풍성의 개념

'풍성의 개념(abundance mentality)'이 있다. 자신이 가지고 있는 것을 나누면 나눌수록 더욱 부유해진다는 뜻이다. 사랑은 풍성의 개념으로 만들어진 것이다. 애초에 사랑은 무소부재(無所不在)한 풍성함 그 자체였다. 온 세상에 가득한 것이 사랑이었다. 그런데 지도자가 사랑의 풍성함을 사용하지 않으므로, 세상은 어느덧 '고갈의 개념(scarcity mentality)'이 판을 치게 된 것이다. 지도자의 리더십은 풍성의 개념 위에 서 있어야 한다. 지도자는 사랑의 풍성함을 보여 주는 사람이다. 내 것을 나누어주면 내가 가난해지지나 않을까 하는 고갈의 개념으로는 지도자적 소임을 감당할 수 없다. 지도자는 내 시간, 내 재능, 내 마음, 내 재물 등 자신이 가진 것으로 세상을 풍성하게 만드는 사람이다.

다산은 그 자신이 풍성한 사랑으로 충만한 사랑의 '화수분'이었다. 특별히 죄진 것도 없이 당파에 휩싸여, 다산은 느닷없이 유배의 고통을 당해야했다. 유배의 첫날, 다산은 붓을 들어 '목민심서'의 첫 줄을 쓰기 시작했다. 제배(除拜), 치장(治粧), 사조(辭朝)…. 오래 오래 써내려갔다. 18년 동안을 계속 썼다. 생각하면 분노할 만하고, 돌아보면 한이 맺힐 법한데, 그렇게 써내려간 종착역에 기다리고 있는 것은 뜻밖에도 사랑이었다. 상황은 다르지만, 몬테크리스토 백작은 13년 갇혀 있다가 나와서 오직 복수만을 생각했는데, 다산은 18년 유배에도 오직 사랑만을 말하고 있다. 다산의 심령과 삶을 풍성하신 사랑의 능력이 지배했기 때문이다. 세상에 가득한 사랑이 마치 그 말을 기다리고 있었다는 듯이, 유애(遺愛)의 마지막 줄을 완성했을 때, 다산은 이제 그만 유배지에서 나오라는 어명(御命)을 받았다. 다산의 18년은 유애(遺愛)를 말하기 위한 시간이었다.

이처럼 다산의 최종 정착지는 유애(遺愛), 즉 사랑을 남기고 떠나는 것이다. 제배(除拜)로부터 시작된 지도자의 일대기는 유애(遺愛)로 귀결된다. 제배(除拜)가 제대로 되었다면 유애(遺愛)에 이르게 되는 것이 다산 정약용 선생의 리더십이다.

| 맺는말

  이 책은 순전히 다산 정약용 선생에 대한 흠모의 마음에서 비롯된 책입니다. 조선 역사상 가장 위대한 사상가이자 실천가인 다산 정약용 선생을 닮아가기를 소망하는 마음으로, 다산이 제시한 진정한 지도자의 자질을 현대적으로 풀이해 본 것입니다.

  우리 역사 속에 정약용 선생이 존재한다는 것은 후손된 우리의 큰 자랑이자 축복이라고 생각합니다. 비록 우리 자신들은 정약용 선생에게 범접할 수도 없을 만큼 부족한 사람들이지만, 마음만은 정약용 선생을 닮고 싶고, 정약용 선생처럼 행하고 싶은 것은 비단 저만의 생각은 아닐 것입니다.

  오늘을 사는 많은 사람들, 특히 지도력을 발휘하는 위치에 있는 사람들이 다 함께 정약용 선생의 마음을 갖는다면, 정말이지 우리 사회는 땅 위에 건설할 수 있는 가장 훌륭한 삶의 모형이 되리라고 믿어 의심치 않습니다.

  이런 마음이 넘치다 보니 그만 분수에 지나쳐 이 책을 쓰게 된 것입니다. 식견이 부족해서 어쩔 수 없이 원저 '목민심서'의 높고 큰 뜻을 충분히 드러내지 못했을지라도, 정약용 선생의 리더십에 대한 넘치는 충정을 헤아려 주시고 너그럽게 이해해 주시기 바랍니다.